들뢰즈, 유동의 철학

들뢰즈, 유동의 철학 한 철학자의 지적 초상화

개정증보판1쇄 펴냄 2022년 12월 15일

지은이 우노 구니이치
옮긴이 박철은
펴낸이 유재건
펴낸곳 (주)그린비출판사
주소 서울시 마포구 와우산로 180, 4층
대표전화 02-702-2717 | **팩스** 02-703-0272
홈페이지 www.greenbee.co.kr
원고투고 및 문의 editor@greenbee.co.kr

편집 이진희, 구세주, 송예진, 김아영 | **디자인** 권희원, 이은솔
마케팅 육소연 | **물류유통** 유재영 | **경영관리** 유수진

ISBN 978-89-7682-818-7 93160

學問思辨行: 배우고 묻고 생각하고 판단하고 행동하고

독자의 학문사변행을 돕는 든든한 가이드 _그린비 출판그룹

그린비 철학, 예술, 고전, 인문교양 브랜드
엑스북스 책읽기, 글쓰기에 대한 거의 모든 것
곰세마리 책으로 크는 아이들, 온 가족이 함께 읽는 책

들뢰즈, 유동의 철학

ドゥルーズ 流動の哲学

우노 구니이치(宇野邦一) 지음 | 박철은 옮김

그린비

일러두기

1 이 책은 宇野邦一, 『ドゥルーズ 流動の哲学 (增補改訂)』, 講談社, 2020(초판 2001)을 완역한 것이다.

2 옮긴이가 첨가한 내용은 대괄호([ ])로 표시했다. 또한 인용문에서 귀갑괄호(〔 〕)로 표시된 부분
 은 인용자의 것으로, 이는 뒤의「약호 및 참고사항」에 한 번 더 설명되어 있다.

3 단행본·정기간행물에는 겹낫표(『 』)를, 논문·단편 등에는 낫표(「 」)를 사용했다.

4 외국 인명이나 지명, 작품명은 2002년 국립국어원에서 펴낸 외래어표기법을 따랐다.

이 책의 저술에 이르기까지: 학술문고판에 부쳐

1976년부터 파리 근경의 숲속에 있는 대학에서 질 들뢰즈의 강의를 듣기 시작했다. 얼마 지나지 않아 간행된『천 개의 고원』에서 펼쳐진, 수 장에 걸친 그 내용은 나의 막연한 철학적 지식으로서는 완전히 신기하고 놀라운 것들뿐이었다. 그 이후 수년 동안 그 목소리를 직접 접하며 들뢰즈의 사유를 읽어 나가는 과정에서 나의 사유와 언어도 뿌리째 흔들리게 되었다. 몇 년 동안 내 머릿속은 미친듯이 시끄러웠던 듯하다.

1983년에 일본으로 돌아온 것은 최초의 이별을 의미했다. 들뢰즈의 너무도 강한 자력에서 벗어나 어쨌든 일본어로 생각하기를 시작해야만 했다. 당연하게도 들뢰즈가 살아 있던 동안 나는 들뢰즈 연구자였던 적은 없었고, 그것을 지향하려고 생각하지도 않았다. 그런 역량이 있다고도 생각하지 않았다. 하지만 곧 간행된『푸코』가 마음속 깊은 곳을 촉발시켜 이를 번역하게 되었다. 조금 지나서는 파리 시절부터 계속해 온『천 개의 고원』공역 작업을 끝냈고, 1994년에 이것도 겨우 간행할 수 있었다.

하지만 그다음 해인 1995년에 들뢰즈의 안타까운 부고를 접했다.

어찌어찌 추모문을 썼지만 아직도 추모가 끝나지 않은 기분이다(단 『D, 죽음과 이마주』(『D ― 死とイマージュ』)라는 제목으로 쓴 추모의 글을 다음 해에 간행했다). 나에게 그는 여전히 이례적인 사자(死者)다. 그렇지만 그가 세상을 떠나면서 그의 사유와 나의 관계는 변하지 않을 수 없었다. 들뢰즈의 지도를 받아 쓴 아르토론을 일본어로 고쳐 쓰는 작업은 몇 년에 걸친 과제였으나 그것을 『아르토, 사고와 신체』로서 겨우 완성시켰다(『アルトー 思考と身体』, 1997년). 또한 작심하고 들뢰즈의 책을 가능한 한 다시 읽고서 『들뢰즈, 유동의 철학』을 썼다(2001년). 이 책에서는 시간 순서에 따라 주요 저작을 모두 다시 읽는 작업을 스스로에게 과하여 우직하게 읽어 나갔다. 들뢰즈에게 비추어 자신의 사유를 이야기할 여유는 없었다. 아니, 실은 그렇게 할 수밖에 없었다.

2011년, 동일본 대지진의 충격이 아직 생생하던 시기에 나는 방에 틀어박혀 『들뢰즈, 무리와 결정』(『ドゥルーズ 群れと結晶』)이라는 또 한 권의 책을 『들뢰즈, 유동의 철학』 정도로 어려움을 겪지는 않고 썼다. 이 책에서는 들뢰즈에 관해 생각하고 쓰고 말해 온 것들 중 가장 궁금한 점을 떠오르는 대로 취해서, 나에게 있어서 들뢰즈 사유의 특이점이 어떠한 것인지 그려 내듯 써 내려갔다. 많은 특이점이 들뢰즈의 정치론 쪽으로 모이게 되었다.

그리고 2019년 현재 나는 들뢰즈가 사망했던 나이에 접어들어 조금 그것을 넘어가려고 하고 있다. 한 번 더 『들뢰즈, 유동의 철학』을 복간해 달라는 요청이 있어 새로 읽고 여러 곳에 가필했고, 적지 않게 생각을 재구성하게 되었다. 처음 이것을 썼을 때는 괴롭게 우왕좌왕하면서 가파른 산을 오르는 느낌이 있었다. 한 번 더 이 산에 올라 보고 나의 조망을 확인하면서, 모호하다고 생각되는 곳을 재고했다. 들뢰즈 사유의 세부적인 짜임새에 대해서는 아직도 더 짚고 넘어갈 점이 있다고 생각했고, 『들뢰즈, 유동의 철학』도 어디까지나 미완의 시도로 썼던 것이다. 그러나 언제까지고 계속 탐색을 할 수 있는 것은 아니다. 지금은 들뢰즈에 관해 써야 할 것을 다 써 두어야 한다고 생각한다. 양이 아니라 질의 문제, 아니 바로 강도의 문제다. 이것을 놓친다면 더 이상 들뢰즈에 관해 쓸 수 없게 될 것이다.

삶을 긍정하는 기쁨의 철학. 이 말이 아무리 오만하고 틀에 박힌 말처럼 들린다 해도, 여기에 시니컬하게 대하는 것만으로는 도저히 들뢰즈 철학의 중심으로 들어갈 수 없다. 이것은 물론 어떠한 삶을 어떻게 긍정할 것인가, 어떤 기쁨, 어떤 철학인가를 계속 물어야 하는 것이다. 실은 '삶'에 관해 사유하는 것은 쉽지 않다.

'생의 철학'이나 '생명주의'는 종종 삶에 침투하는 '정치'에 대한 비판을 결여하고 있다. 그래서 삶의 정의(定義), 삶의 조건을 삶을 둘러싼 정치와 함께 다시 생각해야만 한다. 결코 정답이 준비되어 있는 것은 아니다. 실은 이것은 철학에 있어서 지금도 최고로 어려운 과제로서, 철학은 종종 이 난제를 외면하고 있다.

오히려 지금도 세계에 만연해 있는 것은 삶(생명)보다도 권력이나 경제나 정보, 국가나 치안, 신이나 도덕을 숭배하는 욕망이자 관념이며, 그것이 학문이나 사유조차도 침식하고 있다. 철학을 외부의 삶을 향해 열어젖히려고 한 들뢰즈 등의 필사적인 시도에 역행하는 것처럼, 오히려 아카데미즘을 계속 유지하면서 철학의 시장(market)을 확보하려는 시도가 일부에서 유행(mode)하고 있다. 삶을 부정하는 권력의 '신성 동명'이 지금도 날뛰는 세계에서 삶을 긍정하기 위해(얼마나 어려운 일인가) 이 '신성동맹' 세력에 대해 격렬하게 부정하고 분노하며 웃음을 터뜨리는 것은 자연스러운 일이다.

가타리와 쓴 마지막 공저 『철학이란 무엇인가?』(1991년)에서 들뢰즈는 조금 의외일 정도로 격하게 동시대에 대한 분노와 부끄러움의 감정을 드러내고 있다. "우리들은 자신이 시대의 바깥에 있다고 느끼고 있지 않다. 반대로 우리들은 이 시대와 수치스러운 타협을 계속하고 있다. 이 치욕의 감정은 철학의 가장 강력한 동기 중 하나다"(QPh, p.103 / p.186). 들뢰즈는 이 정도의 분노나 부끄러움을 이전에는 드러낸 적이 없었다. 그러한 '시대'의 무서운 기세는 지금도 전혀 수그러들기는커녕 더 기고만장해지고 있지는 않은가? 그러나 그럴수록 철학을 지속해야만 한다. 철학을 무의미하다고 하며 말살하려는 무시무시한 힘이 작용하고 있기 때문에 바로 철학에 의한 저항이 필요한 것이다(당연하지만 이것은 철학에만 적용되는 것은 아니다). 나는 들뢰즈의 저 분노, 치욕을 상기하고 이에 힘입어 다시 한번 『들뢰즈, 유동의 철학』을 다듬어 세상에 내보내기로 했다. 종종 성급하게 진행했던 독해의 밀도를 조금 높여 느긋하게 나아가도록 했다. 확실히 철학의 필요성이 절박하다고 생각하지만 마냥 성급하게 나아가기만 하면 되는 것도 아니다.

이 책에서는 가능한 한 명쾌한 독해를 지향했지만 알기 쉽게 도식화한 설명을 독자에게 주입하는 데 성공한다 해도, 그러면 그만큼 역으로 들뢰즈를 읽는 의미가 없어진다. 수많은 개념이나 이론적 주장을 요약해서 전달해 봐야, 사유와 언어의 '생태' 그 자체에만 사상의 실체가 존재하기 때문이다. 아니, 들뢰즈만의 문제가 아니다. 어떤 사유에 관해 10을 이해하여 요령 있게 설명할 수 있게 되는 것보다도 2, 3에 강하게 촉발되어 그것을 계기로 발상하거나 활동하거나 제작하는 쪽이 좋다(물론 아무것도 안 하는 것도 좋다). 특히 신체의 '촉발'에 관해, 그로 인한 '기쁨' 그리고 '완전'한 인식에 관해 선명하게 말한 스피노자-들뢰즈주의의 에티카를 상기해 보자.

나는 처음 이 책을 썼을 때 무모하게도 들뢰즈 철학의 전모를 어떻게든 지도화하려는 작업에 성급하게 도전하려 했다. 그러나 결과적으로는 오히려 근시안적으로 들뢰즈 사유의 농밀한 세부를 끄집어내어 그 사이를 반복해서 배회한 듯하다. 그렇게 하여 촉지한 사유의 진동을, 그 '유동' 속의 구축을 이해하려고 했다. 이것을 고쳐 쓰는 동안에 '유동'은 더욱 카오스적인 '난류'로 느껴지게 되었다. 들뢰즈의 구축이 미세와 거대 사이의 스케일에서 다양한 카오스와 직면하고 있음을 보다 실감하게 되었다.

'행동', '운동'에 관한 그의 사유는 미묘하게 변화했다. 특히 『시네마』에서 '**운동**-이미지'로부터 '**시간**-이미지'로 사유의 초점을 옮겼을 때의 전환은 인상적이다. '유동'이라는 한 단어에 그러한 전환의 뉘앙스를 주입하는 것은 이 책을 고쳐 쓰는 동안 새로운 과제로 떠올랐다.

약호 및 참고사항

들뢰즈, 들뢰즈·가타리의 저작은 아래 약호를 사용해 본문 속에서 인용 부를 지시했다. 독자 편의를 위해 일역 해당 부분을 ' / ' 뒤에 표시했다.

Gilles Deleuze

ES *Empirisme et subjectivité: Essai sur la nature humaine selon Hume*, PUF, 1953(『経験論と主体性 ― ヒュームにおける人間的自然についての試論』, 木田元·財津理 訳, 河出書房新社, 2000).

NPh *Nietzsche et la philosophie*, PUF, 1962(『ニーチェと哲学』, 江川隆男 訳, 河出書房新社(河出文庫), 2008).

PCK *La philosophie critique de Kant*, PUF, 1963(『カントの批判哲学』, 國分功一郎 訳, 筑摩書房(ちくま学芸文庫), 2008).

PS *Proust et les signes*, PUF, 1964(『プルーストとシーニュ ― 文学機械としての『失われた時を求めて』(増補版), 宇波彰 訳, 法政大学出版局, 1977).

N *Nietzsche*, PUF, 1965(『ニーチェ』, 湯浅博雄 訳, 筑摩書房(ちくま学芸文庫), 1998).

B *Le bergsonisme*, PUF, 1966(『ベルクソニズム』, 檜垣立哉·小林卓也 訳, 法政大学出版局(叢書·ウニベルシタス), 2017).

PSM   *Présentation de Sacher-Masoch: Le froid et le cruel*, Minuit, 1967(『ザッヘル＝マゾッ
ホ紹介 — 冷淡なものと残酷なもの』, 堀千晶 訳, 河出書房新社(河出文庫), 2018).

DR   *Différence et répétition*, PUF, 1968(『差異と反復』(全二冊), 財津理 訳, 河出書房新社(河
出文庫), 2007).

SPE   *Spinoza et le problème de l'expression*, Minuit, 1968(『スピノザと表現の問題』, 工藤喜
作·小柴康子·小谷晴勇 訳, 法政大学出版局(叢書·ウニベルシタス), 1991).

LS   *Logique du sens*, Minuit, 1969(『意味の論理学』(全二冊), 小泉義之 訳, 河出書房新社(河
出文庫), 2007).

D   *Dialogues*(Gilles Deleuze, Claire Parnet), Flammarion, 1977; nouvelle édition,
Flammarion(Champs), 1996(ジル·ドゥルーズ·クレール·パルネ, 『ディアローグ —
ドゥルーズの思想』, 江川隆男·増田靖彦 訳, 河出書房新社(河出文庫), 2011).

SPP   *Spinoza: Philosophie pratique*, Minuit, 1981(『スピノザ — 実践の哲学』, 鈴木雅大 訳,
平凡社(平凡社ライブラリー), 2002).

IM   *Cinéma 1: L'image-mouvement*, Minuit, 1983(『シネマ1 運動イメージ』, 財津理·齋藤
範 訳, 法政大学出版局, 2008).

IT   *Cinéma 2: L'image-temps*, Minuit, 1985(『シネマ2 時間イメージ』, 宇野邦一·石原陽一
郎·江澤健一郎·大原理志·岡村民夫 訳, 法政大学出版局, 2006).

F   *Foucault*, Minuit, 1986(『フーコー』, 宇野邦一 訳, 河出書房新社(河出文庫), 2007).

PL   *Le pli: Leibniz et le baroque*, Minuit, 1988(『襞 — ライプニッツとバロック』, 宇野邦一
訳, 河出書房新社, 1998).

PV   *Périclès et Verdi: La philosophie de François Châtelet*, Minuit, 1988(『ペリクレスとヴ
ェルディ ― フランソワ·シャトレの哲学』, 丹生谷貴志 訳, 『ドゥルーズ·コレクション II
権力/芸術』, 宇野邦一 監修, 河出書房新社(河出文庫), 2015).

PP   *Pourparlers 1972-1990*, Minuit, 1990(『記号と事件 — 一九七二 - 一九九〇年の対話』,
宮林寛 訳, 河出書房新社(河出文庫), 2007).

CC   *Critique et clinique*, Minuit, 1993(『批評と臨床』, 守中高明·谷昌親·鈴木雅大 訳, 河出書
房新社(河出文庫), 2010).

ID   *L'île déserte et autres textes: Textes et entretiens 1953-1974*, édition préparée par

David Lapoujade, Minuit, 2002(『無人島 1953-1968』, 前田英樹 監修, 河出書房新社, 2003 = (上); 『無人島 1969-1974』, 小泉義之 監修, 河出書房新社, 2003 = (下)).

DRF　*Deux régimes de fous: Textes et entretiens 1975-1995*, édition préparée par David Lapoujade, Minuit, 2003(『狂人の二つの体制 1975-1982』, 宇野邦一 監修, 河出書房新社, 2004 = (上); 『狂人の二つの体制 1983-1995』, 宇野邦一 監修, 河出書房新社, 2004 = (下)).

LAT　*Lettres et autres textes*, édition préparée par David Lapoujade, Minuit, 2015(『ドゥルーズ 書簡とその他のテクスト』, 宇野邦一・堀千晶 訳, 河出書房新社, 2016).

Gilles Deleuze · Félix Guattari

AO　*L'anti-Œdipe*, Minuit, 1972(『アンチ・オイディプス ― 資本主義と分裂症』(全二冊), 宇野邦一 訳, 河出書房新社(河出文庫), 2006).

MP　*Mille plateaux*, Minuit, 1980(『千のプラトー ― 資本主義と分裂症』(全三冊), 宇野邦一・小沢秋広・田中敏彦・豊崎光一・宮林寛・守中高明 訳, 河出書房新社(河出文庫), 2010).

QPh　*Qu'est-ce que la philosophie?*, Minuit, 1991(『哲学とは何か』, 財津理 訳, 河出書房新社(河出文庫), 2012).

- 다른 문헌은 책 말미의 '문헌일람'에서 제시한 약호로 인용부를 지시했다. 외국어 문헌 중 일역이 있는 것은 해당 부분을 ' / ' 뒤에 표시했다.
- 번역문은 저자가 번역한 경우도 있다. 또한 인용문 속의 〔 〕는 인용자에 의한 보충, 주기다.
- 본서는 2001년에 고단샤 선서 메치에 시리즈로서 간행된 것에 가필하고 서지정보 등을 최신판으로 개정한 것이다.

멜빌은 이렇게 말합니다. "논증상 누군가를 광인이라고 한다면 나는 현명하기보다는 광인이고 싶다. (…) 나는 잠수하는 모든 이들을 좋아한다. 수면 가까이에서 헤엄치는 것은 어떤 물고기라도 할 수 있지만, 5해리나 그 이상을 잠수할 수 있는 것은 거대한 고래뿐이다. (…) 태초부터 사유의 잠수자들은 충혈된 눈을 하고 수면으로 되돌아왔다." 극한적인[extrême] 육체 운동에 의례 위험이 따르기 마련임은 누구나 인정하겠지만, 사유 또한 숨이 가쁠 정도로 [raréfié] 극한적인 활동입니다. 사유가 시작되면 삶과 죽음이, 그리고 이성과 광기가 서로 싸우는 선과 불가피하게 대결하게 되고, 이 선이 사유하는 자를 이끌고 갑니다. (PP, p.141 / p.209.)

— 질 들뢰즈, 「푸코의 초상」

프롤로그 **이인(異人)으로서의 들뢰즈**

철학에 있어 자유란 무엇인가

마르크스 독해를 일신했다고 알려져 있는 알튀세르(1918~90년)는 사후 간행된 한 편의 글에서 철학에 관해 일견 소박해 보이는 질문을 던졌다 (Althusser 1992(1994), pp.468~471).[1]

스피노자는 대부분의 보통 사람에게는 이상하게 보이는 기하학적 인 증명 형식을 사용하여 이해하기 어렵고 답답해 보이는 이론을 전개 했다. 철학에서도 이례적인 글쓰기다. 알튀세르는 이러한 이론이 대체 왜 결과적으로 '정신의 자유'와 결부되는지 자문한 것이다. 그는 이러한 이론은 겉으로는 부자유해 보여도 결과적으로 자유를 야기할 수 있다 고 스스로 이 질문에 답했다.

그다지 현실적으로 보이지 않는 극단적으로 이념적인 사유가 선

---

1 이 부분을 포함한 단편은 1994년에 간행된 증보판에 추가되었으므로 일역서에는 수록되어 있지 않다. 이 단편의 일역은 다음을 보라. ルイ・アルチュセール, 「唯物論のユニークな 伝統1 スピノザ」, 田崎英明·市田良彦 訳, 『批評空間』, 第II期第五号, 1995. 4.

행하는 이념과 그로써 규정되어 있는 부자유한 공간을 뒤흔들어, 새롭게 자유로운 공기를 불어넣는 경우가 있다. 선행하는 이념 공간은 오랜 기간에 걸친 반복 때문에 쉽게 받아들여지는, 자연히 그러한 것처럼 돼 있다. 겉으로는 자연스러워 보여도, 그 역시도 이념에 다시 또 이념의 연쇄가 거듭되어 정착해 온 공간이다. 그러므로 자유를 위해서는 일견 부자유해 보이는 철저하게 이념적인 사유가 그 공간을 열어젖힐 필요가 반드시 있는 것이다. 알튀세르는 정신이상으로 아내를 살해한 불행한 사건으로도 기억되고 있지만, 나는 실은 매우 중요한 근본적 질문을 던졌다고 생각한다.

이 또한 기묘하게 보일지도 모르지만, 스피노자는 이른바 '자유의지'의 존재를 철저히 부정했다. 더 엄밀히 말하자면 자유와 의지가 결부되어 있음을 인정하지 않았다. 의지란 관념이 포함하는, 긍정하거나 부정하거나 하는 '양태'에 지나지 않고, 그 '양태'는 스피노자의 체계에서는 어디까지나 신체에서 일어나는 촉발로 결정된다. 그러므로 의지에 자유 따위는 없다는 것이다. 만약 그렇게 **촉발로 결정되어 있음** 자체를 완전히 인식하는 사고가 가능하다면 거기에 비로소 자유의 여지가 있다. 스피노자는 정신의 부자유를 철저히 사유했고, 거기서부터 다시금 자유의 관념을 도출하려고 했다. 그럼으로써 철학자들의 상식조차도 뒤집도록 새로운 자유 개념을 만들었다. 보기 드물게 철저한 스피노자주의자라 해도 좋을 들뢰즈는 바로 이러한 문맥에서 자유로운 인간, 그리고 '자유인의 이미지'를 만든다는 철학적 목표를 놓친 적이 없었다.[2]

---

2 "'철학이 어디에 도움이 되는가' 하고 묻는 자에게는 이렇게 대답해야 한다. 자유로운 인간

나 자신은 철학이 좋은 건지 싫은 건지 모르겠다. 철학의 추상성이나 이론성이 종종 메마르게 느껴지고 멀리하고 싶어지기도 한다. 약동하며 살아 있는 언어로 이야기되는 철학은 그리 많지 않다. 무겁고 딱딱한 말로 이 세계의 현실을 가두려고 하는 지적 오만도 느끼곤 한다(그러나 답답해 보이는 말이 '자유'를 야기한다고 막 쓴 참이다. 답답한 정리와 증명을 거듭하는 『에티카』에서조차도, 특히 '주석' 속에서 스피노자의 사유는 약동한다). 이런 탓도 있어서 나는 철학과 같을 정도로 항상 문학에 집착해왔다. 반복해서 읽어 온 앙토넹 아르토를 비롯한 몇 명의 작가들에게서나는 철학과 공통적인, 그러나 철학과는 다른 사유를 읽어내 왔다. "이혼란 어딘가에서 역시 오해한 채로 사고는 필사적으로 발버둥 치고 있다. 사고 역시 나를 찾지만 여전히 거기에 나는 없다. 사고 쪽도 진정되는 법이 없다"(일역 ベケット 2019[베케트, 『말론 죽다』], p.17) 같은 문장은 철학 그 자체를 다시 묻는 사유를 분방하게 표현하고 있지 않은가.

그래도 나는 결코 철학을 손에서 뗄 수 없었고 확실히 그것이 '정신의 자유'와(이 말이 오늘날 아무리 퇴색되고 공허해 보인다 해도) 깊이 관련되어 있다는 생각에도 변함이 없다.

때로는 철학을 멀리하고 싶지만 나는 역시 이것을 필요로 한다. 10대부터 철학과 밀접하게 살아왔지만 지금에 이르러서는 나에게 '철학'은 한 고유명, 질 들뢰즈(1925~95년)라는 이름과 분리할 수 없다. 아무래도 그는 철학에서 예외적인 '이인'이었다. 게다가 철학의 생명과 존

의 이미지를 만들어 내는 것, 자신의 권력을 안정시키기 위해 신화와 영혼의 혼란을 필요로 하는 일체의 힘을 고발하는 것, (…)"(LS, p.322 / (下), p.178).

재 이유를 현대에 지속시키는 데 확실히 두드러진 존재였다. 그의 사유의 모티브 자체는 강력하고 명료하다고 할 수 있지만, 단련된 엄밀한 추론에는 용이하게 들어갈 수 없는 세부나 비약도 있다.

지금도, 또 예전에도 철학은 자기 자신을 둘러싼 사회 속에서 기묘하게 양의적인 성질을 띠고 있었다. 철학에 대한 사회의 요구나 대응 또한 모호했으며 지금도 계속 그러한 상태가 지속되고 있다. 이것은 철학을 낳은 고대 그리스의 폴리스에서도 이미 드러나 있었다. 폴리스는 소크라테스를 단죄하고 독배를 마시게 해버렸다. 소크라테스의 철학은 폴리스를 설득할 수 없었다. 철학에 있어서 잊기 힘든 사건이었다.

철학에 대한 요구는 일상의 사소한 문제에 대한 대답을 구하고 있는 데 지나지 않는 소극적인 입장에서부터, 자신의 삶을 떠받쳐 주는 강고한 세계관이나 가치관을 손에 넣고자 하는 원리적인 입장까지 다양한 질과 강도를 가질 것이다. 그렇지만 아무리 소극적으로 보이는 질문도 실은 다양한 회로를 통해 세계에 연결되어 있다. 한 사람이 지금 여기에서 직면하고 있는 데 지나지 않는 질문도, 생각하기 시작하면 한 사람을 훨씬 뛰어넘는 복수에, 과거와 미래에, 사회와 세계에 연결되어 있다. 계속 생각하고 계속 질문하는 것은 필연적으로 개체 영역의 한계에 직면하고, 어떤 방향을 향해 개체의 틀을 열어 나간다. 이렇게 하여 다양한 차원과 넓게 연결되어 나가는 사고는 물론 처음부터 그러한 열린 공간에서 생성되고 거기에 장소를 가지며 거기에 작용하고 있었다. 다행인지 불행인지 완전히 무전제이고 무한정하며 무구한 사고 따위는 있을 수 없다. 더욱이 말을 사용한다면 말은 우선 타자에게 주어지는 것인 이상 그 말에 의한 사고도 타자에게 주어지는 것이다.

철학의 대표적인 저작에는 각 시대의 강력한 지성이 이 한없이 복잡한 세계와 삶에 관해 사유한 성과가 기술되어 있다. 동시에 철학의 사유는 일상을 연명하기 위한 구체적인 사고와는 너무나도 멀리 떨어져 있어서 종종 환상이나 망상, 혹은 고도의 지적 유희에 지나지 않는다고 생각되어 왔다. 당연하지만 철학자만이 이러한 것들을 생각하는 것은 아니다. 각 개인이 더 '도움이 되는 것', '절실한 것'을 생각하고 있으며 각 영역에서 철학자 이상으로 유효하고 엄밀하게 생각하고 있는 사람들이 허다하게 존재한다.

철학 밖의 일상적 사고가 그저 구체적, 경험적, 직감적인 것은 아니다. 그것이 사고인 한 그것은 구체적인 것이나 개인적인 것에 그저 밀착해 있지 않다. 게다가 일상의 사소한 일들을 둘러싼 생각조차도 단순히 어떤 하나를 실현하기 위할 뿐인 생각이 아니다. 반드시 언젠가 내가 지금 하고 있는 이 행위는 대체 무엇을 위한 것이며, 대체 어떻게 무엇을 바꾸려고 하는 것인지, 무엇이 방해하고 있는지 한걸음 물러서서 묻는 순간과 조우한다. 그것은 필연적으로 내가 태어나고 죽어 가는 의미를 묻고 그 의미를 자기를 뛰어넘어서 타자들 사이에서 묻는 일로 이어진다.

철학은 오랫동안 마치 지성이나 도덕이나 진리의 이상적인 모델을 만들려는 양 계속 사유해 왔다. 그러나 철학은 또한 사고 자체에 관한 사유이기도 하다. 이런 한에서 철학은 안정적인 강한 사고에서 불안정한 약한 사고까지 인간이 하는 사고의 현실을 있는 그대로 빠짐없이 바라보려 하는 시도일 수도 있다. 철학은 그저 강력하게, 확실하게 사고

할 뿐만 아니라 많은 사고가 불확실하고 참으로 연약하며 믿음직하지 못하다는 현실 그 자체에 관해서도 면밀하고 본질적으로 사고할 수 있는 것이다. 철학은 '어리석음'을 예외로서 배제하지 않고, '어리석음'을 실로 본질적인 주제로서 사고할 수도 있으며 사고해야만 한다.

그리고 이상적인 앎과 지성의 모델을 만든다는 철학이 어떤 상황에서는 그 자체로 한 어리석음, 우매함으로서 기능하는 사태도 있을 수 있다. 실제로 철학은 우행을 많이 저지르지는 않았다 해도 우행을 부추겼고 우행과 연대해 왔다. 혹은 이 세계의 온갖 우행 앞에서 무력했다. 경우에 따라서는 소크라테스처럼 독배를 마시도록 강요받기도 했다. 한 사회의 어리석음이나 무지를 지나치게 폭로했기 때문이다. 그런 사회에서는 철학자의 언동이야말로 '우행'으로 보였을지도 모른다. 나중에도 접하겠지만 철학은 결코 그저 무력하게 머물러 있지는 않았다. 철학은 종종 정치를 통해서 사회에 작용하며 국가, 사회를 관리하는 인간들(정치가, 지배자)의 생각에, 때로는 그것에 저항하는 사람들의 생각에 작용함으로써 사회에 작용한다. 인간 세계가 관념의 연쇄로 형성된 거대한 역사와 관습이 형성하는 회로로 이루어지는 한, 사유(사상)는 아무래도 그 연쇄 속에서 작용하게 된다. 이 작용을 적확하게 이해하는 것은 결코 쉽지 않다.

사고의 자세를 바꾸는 것

질 들뢰즈는 사상의 규범이나 권위를 둘러싼 철학의 전통적 자세를 근본적으로 전환시켰다는 점에서 두드러진 현대철학자 중 한 명이었다. 그는 과거의 철학이 가졌던 경향(계보)에 매우 충실하면서도, 어째선지 철학의 종래의 존재 방식을 바꿔 버린 철학자라고 할 수 있을 것이다.

철학은 물론 지성의 작업이며 특별한 단련과 집중을 필요로 하지만, 그는 철학과 지성의 관계를 어딘가 그때까지와는 다른 것으로 만들어 철학이 진리, 체계, 학문, 권위, 권력, 제도, 사회와 갖는 관계도 바꿔 버렸다. 게다가 그는 철학을 근본적으로 혁신하지는 않았으며, 그러한 것을 한 번도 주장하지 않았다. 하물며 소리 높여 철학의 종언을 외친 적도 없었다.

그가 편애했던 과거의 몇몇 철학자들은 저마다의 시대에서 철학에 가능한 것을 최대한 달성했고 그 가능성의 끝까지 도달했다. 그리고 후대에도 반복해서 읽혔고 나아가 갱신되어 나갈 힘과 잠재성을 띤 저작을 남겼다.

들뢰즈는 철학사에 내포된 이러한 힘과 잠재성을 현대에도 살아남게 만들려고 했고, 필연적으로 어떤 새로운 방식으로 철학을 실천할 수밖에 없었다. 그의 철학에서는 오래됨과 새로움이 그때까지는 없었던 방식으로 새롭게 결합되었고, 그 철학 자체가 '오래됨'과 '새로움'에 관해 매우 독자적으로 접근했다(새로움, 오래됨이란 물론 시간과 관계되는 관념이며 이것은 그의 철학에서 '시간론', '반복론'과도 관련된다).

그의 저작이 보여 준 몇 가지 개념(특히 '리좀', '노마디즘', '기관 없는 신체', '욕망하는 기계', '되기/생성' 등등)은 이미 철학을 뛰어넘는 다양한 영역에서 인용되고 응용되며 상당수의 독자와 지성의 흥미를 끌었다. 현재 인터넷에서 배포 중인 강의 노트를 제외하면 모든 저작이 일본어로 번역되어 있다.

그의 사상은 현대의 움직임에 대단히 민감하고 아카데미즘에서 일탈하는 상당히 기이한 느낌을 주는 개념이 매우 본질적인 무언가를 꿰뚫고 있다는 인상을 적잖게 주었다. 철학에 새로운 문체, 어투가 도입되었으며 펠릭스 가타리와의 듀엣은 뭔가 엄청난 협주가 되었다. 21세기에 들어서부터 철학의 문체는 오히려 아카데믹하게 되돌아간 느낌이 든다.

결코 온건한 사유가 아니며 프랑스사에 강력한 파선(破線)을 그려 온 정치적 저항의 자취를 잇는, 꽤 아나키즘적이며 폭력적인 비판을 포함한 사유라는 느낌도 있었다. 현대적 센스로 가득 차 있다 해도 결코 세계 정세를 연달아 능숙하게 해석해서 재빠르게 적용할 수 있는, 시국에 민감한 사색이 아니며, 소비사회나 정보사회를 무조건 긍정하는 사상은 더욱 아니었고 역으로 이것들을 강하게 비판하는 사상임도 많은 사람들이 직관했을 것이다. 펠릭스 가타리와 함께 쓴 두꺼운 두 권의 저서 『안티-오이디푸스』, 『천 개의 고원』이 다른 책보다도 더욱 강력한 임팩트를 주어 이러한 들뢰즈의 인상을 결정적으로 굳혔다. '자본주의와 분열증'이라는 부제가 달린 이 두 저서는 새로운 『자본』이라는 인상을 주기도 했다. 이에 관해 말하려고 한다면 물론 펠릭스 가타리의 존재를 결코 잊을 수 없다.

그러나 번역 작업이 진행되면서 스피노자, 니체, 베르그송, 칸트, 흄 등 실로 견고하면서도 유연한 독해로 그가 그려 낸 독특한 철학사의 전모도 잘 드러나게 되었다. 이에 따라 기이하고 난해한 개념을 구사하는 마술사 같은 일면이 깊이 있고 일관된 철학적 소양으로 뒷받침되고 있었음도 많은 독자가 분명히 확인했을 것이다. 두 권의 『시네마』로 시작된 만년의 작업도 또 다른 차원의 충실한 전개를 보여 줬다. 그리고

1995년에는 파리의 아파트에서 투신자살했다는 뉴스가 전해졌다. 자살에 관한 여러 해석이 이 철학자가 이미 유포했던 이미지에 겹쳐졌다. 자살은 그의 '생'의 사상과 완전히 모순된다고 생각한 사람들, 그의 급진적인(radical) 사상의 완전한 연장선상에 있다고 생각한 사람들, 심각했던 증상 때문에 일종의 존엄사라고 받아들인 사람들, 그저 충격을 받아 당혹한 사람들 등 다양했다. 자살은 그의 '니힐리즘'의 최종적 표현이라는 등의 극히 후안무치한 해석도 등장했다.

처음 이 책을 썼던 시기에 나는 영국 신학자 돈 큐피트가 쓴 『최후의 철학』을 읽었다. 그 유연하고 개방적인 실용주의(pragmatism)는 들뢰즈와 공명하는 일면이 있다고 느꼈다. 큐피트는 본문에서는 들뢰즈를 살짝 언급하는 데 그치며 마지막의 '사상가 프로필'에서도 냉담하게 이렇게 썼을 뿐이다. "질 들뢰즈 —— 동일성이 아닌 차이성의, 실체가 아닌 사건의, 고정적 질서가 아닌 '생성'의 프랑스 철학자. 모호하고 흥미를 돋우는 존재이지만 아직 잘 이해되고 있지 않다"(일역 キューピット 2000, p.287). 덧붙여 이 책의 원서가 영국에서 간행된 것은 1995년으로 들뢰즈가 사망한 해였다.

대수롭지 않은 한 항목에 불과하지만, 많은 것을 생각하게 만든다. "아직 잘 이해되고 있지 않다"는 것은 대체 무엇을 의미할까? 들뢰즈는 언제까지고 이해된 적 없는 '모호한' 사상가라는 것일까? 아니면 지금은 이해되고 있지 않지만 앞으로 틀림없이 이해되고 널리 영향을 미칠 미래의 사상가라는 것일까? 그렇지 않으면 늘 독자를 현혹시켜서 이해되기를 거부하는, 의도적으로 '모호한' 사상가이므로 멀리하는 편이 좋다고 비꼬는 뉘앙스가 포함된 말일까?

영국의 상황은 잘 모르겠지만, 일본에서는 지금도 들뢰즈의 독자가 끊임없이 존재하고 있어 이해되고 있지 않다고는 결코 말할 수 없다. 물론 읽힌다는 것이 반드시 이해된다는 것을 의미하지는 않는다. 한편으로 들뢰즈를 이른바 '포스트모던 사상'의 우두머리로 간주하고, '주체를 해체해 버리는 무책임한 사상'이라는 등으로 단죄하는 논자들의 매우 완고하고 몰이해한 태도도 드문 일은 아니었다. 그로부터 들뢰즈의 독자는 전 세계에 꽤 퍼져 있었고, 21세기 들어서 일본어 연구서 숫자도 비약적으로 증가해 이 사상의 영향은 쇠퇴하지 않고 계속 파급되고 있다고 생각된다. 확실히 들뢰즈(그리고 가타리)의 사유는 이 시대의 정치, 경제, 자본, 정보, 소수자, 예술 등 대전환의 징후를 극히 민감하게 본질적, 선구적으로 간파했다. 그러나 그것은 동시에 그 전환의 대부분을 비판하고 그것에 저항하는 사유이기도 했다. 따라서 지금 들뢰즈를 읽는 사람들이 이 세계에서 어떻게 사고하고 어떻게 행동하고 있는지, 그 자체도 이미 잠재적으로 비판적 사유의 대상이 되고 있었을지도 모른다.

그러면 다시금 묻자. 대체 들뢰즈를 이해한다는 것은 무엇을 이해한다는 것일까? 나 자신은 들뢰즈의 무엇을 이해하고 무엇을 이해하지 못한 채 여기에 이르렀는가? 그리고 한 사상가를 이해하는 것, 한 사상을 이해하는 것은 대체 어떠한 과정인가? 들뢰즈 자신은 항상 '이해하는 것'은 중요하지 않고 오히려 '사용하는 것' 쪽이 중요하다고 말했다. 이해하는 것은 아무리 해도 한 번 생각되고 쓰인 것을 정확하게 더듬어 가서 자신의 사고 속으로 전사하고 재현하는 것을 동반할 것이다.

그러나 들뢰즈는 재현하는 것도 전사하는 것도, 혹은 정확함조차도 중요하기는커녕 오히려 피해야 할 일이라고 생각했다. 오히려 어떤 단편이라도 좋으니까 그것을 손에 들고 사용해 보는 것, 두들기거나 뒤집거나 냄새를 맡거나 해보고 함께 시간을 보내며 다른 맥락으로 이동시켜 각자의 사용법을 발견하는 일. 물론 전체를 상대로 할 필요는 없으며 필요에 따라 단편을 다루는 것만으로도 좋다. 들뢰즈는 그런 이미지를 사상을 '이해하는' 것이 아니라 '사용하는' 것으로서 주장했다. 때때로 '공구'를 사용하는 것처럼 하라고 비유적으로 말한 적도 있는데, 철학은 결코 '못을 박는다'는 목적을 위해 '망치를 사용하는' 것처럼 사용할 수 있는 것은 아니다. 원래 세계 인식은 결코 전체적인 설계도에 따라 행해지지 않는다. 세계 인식은 인접하는 부분에서 부분으로 촉각에 의존하듯이 국지적으로 나아가 실현할 수밖에 없다. 철학의 개념들은 이를 위해 비로소 사용된다. 들뢰즈의 이 전체를 거부하는 실용주의는 도처에서 철저하게 견지되는 자세다.

이러한 들뢰즈의 개념을 인용하고 응용하여 실제로 사용하고 있는 사람들이 이미 적지 않다. 다양한 사용법이 있을 수 있고, 어떤 사용법도 금지되어 있지 않다. 그렇다고 해도 역시 그 사용법을 둘러싸고 논의가 있을 수 있고 실제로 논의가 존재해 왔다. 들뢰즈와 가타리가 발안한 개념이 어떤 종류의 캐치프레이즈나 틀에 박힌 말로서 사용되어, 사유를 '가볍게' 한다기보다도 오히려 '경박'하게 만들고 알맹이가 없는 것으로 만들어 버리는 경우가 있을 수 있다. 이에 대한 반동으로 같은 개념을 도저히 사용할 수 없는 허무하고 무책임한 것, 실증성도 체계적 논리도 결여했다고 즉단해 버리는 지식인도 나왔다. 또한 이런 예는 일본에서는 그다지 찾아볼 수 없지만 분열증, 마약, 여러 종류의 광기, 도착, 일탈에 관해 들뢰즈와 가타리가 말한 것이 파괴적, 파멸적인 행동을 부추기고 옹호하는 구실이 되는 듯 보여, 실제로 그들 자신이 독자에게 세심한 주의를 촉구해야만 하는 일마저 있었다(『천 개의 고원』 제6장 「기관 없는 신체는 어떻게 만들어지는가」는 이런 내용을 포함하고 있다).

나는 내 인생의 상당 부분을 이 사상가를 읽고 번역하며 독해하고 설명하며 다른 주제와 결합시키거나 공명시키는 데 써 왔다. 결코 자신을 철학자라고 칭하고 싶지는 않지만(이렇게 한정하는 것은 답답하기도 하고 정통적인 철학 지식을 갖고 있지 않기 때문이다), 누구보다도 들뢰즈의 저작과 강의로부터 철학을 받아들였고, 철학의 방법, 주제, 자세, 센스에 관해서도 결정적인 무언가를 배웠다.

그와 동시에 그의 기질, 사고의 리듬, 온화함, 섬세함, 그리고 난폭함, 타협하지 않는 자세에 변함없이 공감을 느낀다. 결코 자신의 언어를 뾰족하고 권위적으로, 강하고 명석하게 '세우지는' 않았다. 혼돈 속에서 사유의 대상과 합체하고, 때로는 방황하듯 나아가며, 게다가 그곳에서부터 미지의 뉘앙스를 끄집어내는 스타일은 그의 독자적인 것이었다.

작품과 비밀의 생

나는 1976년부터 1983년까지 파리 제8대학, 즉 뱅센대학의 학생으로서 들뢰즈의 강의에 나가면서 그의 지도를 받아 앙토냉 아르토에 관한 박사논문을 쓰게 되었다.

이 대학에서는 우선 아르튀르 랭보에 관한 석사논문을 썼었지만, 그 뒤 다시금 박사논문을 학술적 규범에 따라서, 더욱이 외국어로 쓴다는 과제는 도저히 내가 할 수 있는 일이 아니라고 느끼고 있었다. 그러나 아르토와 들뢰즈를 동시에 읽어 나가는 동안에 나의 나태함과 시니시즘도 어느샌가 어딘가로 치워져 있었다. 이 두 사람 각자에게 영향을 받아, 또 두 사람이 내 머리를 울리게 만든 기묘한 듀엣에 자극을 받아 그다지 학술적이지 않은 '논문' 하나를 그럭저럭 써냈다.[3]

뱅센대학은 국가가 정한 철학 교육 커리큘럼을 완전히 무시하고 있어서, 나같이 철학과 출신이 아닌 학생을 문제없이 받아들여 줬다. 들뢰즈는 논문의 아카데믹한 형식이나 어학적인 정확함 따위에는 대체로 무관심했다. 그는 내가 아르토에게서 어떤 '사유'를 발견하고 그것에 어떤 기술(記述)을 부여하는지에만 주의를 기울였고, 몇몇 파트를 완성할 때마다 그것을 읽고 본질적인 지적만을 해줬다.

나는 들뢰즈의 전기 작가가 되려고 생각하지는 않으며 이 책도 그의 인생 전기라기보다는 어디까지나 사유의 전기가 될 것이다. 들뢰즈가 마르셀 프루스트에 관해 이렇게 썼던 것을 잊을 수 없다. "그것은 실로 인생이 작품에도 이론에도 아무것도 야기하지 않는 경우다. 왜냐하면 작품 또는 이론은 비밀의 생과 결부되어 있고, 그 연(絆)은 모든 전기(傳記)와 갖는 연보다도 훨씬 깊기 때문이다"(PS, p.166 / p.153).

리세(고등학교)에 다니던 시절인 1941년에 들뢰즈와 알게 되어 그때부터 15년간 친구로 지냈다는 작가 미셸 투르니에(1924~2016년)는 20세 전후의 들뢰즈의 인상을 이렇게 이야기했다.

---

3 나중에 이것을 일본어로 고쳐 쓴 것이 『아르토, 사고와 신체』(白水社, 1997)로 간행되었다.

우리가 면이나 고무로 된 공을 서로에게 던지는 것과 비슷한 대화를 할 때, 그는 그것을 무쇠나 강철 공처럼 단단하고 무겁게 만들어 우리에게 되던졌다. 범용하고 유치하고 대충 사물을 생각하고 있다고, 단한 마디로 그 현장을 꼼짝 못 하게 만드는 그의 재능에 우리는 순식간에 두려움을 느꼈다. 해석과 전환의 능력. 즉 온갖 교과서적이고 진부하기 짝이 없는 철학이라도 그에게 걸리면 완전히 변신하여 신선하고 아직 전혀 소화되지 않은 것, 새로운 것이라는 분위기를 띠었고 우리의 취약함, 나태함에 대해 당황하게 만들고 일축했다.

전쟁, 나치의 점령, 전반적으로 확산되던 통제가 우리를 억누르던 어둠 한가운데에서 우리는 어떤 종류의 철학적 관념으로 맺어진 작은 그룹을 형성하고 있었다. 그 관념은 좁고 교조적이기까지 하여, 기회가 있다면 우리들은 호송차로 끌려가거나 단두대에 묶이는 것마저도 주저하지 않았다. 나는 경솔하게도 들뢰즈가 이 그룹의 '정신'이었다고 써 버릴 정도였다. 그러나 이런 서툰 말에서 일찍이 청년이었던 우리들의 영혼이 욕설과 투석을 퍼부어 대는 모습이 금세 상상되는 것이었다. 우리들의 유일한 집단적 표현은 『공간』이라는 잡지가 되었는데 1호만 나오고 끝나 버렸다. 알랭 클레망이 그 리더였는데, 이 잡지는 내적인 생의 개념에 전면적으로 반역하려고 하는 것으로 표지에는 변기 사진이 있었다. "한 풍경은 영혼의 한 상태다"라는 문구가 같이 실려 있었다. 질 들뢰즈는 그럼에도 전체의 기조를 만들어 내고 우리의 열정을 지탱하고 있었다. 그 어디까지고 파 들어가는 맹렬함, 그 체계의 악마성, 정신의 열광성, 그 절대적 착란을 알지 못한다면 아무리 해도 이해 불가능한 면이 남을 것이다. (Tournier 1977, pp.151~152 /

pp.162~163.)

어느 여름, 나는 그를 빌쉬르메르로 데리고 갔다. 그는 좀처럼 스카프를 풀지 않았고, 신발도 벗으려 하지 않았다. 그래도 딱 한 번 미역을 감은 적이 있었다. 그는 "나는 머리를 물 밖에 수직으로 내놓고 헤엄쳐. 여기는 나한테 맞는 장소가 아니라는 것을 알기 위해서지"라고 말했다. 해수욕장의 업자로, 앙가라오라는 멋진 이름의 다부진 남자가 큰 바벨을 들고 있었다. 질은 덩치 큰 남자를 앞에서 관찰하고 있었다. 앙가라오가 그에게 "해볼래"라고 말하자, 질은 "죄송합니다. 좋아하는 스포츠는 탁구라서요"라고 말했다. 앙가라오는 "탁구는 운동신경이 필요하지"라고 붙임성 있게 말했다. 질은 "말씀하시는 대로입니다. 하지만 그걸 드는 데는 운동신경만으로는 안 될 거 같네요"라고 대답했다. (Tournier 1999, p.342.)

나 자신이 들뢰즈의 인생에 관해 알고 있는 에피소드는 몇 개뿐이다. 젊었을 때는 꽤 댄디해서 말쑥한 정장만 입었으며 흰 장갑까지 꼈고, 때로는 코트를 어깨에 걸친 채로 종종 목소리와 표정을 연출하며 강의나 강연을 했다. 꽤 멋쟁이에다 사교성도 좋았다. 언제쯤부터인지 모르겠지만 뱅센대학에서 강의하고 있을 때는 이미 완전히 수수한 복장으로 수염을 깎지 않고 내버려 둔 경우도 많았고, 조금 홈리스 같은 분위기가 있었다. 손톱은 길어지도록 방치한 채로 덩굴이 감긴 듯 나선으로 말려 있었다.

나중에 양쪽 폐를 잃어버릴 정도로 앓고 있었고 폐활량은 통상의 8분의 1이라고 했는데도 헤비 스모커여서 강의 중에도 담배를 피웠다.

알코올에도 상당히 빠져서 『의미의 논리』를 쓰고 있었을 때는 아침 일찍 집필한 후 하루 종일 위스키를 마시고 있었다고 한다(이 책 속의 「도자기와 화산」이라는 장은 알코올중독에 대한 감동적인 분석을 담고 있다). 다행스럽게도(라고 그는 말했다), 폐 쪽이 알코올에 견디지 못해서 중독까지 이르지 않고 그쳤다. 유제품에 알레르기가 있었던 듯 치즈 등은 입에 대지 않았다.

병든 몸 때문에 여행은 거의 하지 않았다. 일본에도 여러 번 초대받았으나 결국 오지 못했다. 어쩔 수 없는 경우를 제외하고 인터뷰나 강연은 하지 않는 것을 원칙으로 삼았다. 대학에서 하는 강의만은 창조적인 작업으로 간주하여 노트를 보면서 결코 그것을 낭독하지 않고 느긋한 어조로 강의했다. 항상 유머로 가득 찬 중얼거림으로 시작하여 점차 깊이 집중하여 잘 되면 낭랑하게 쉰 목소리를 짜내는 클라이맥스에 이르렀다. 시의적절하지 않은 돌발적인 질문으로 집중이 끊기면, 매우 언짢아하는 일도 있었다.

많은 강의가 저작으로서 결정(結晶)화했지만 강의 자체는 주의 깊게 비약 없이 진행되었고, 해마다 독특한 스타일과 사상을 끝까지 밀어붙이면서도 철저하게 교육적이었다. 대체로 저작의 사유 쪽은 교육적이라기보다도 훨씬 탐구적이고 모험적이었다. 강의의 사색을 발판으로 하여 더 멀리 나아가고자 책을 썼다고 생각한다.

들뢰즈의 이러한 전기적 에피소드는 사소한 것이기는 해도 결코 어찌 되어도 좋은 것은 아니며, 무의미하지도 않다. 그 의미를 읽어 보면 어느 것이나 그의 사상, 방법, 기질, 자세를 실로 잘 이야기하고 있다. 그리고 특히 한 사상에 대응하는 한 신체를 그려 내고 있다. ─ '신체는 무엇을 할 수 있는가'라는 질문은 들뢰즈가 줄곧 생각했던 질문 중 하나였다.

프리드리히 니체는 미완의 저작 『힘에의 의지』에서 이렇게 썼다. "나는 누구에게도 철학을 권고하려고 하지 않는다. 철학자가 별종임은 필연이며 어쩌면 바람직한 것이기도 하기 때문이다"(일역 ニーチェ 1993b, p.404). 니체에 관한 긴 강의록을 남긴 하이데거도 이 대목을 인용하는 것으로 시작했다.

대체 한 철학자가 '별종'이라는 것의 철학적 의미는 무엇일까? 들뢰즈가 특이한 철학자였다고 하면, 그 특이함은 어떤 의미를 갖고 있었을까? 그의 강의만이 아니라 그의 사유 방식 그 자체가 꽤 특이했으며, 또한 저작의 서술 방식이 결정적으로 다른 철학자들과 달랐는 데다가 항상 변화하고 있었다. 이렇게 모든 특이한 점이 사색의 대상을 선택하는 방법과 분리할 수 없고, 그 대상과 맺는 독특한 관계성과 분리할 수 없었다.

"모호하고 흥미를 돋우는 존재이긴 하지만 아직 잘 이해되고 있지 않다"라고 쓴 신학자 큐피트는 들뢰즈적인 문제의 일면을 영국 실용주의 입장에서 잘 공유했다고 생각한다. 일본의 사상계나 사상적 저널리즘에 있어서 들뢰즈는 어떤 의미에서 서양에 견주어도 불가사의할 정도로 사람들의 흥미를 끌었으며 일찍부터 화제가 되어 아마도 이해되었고 또한 오해도 되어 왔던 것이다. 그리고 일부 사람들은 이미 완전히 들뢰즈의 사상을 '소비해' 버린 기분이 되었다. 그러나 들뢰즈는 시대의 요구에 다가가 시대의 질문에 대답하고 시대에 소비되어 버린, 마지막에는 완전히 초췌해져 자살한 '사상가'라고는 도저히 말할 수 없다.

들뢰즈를 '유행하는 사상'으로서 읽고 그 개념을 캐치프레이즈처럼 유용한 사람들도(그리고 그에 반발한 사람들도) 확실히 들뢰즈의 스타일에서 무언가를 탐지해 냈을지도 모른다. 그것도 하나의 독해였던 것이다.

들뢰즈에게는 독자적 현대성과 그것에만 머무르지 않고 역사를 횡단하고 과거 사상의 심부로 끊임없이 되돌아가는 고전적인 자세와 다시 거기서부터 멀리 미래를 향해 발산하는 사색의 벡터가 있다. 이것들을 해독하기 위해서는 그 나름의 근기(根氣)가 필요하며 또 읽는 자기 자신을 단련해 나가야만 한다. 확실히 들뢰즈의 죽음과 함께 그의 책을 그저 '동시대의 사상'으로 읽는 시간성도 끝났던 것이다.

결코 우회나 시니시즘에 의존하지 않고 항상 직절(直截)한 사유를 전개한다는 의미에서 들뢰즈는 결코 이해하기 어려운 저자는 아니다. 적지 않은 사람들이 20세기 후반의 현저한 변화에 어울리는 사고와 스타일을 겸비한 독창적인 철학임을 민감하게 알아차려 '흥미'를 느꼈던 것이다. 그럼에도 불구하고 이 이해하기 쉽다는 성격과 직접성은 '아직 잘 이해되지 않는 무언가'와 공존하고 있었다. 그 무언가는 그의 저술 방식(문체 또는 에크리튀르)과 깊이 연관되어 있었다. 대체로 그의 사상은 반세기라는 시간을 거쳐 이해되기 위한 지평을 넓혀 왔다고 해도, 역시 그 자신이 말하는 대로 '비밀의 생'에 결부되어 있었고, 정교하게 조율되고 섬세하게 쓰여 있었다.

들뢰즈는 어디까지나 자신의 사색을 철학으로서 전개했지만, 그것이 더 이상 철학으로는 도저히 한정할 수 없는 넓이와 진폭을 갖고 있다는 것도 점점 깨닫게 되었으리라고 생각한다. 『안티-오이디푸스』, 『천 개의 고원』에서부터 두 권의 영화론에 이르는 과정에서 펠릭스 가타리의 협력도 얻으면서, 들뢰즈는 과거의 철학 지층에서 엄청난 깊이와 운동과 넓이를 횡단하는 파동을 새로운 빛줄기처럼 끄집어낸 것이다. 그것이 철학으로서 이해하기 어려울 뿐이라면, 철학사를 맹렬하게 공부함으로써 어떻게든 이해하는 데 이르는 것도 가능할 것이다. 명민한 지성이라면 그 사상을 요약하는 적확한 도식을 어려움 없이 부여할 수도 있을 것이다.

그렇지만 필시 들뢰즈의 난해함(그리고 쉬움)은 그 사상이 철학으로서 전개되면서도, 철학과는 철저하게 이질적인 것과 닿아 있다는 데서 오는 것이리라. 오랫동안 사유의 이상적 모델을 부여해 온 철학이 그러한 경향 그 자체를 통해 철학을 다른 인식 위에 군림시키고 오히려 스스로를 내부에 가둬 왔다고 한다면, 들뢰즈는 철학을 외부로 열기 위해 철학한다는 역설적인 시도를 마지막까지 계속했기 때문이다.

그러므로 들뢰즈가 "이해되고 있지 않다"는 사태를 그의 사상에 있어서 본질적인 사태라고 생각해도 좋다. 그것을 간결하고 명석한 도식으로 요약하고, 혹은 평탄하게 전개함으로써 이해하려고 해도, 그때 이미 중요한 것은 손가락 사이로 새어 나간다. 그래도 간결함과 명석함은 선호되며 바람직한 것이기도 하다. 그것이 철저하게 들뢰즈를 기성의 앎으로 환원하지 않고, 들뢰즈가 항상 문제로 삼았던 '앎의 외부'와 마주하고자 하는 자세와 함께라면.

지금부터 쓸 것은 나 자신이 들뢰즈 속에서 어떤 것을 읽었고, 무엇을 어떻게 이해해 왔는가를 하나하나 점검하는 작업이기도 하다. 근래 들어 예전보다도 더욱 전 세계적으로, 그리고 일본에서도 들뢰즈에 관한 책은 수없이 쓰이고 있다. 그중에는 뛰어난 책도 여럿 있어 들뢰즈라는 거대한 다양체의 다양한 측면을 비춰 내고 있다. 따라서 들뢰즈 사유의 방향, 구조, 기본적인 문제는 훨씬 널리 공유되어 살펴보기 쉬운 상황이 되었다. 들뢰즈가 강의를 하고 책을 썼던 시대의 독자는 훨씬 직감적으로, 절박한 자신의 정황에 비추어 그와 가타리의 책을 성급하게 읽었던 것 같은 기분이 든다. 나도 그러한 야만스러운 독자 중 한 명이었다고 생각한다. 그러나 그 시대에 촉발되어 놀라고 당혹스러워하면서 어떻게든 파악한 것이 지금도 나에게 있어서 들뢰즈 철학의 골격이 되어 있으며, 이 점은 그다지 바뀔 것 같지 않다.

이 책에서 나는 들뢰즈 사유의 '신체'를 형성하는 기본적인 선, 모티브, 경향을 그려 내는 데 중점을 두면서 수많은 문제계들 사이에 횡단선을 긋기를 시도했다. 그러나 이제 개정판을 내는 데 즈음하여, 들뢰즈가 서거한 뒤인 이 세계의 시간에 그 횡단선을 자유롭게 놔두고 거기에서 떠올라 오는 것도 가필해 두고 싶다. 당연하지만 그것은 이 철학자가 남긴 모든 기억, 이미지, 목소리와 다시금 대화하는 일이기도 하다.

노트: 철학의 민주화와 '신실재론'

앞에서 접한 돈 큐피트의 『최후의 철학』에는 들뢰즈의 사상을 큰 틀에서 평가하기 위한 지표를 몇 개 발견할 수 있다. "신은 우리들을 자유롭게 하기 위해 죽는 것이다"(일역 キューピット 2000, pp.268~269), "신의 나라라는 것은 '저편'을 갖지 않는 세계다"(앞의 책, p.276), "'신'은 한 실재적 존재 따위가 아니라 오히려 그저 자유일 뿐이다"(앞의 책, p.269). 큐피트는 이런 것을 쓰는 신학자다.

첫 번째로는 이 신학자가 '비실재론'이라 부르는 것으로, 참된 실재라든가 객관적 실재라는 것을 원리적으로 거부하는 입장이다. 크리스트교 신학자이면서도 큐피트는 신을 '참된 실재'로서 인정하지 않으며 '참된 외부세계'를 투명한 창을 통해서 인간이 인식할 수 있다는 것도 인정하지 않는다. 우리들의 '경험' 바깥에 '경험'과 무관하게 실재하는 것 따위는 없다. 그러나 결코 실재가 무라는(세계는 존재하지 않는다!) 것은 아니다. 오히려 우리들이 자아나 마음과 같은 틀을 가지고 견고한 실체로서 에워싸려고 해도 실재(자연)는 훨씬 광대하고 유동적이며 가소성으로 가득 차 있다는 것이다. 인간은 '경험' 속에 내재하지만, '경험' 자체는 광대한 유동, 생성 속에 있으며 그 속에서 인간은 이른바 '탈자적'으로 내재할 수 있다는 것이다.

큐피트가 말하는 '비실재론'은 들뢰즈가 일관되게 이성이나 주체나 의식의 외부에 관해, 이것들에 있어서의 '실재'의 외부에 관해 사유해 왔음과 크게 관계가 있다. 그리고 기묘하게도 이 나라의 일부 논자들은 들뢰즈가 이러한 외부를 새로운 '초월성'으로서 세우고 시민의 생활이나 실감에 절실한 질문을 제거해 버린다고 비판했던 것이다. 그렇지만 들뢰즈는 그러한 절실한 질문을 보다 크고 깊은 넓이와 미세한 진동 속에서 묻기를 동시에 주장했을 터다. 그에게는 우선 이성이나 주체 쪽이야말로 '초월'이었던 것이다. 이러한 종류의 비판은 지금은 그다지 눈에 띄지 않게 되었고, 오히려 일관되게 지각되지 않는 미소한 것의 진동에 주의를 기울이는 들뢰즈·가타리의 '소수자'의 사상이야말로 그들 철학의 거의 핵심이라고 보이는 지점까지 공통적인 독해가 진행되어 왔다고 생각한다. 그러나 사상의 차원을 훨씬 뛰어넘어 이 세계의 정치, 경제, 권력, 기술 등등은 끊임없이 반대 방향의 힘(초월)을 재형성하려고 하며, 그 힘 속에 사고와 감각도 말려들어 다수자를 유지하며 재건하려고 하고 있다.

큐피트는 객관적 실재와 함께 있다고 간주되는 마음이나 주체도 결정적으로 확립된 것이라고는 결코 생각하지 않는다. 그러한 의미에서 이 '비실재론'은 어떤 철저한 실용주의, 또는 경험론적인 입장과 함께한다. 누구보다도 우선 흄으로 대표되는 앵글로색슨적인 경험론의 계보를 들뢰즈도 항상 주시하고 있었던 것이다.

형이상학, 신학, 혹은 자연과학조차도 인간의 언어와 사고의 외부에 실재를 설정하고 종종 현실과 이념, 여기와 저편, 주체와 객체를 양분하는 세계관으로 인간적 현실을 국한하고 세계와 인간을 분단해 왔다. 우리들이 인지하고 경험하는 것은 그러한 것이 아니라, 우리들의 모든 언어와 관념 속에서 생기하며 이로써 제작되고 영향을 받아 끊임없이 변화하고 있다. 국가나 경제와 같은 공공성 차원에서 생겨나고 있는 사태, 또 우리들이 자연이라 간주하고 있는 사상(事象)조차 우리들의 관점, 사고, 언어 바깥에는 있을 수 없다. 이런 의미에서 우리들은 세계에 끊임없이 관계하고 있고 세계에 책임을 지고 있다. 세계가 우리들에게 상관적이라는 것은 물론 우리들이 세계에 상관적이라는 것이기도 하며, 우리들에게 있어서도, 세계에 있어서도 세계는 제한되지 않고 개방되어 끊임없이 복잡성이나 관계성을 증폭시켜 다시 자아내고 있는 것이다.

이러한 '비실재론'은 결코 관념론이 아니라 오히려 '참'으로서 고정되고 분할된 실재와 인간을 한 거대한 생성 속에 재배치하며, '실용주의'는 이렇게 하여 한번 열어젖힌 인간의 지평에서 일상적 실천이나 경험을 구성하는 운동이나 진동을 통해 인간을 재파악한다. 이런 의미에서 '탈자'와 '내재'는 서로 보완하여 하나의 철학을 구성할 것이다.

'들뢰즈는 주체를 부정하면서 인간의 외부를 어떤 초월적인 것으로서 재건하고 있다'고 비판한 논자들은 들뢰즈 안에도 공존하고 있던 이 두 입장과 그 진폭을 적확하게 읽을 수 없었다. 혹은 자기 사상의 대상이 되는 일상이나 경험을 미리 제한된 인습적인 진폭 속으로 집어넣지 않으면 마음이 편치 않았던 것이다.

또 한 가지, 큐피트는 이러한 비실재론적 실용주의로 철학을 '민주화하는' 것을 제창했다. 이것은 철학을 속류화하는 것과도, 지적 스노비즘에 영합하는 것과도 다르다. 일견 이해하기 쉬운 입문서를 쓰는 것도 아니다. 지식인이나 지적 관료, 그리고 성직자들은 종종 참된 현실을 저편에 있는 것으로 묘사하는 한편, '지금, 여기'의 현실을 부동의 변하기 힘든 것(리얼리즘)으로서 강요하는 역할을 해왔다. 이런 식으로 현실의 생을 변화나 운동으로부터 격리시키고, 관념화되고 고정화된 또 하나의 현실의 표상에 민중을 '복종'시키는 것이 종종 형이상학이나 종교의 역할이기도 했다.

그러나 민중 속에는 그러한 복종을 결코 수용하지 않는 움직임도 끊임없이 존재해 왔다(예를 들어 미하일 바흐친이 말하는 '카니발'적 요소). 이미 '한 현실'로 현실의 삶을 부정하는 것이 아니라 역으로 그러한 다른 현실을 웃어넘기는, 완전히 자발적으로 현실의 삶 쪽에 있는 민중과 그 사고도 존재해 왔던 것이다. '민주주의'는 단순히 평등주의가 아니라 민중의 특이한 힘의 표현과 관련된다. 그렇지 않다고 한다면 민주주의는 그저 숫자나 결정 방식의 문제로 형식화되어 버리고, 적극적인 내용을 잃어버린다.

철학을 이해하기 쉽게 설명하는 것은 자유로운 사고를 촉진하기는커녕, 때때로 널리 만연해 있는 지적 '복종'의 자세에 영합하는 데 지나지 않았다. '철학의 민주화'는 그것과는 꽤 다른 방향을 가리키고 있다. 철학의 민주화란 철학의 비민중적 요소, 즉 고정된 실체나 실재의 관념에 인간적 현실을 가둬 두고, 또 삶의 현실적 경험에서 분리시키는 경향에 대항하는 것과 다름이 없다. 그러한 비민중적 사고를 해체하는 공공성과 민중의 자립(민주주의)을 향해 사고를 넓혀서 단련해 가는 것과 다름이 없다.

이러한 의미에서 '철학의 민주화'라는, 경우에 따라서는 완전히 공허한 슬로건이 되기 쉬운 말을 굳이 들뢰즈 철학의 핵심적 모티브로 두고, 이 책의 기저에서 흐르는 테마로 삼고자 한다. '팝 필로소피'라는 들뢰즈·가타리의 말은 한없이 깊고 광대한 내용을 암시했던 것이다.

'세계는 존재하지 않는다'든가, 아니면 '세계는 존재한다'든가 하고 새로운 '복음'처럼 말하는 철학이 금세기 들어서부터 일부에서 화제가 되고 있다. 형이상학은 항상 '현실에서 성립하고 있는 것의 총체'라는 의미에서의 '세계'를 상정해 왔지만, 거기서부터 인간은 배제된다. 마르쿠스 가브리엘은 그러한 '세계'는 존재하지 않는다고 썼다. 그러나 인간의 경험에 대해 어디까지나 상관적인 세계만이 있을 뿐인 것이 아니라 인간에게 상관하지 않는 다른 세계도 역시 존재한다는 것을 인정해야만 한다는 것이다. 단 그러한 세계 전부를 포괄하는 '세계'란 무의미하며 그러한 '세계는 존재하지 않는다'. 그러한 '세계'를 제외하면 모든 세계가 존재한다. 오히려 수많은 소우주(대상영역)가 존재하고 있다고 해야 하며, 거기에는 인간에게 상관하는 것도, 하지 않는 것도 있다. 가브리엘은 이렇게 하여 오히려 새로운(?) 실재론을 말하려고 한다. 그런 의미에서 논의의 방향은 큐피트가 '비실재론'으로서 말한 것과 크게 다르지는 않다. 가브리엘은 '세계는 존재하지 않는다'는 것으로부터 오히려 다**세계**론을 강조하는 데 비해 큐피트는 '저편'이 아니라 완전히 '내재'가 된, 철저하게 인간에 의해 만들어지는 이 세계('신의 나라')를 긍정하기를 강조하는 것이다.

퀑탱 메이야수의 논의(『유한성 이후』)는 인간에게 상관적인 현상만이 인식된다는 칸트의 획기적 제안을 현대의 들뢰즈까지 이르른 '상관주의'로서 대담하게 일괄하고 역으로 새로운 '실재론'을 제창했다. "철학의 임무란 여러 수학의 범위를 다시 절대화하는 것으로, 이것은 상관주의와는 반대로 코페르니쿠스적 탈중심성에 충실하게 행동하기 위해서다. 실은 파탄해 버린 형이상학적 타입의 필연성으로 돌아가는 것이 아니라. 데카르트의 학설을 강고하게 유지하는 것이 중요하다"(일역 メイヤスー 2016, p.175). '상관주의'로 인해 진리의 인식도 완전히 상관적으로 간주하게 되어 버렸다는 것으로, 메이야수는 철학의 전통적인 진리 문제를 새롭게 재질문하고 있다. 그러나 단지 칸트 이전의 세계관으로 돌아가는 것이 아니라 특히 자연법칙은 우연인가 필연인가를 물으면서, 고전적인 필연성과 결별하는 논리를 수학(집합론)에 의거하면서 구축하려고 한다. 이들의 논의는 새로운 철학의 방향으로서 '실재'의 진

위를 둘러싼 문제를 부활시킨 듯 보인다.

큐피트도, 그리고 들뢰즈도 철학에 있어서 '실재'의 진위 문제와는 결별하고, 어디까지나 그러한 윤리학-정치학과 연관되는 형태로 역사와 자연을 관통하는 생태학(에콜로지)과 같은 방향으로 철학을 개방하여 전개해 가려고 했다. 이러한 시도를 '진리를 둘러싼 판단'이라는 문제로 가둬 두고 '상관주의'로 구분해 버리는 논의는 너무나도 빈곤하다. 니체 이후의 '상관주의'는 비로소 이념의 초월적 차원이 아니라, 드디어 근본적으로 이 세계와 삶 쪽으로 철학적 사유를 전환시키려고 한 것이므로 이 전환은 끝까지 추구해야만 한다. 이 세계와 삶이 아니라 우주나 실재를 문제로 삼자는 제안은 오히려 철학의 시야를 좁히고 빈곤하게 만드는 것은 아닌가? 나는 이보다는 상관주의를 긍정하고 철저히 전개하며 증식시키고 그 사이의 연결을 증가시키려는 방향을 그리고 있다.

차례

들뢰즈, 유동의 철학

[개정증보]

제1장 어떤 철학의 시작: 『차이와 반복』 이전

질 들뢰즈는 1925년 1월 18일에 파리 17구에서 태어났다. 아버지는 엔지니어였다. 두 형제 중 동생으로 형은 레지스탕스 활동에 가담했다가 구속되어 강제수용소로 가는 열차 속에서 사망했다. 형에게 일어난 이 비극을 제외하면 전쟁, 점령, 해방하에서 보낸 청춘 시절의 에피소드는 거의 말한 적이 없었다. 스스로의 삶에 관한 이 과묵함은 마지막까지 계속되었다.

리세 카르노를 거쳐 1944년에 소르본대학에 입학하여 철학을 배웠고, 1948년에는 교수자격시험에 합격했다. 그 뒤 아미앵, 오를레앙, 파리의 리세에서 가르쳤고, 1957년에 소르본대학 조교가 되었다. 이 즈음부터 길들여지지 않은 개성적인 논의로 알려지기 시작했다. 그 뒤 국립과학연구센터의 연구원이 된 후, 1964년에 리옹대학 강사가 되었다.

1952년에 흄 입문서를 공저로 출판했는데, 교수자격시험을 위한 논문이었던 흄론 『경험론과 주체성』(1953년)이 사실상의 첫 출판이었다.

이때부터 10년 남짓 눈에 띄는 저작을 발표하지 않았으나 그 뒤에 놀랄 정도로 다작을 내놓는 시기가 온다.

1962년 『니체와 철학』, 1963년 『칸트의 비판철학』, 1964년 『프루스트와 기호들』, 1965년 『니체』, 1966년 『베르그송주의』. 이들로서 이미 들뢰즈 철학의 단단한 골격이 만들어졌다.

여기서 세 절에 걸쳐 저 기념비적 박사논문 『차이와 반복』을 발표하기 이전 들뢰즈 사유의 궤적을 추적해 보자. 박사학위를 위한 부논문 『스피노자와 표현 문제』(1968년), 그리고 『스피노자: 실천철학』(1970년. 1981년에 개정증보판)도 초기 일련의 연구논문(Monographie, 한 인물에 관한 연구) 계열에 있는 것으로서 이 파트에 포함하기로 하자. 그가 충실하게 학업을 닦던 시절인데, 20대 초에 이미 그는 꽤 기발하기도 한 독자적인 발상과 강력한 추론의 힘을 보여 줬으므로, 들뢰즈 철학은 이미 일찍부터 시작되었다고 해도 좋을 것이다.

1. 운동과 시간의 철학
— 베르그송을 손에서 놓지 않고, 또한 훨씬 먼 곳으로

운동과 함께 시간 속에서 사고를 실천하는 것. 이것은 들뢰즈가 줄곧 과제로 삼은 것이다. 그는 '움직이는 것'을 방해하는 생각에 민감한 비판을 가했고 시간에 관한 치밀한 사유를 지속하여 세련되게 만들어 나갔다. 단순히 운동과 시간을 사유의 주제로 삼은 것이 아니라 운동과 시간에 침투하는 사유를 실천하고, 또 사유 속에 운동과 시간을 주입하려고 한 것이다. 이 모티브는 들뢰즈 철학의 방법과 스타일을 거의 전면적으로 결정했다.

일상의 구체적 생각 혹은 철학이 실천하려는 추상적 사유 역시도 종종 움직이는 대상을, 움직이지 않는 점을 서로 잇게 만듦으로써 파악하려고 한다. 정치적인 권력도 종종 움직임을 억제하는 것을 과제로 삼고 원칙으로 삼는다. 많은 사유와 힘이 운동을 저해하는 경향을 가질 뿐만 아니라 그것을 목적으로 한다("우리는 움직인다는 것이 무엇을 의미하는지조차 이미 이해할 수 없는 것이다"(N, p.25 / p.46)). 운동과 함께 생동하는 시간이라는 현실도, 정지한 공간의 이미지(점과 선)로 번역되고 시간 속에서 생기하는 운동의 현실은 사유되지 않게 되어 버렸다. 데카르트의 사색은 훌륭할 정도로 시간을 배제하여 "나는 생각한다, 고로 나는 존재한다"라고 언명할 수 있었다. 훗날 이것을 '시간'에 있어서 재고해야 한다며 데카르트를 비판한 사람이 칸트였다.

철학자들 중에서도 공간적인 진리를 추구하는 타입과 시간적인 진리를 추구하는 타입이 있다고 한다면, 명백하게 들뢰즈의 경향은 후자 쪽에 속한다. 공간의 철학자는 온갖 요소를 공간 속에 열거하고 병치하면서 대상을 가시성 속에 두고 가시성과 공간성을 일체화하여 '명석하게' 사유하려고 할 것이다. 시간의 철학자는 시간이 끊임없이 이산시켜서 보이지 않게 되어 버리는 대상에 세심하게 주의를 기울여 항상 불가시성과 직면하면서 가시성의 한계에서 다른 명석함을 만들어 내려고 할 것이다. 예컨대 들뢰즈에 비해 미셸 푸코(1926~84년) 쪽은 훨씬 인식 공간을 엄밀하게 문제화하여 각 시대 인식의 이른바 공간적인 구조(에피스테메)를 논했다. 물론 어느 쪽이 옳은가, 뛰어난가를 성급하게 말할 수는 없다.

온갖 대상을 결코 고정되지 않은 변화의 과정(생성)으로서 파악하고 또 그 한편으로 대상을 구성하는 차이를 단순히 정적인 차이가 아니라 차이화하는 과정(시간)으로 파악하는 들뢰즈의 방법. 이것은 그의 사유가 항상 시간과 불가분한 형태로 실천되었던 것과 분리할 수 없다. 그에게 운동, 시간에 관해 사유하고 운동, 시간과 함께 사유하는 것은 원리이자 방법이며, 주제이자 또한 하나의 윤리, 정치와도 한 몸이었다. 나중에 쓰인 『시네마 1: 운동-이미지』, 『시네마 2: 시간-이미지』라는 두 권의 영화론은 영화 철학의 장대한 시도임과 동시에 운동과 시간 철학의 도달점을 보여 주는 작품이 되었다. 『시네마』는 운동에서 시간으로 질문의 초점을 옮겨 갔지만 그것은 '영화'를 통해 운동과 시간을 재고하고 운동과 시간의 관계를 다시 생각하는 작업이기도 했다.

차이란 무엇인가

들뢰즈의 이 일관된 입장은 실로 운동의 철학을 만들어 냈는데, 이는 시간의 개념을 급진적으로 혁신한 앙리 베르그송(1859~1941년)의 시도 없이는 생각할 수 없었다. "베르그송과 같이 운동의 형질로서 지각과 감정과 행동을 구별하는 것은 매우 참신한 분할법입니다. 그것이 여전히 새로움을 잃어버리지 않은 것은 베르그송의 구분을 확실히 자신의 것으로 만든 사람이 한 사람도 없기 때문이라고 생각하며, 이것이야말로 베르그송의 사상 중에서도 특히 어렵고, 특히 아름다운 부분이라고 말할 수 있습니다"(「중재자들」, PP, p.166 / p.245).

　　이 발언은 영화론 집필을 끝낸 1985년에 한 것인데 들뢰즈는 일찍부터 베르그송 철학에 친숙했고, 알려져 있는 한 적어도 세 개의 베르그송론을 썼으며, 실로 그 사상을 언제든지 꺼내 쓸 수 있게 만든 다음 자신의 철학을 만들어 낸 것이다.

'차이'는 들뢰즈에게, 또 많은 현대철학자들에게 핵심적 주제이기도 했으며 그것은 소쉬르의 언어학에서 발전한 구조주의가 '차이'의 개념을 새로운 빛 아래에서 떠오르도록 만들었다는 것에서 꽤 영향을 받았다. 구조주의는 어떤 의미에서 사상을 새롭게 공간화하는 시도이며 베르그송의 '창조적 진화'나 헤겔의 역사변증법의 시간적 전개에 강한 비판을 가했다. 그러나 들뢰즈는 헤겔과는 거리를 두면서도 베르그송에게서는 그 뒤의 전개에 빼놓을 수 없는 인식을 받아들였던 것이다. 그는 이미 베르그송 철학 속에서 '차이'에 관한 놀라운 사유를 읽어 냈고, 그것은 구조주의가 발견한 '차이'보다 훨씬 깊어 훗날 사유의 기본적 모티브가 되었다. 들뢰즈에게 있어 차이에 관해 생각하는 것은 그대로 즉 시간에 관해 생각하고 시간 속의 차이에 관해, 시간으로서의 차이에 관해 생각하는 것이었다.

'차이'에 관해 생각한다고 해도 그것은 누구에게나 다소 당돌한 명제일 것이다. 보통 우리들은 무엇과 무엇의 차이에 관해 생각하기는 해도 갑자기 **차이 그 자체**에 관해 생각하거나 하지는 않기 때문이다. 1995년에 쓴 「베르그송에게 있어서 차이의 개념」[1]이라는 표제의 베르그송론은 우선 '정도의 차'(양적 차이)와 '본성의 차'(질적 차이)를 둘러싸

---

1 일역은 일찍이 『차이에 관하여』(『差異について』, 增補新版, 平井啓之 訳, 靑土社, 1992)라는 표제로 간행되었지만 나중에 「베르그송에게 있어서 차이의 개념」(「ベルクソンにおける差異の概念」, 前田英樹 訳, 『無人島 1953-1968』, 前田英樹 監修, 河出書房新社, 2003)으로 재간되었다(이것은 『ドゥルーズ・コレクション I 哲学』(『들뢰즈 컬렉션 1: 철학』), 宇野邦一 監修, 河出書房新社(河出文庫), 2015에도 수록되어 있다).

고 베르그송 철학이 질문하는 자세 그 자체를 생각하려고 했다. 베르그송이 들뢰즈에게 과한 것은 '본성의 차이' 그 자체를 적확하게 문제 삼는 것으로, '정도의 차'에 현혹되지 않고 '본성의 차'를 정확하게 식별하는 것이 바로 그에게 있어 올바른 질문을 제기하는 것이다.

　기억과 지속의 특성에 관해 사유를 끝까지 밀어붙이는 것은 베르그송 철학의 최대 과제이며 새로움이기도 했다. 베르그송에게 지각과 기억, 혹은 물질과 지속 사이에는 본성상의 차이가 있다. 그렇지만 물질과 물질의 지각 사이에는 정도의 차이밖에 없다. 지각은 물질이 한없이 교착하여 서로 작용하는 너비에서부터 자신에게 관심 있는 면만을 추출하여 다른 면을 배제하는 과정과 다름이 없기 때문이다. 이러한 의미에서 지각은 물질의 너비에서 잘라 낸 일부에 지나지 않는다. 그러므로 철학은 특히 지각과 기억(지속) 사이의 본성상의 차이가 무엇인가를 사유해야만 한다. 이것은 또한 시간(지속) 속에서 사는 인간에게 있어 지각과 기억의 본질적 차이는 무엇인지를 묻는 것이다.

　기억을 단순히 지나쳐 간 약한 지각으로 파악하는 것이 아니라 지각과는 결정적으로(본성적으로) 다른 것으로서 고찰해야 한다. 기억이란 단지 과거 지각의 각인이나 잔상이 아니라 무한 수의 과거의 연쇄나 상호침투로 이루어져 있다. 더욱이 지속으로서 사는 시간에서 과거는 단지 지나간 현재가 아니며 현재는 결코 과거와 단절되어 있지 않다. 현재와 과거는 분명히 동시적이며 현재란 서로 침투하고 서로 연쇄하는 잠재적 과거가 집적된 첨단인 데 지나지 않는다. 이런 식으로 파악된 기억과 지속은 물질과 지각의 차원에 대해 결정적인 질적 차이를 갖는다.

　당연하게도 이번에는 질적 차이와 양적 차이 사이의 차이가 다시 문제가 될 것이다. 양적 차이와 질적 차이라는 구분 그 자체는 이원론적이지만 결국 베르그송은 이 두 차이를 차이의 두 정도로서 재차 합류시킨다. 즉 물질과 기억 사이의 질적인 차는 기억에 있어서 '이완'과 '긴장'의 여러 정도(강도)의 차이라는 것이다. 이리하여 모든 것이 유일한 같은 것의 무한한 변형(variation)이라는, 들뢰즈의 저작을 관통하는 일원론적 관점('존재의 일의성')이 베르그송주의에서도 발견된다.

이 일원론은 사물의 무한한 다양성, 한없이 미세한 뉘앙스의 변화와 함께한다. 이것은 결코 사물의 무한한 차이를 배제하지 않고 오히려 차이를 가능한 한 수용하기 위한 일원론인 것이다. 특히 베르그송의 『물질과 기억』(1896년)에서 전개된 이러한 사유는 평생 들뢰즈 철학의 모티브가 된다.

구조주의 언어학에서도 '차이'는 가장 기본적인 개념 중 하나였다. 언어는 의미의 체계이기 이전에 무엇보다도 우선 '차이'의 체계라고 한다. 언어의 단위를 이루는 실체와 같은 것이 존재하기 이전에, 이것들을 성립시키는 형식적인 차이의 다발이 음운의 차로서 존재해야만 하며 이 차이는 결코 미리 존재했던 의미의 차이가 아니다. 의미나 단어나 문법은 그 차이의 효과, 편성으로서만 성립할 수 있다.

『일반언어학 강의』(1916년)의 소쉬르는 결코 이것 자체를 집요하게 묻지는 않았지만 거기에서 저 파동의 이미지와 함께 제시된 '차이'의 체계는 언어학의 원리와 관련되는 것 이상으로, 우리들의 생각을 둘러싼 온갖 인습이 뒤덮어 가리고 있어 보이지 않는 차원을 지시한 것이다. 이 차원은 실은 시간과 깊은 관련을 갖고 있다.

이렇게 구조주의 쪽에서 제시된 차이에 관한 질문도 들뢰즈는 매우 진지하게 받아들여 「구조주의는 왜 그렇게 불리는가」[2]라는 뛰어난 논문을 쓰기도 했다. 그러나 그 이상으로 베르그송 사상의 근간에서 일찍부터 차이의 문제를 읽어 내어 그것을 적확하게 독해하는 데 머무르지 않고, 차이의 문제를 독자적으로 심화하여 구조주의적인 지평에서 제시된 차이의 질문에 동적으로 접속할 준비를 하고 있었다. 그 성과는 『차이와 반복』 속에 주입된다.

들뢰즈는 그 외에도 두 개의 베르그송론을 썼다. 『베르그송주의』(1966년)[3]는 가장 본격적인 텍스트로, 베르그송 사색의 전모를 높은 밀도로 요약하여 훗날 들뢰즈 자신의 철학적 전개의 중요한 복선을 그리기도 했다.

가장 짧은 「베르그송, 1859~1941」[4]은 풍부한 내용을 '경구'로 응축하여 들뢰즈가 얼마나 베르그송을 자기 사유의 피와 살로 삼았는지를

---

2 일역은 일찍이 「구조주의는 왜 그렇게 불리는가」(「構造主義はなぜそう呼ばれるのか」, 中村雄二郎 訳, フランソワ・シャトレ 編, 『西洋哲学の知 VIII 二十世紀の哲学』, 中村雄二郎 監訳, 白水社, 1998)라는 표제로 간행되었지만 나중에 「무엇을 구조주의로서 인정할 것인가」(「何を構造主義として認めるか」, 小泉義之 訳, 『無人島 1969-1974』, 小泉義之 監修, 河出書房新社, 2003)로서 재간되었다(이것은 『들뢰즈 컬렉션 1: 철학』(『ドゥルーズ・コレクション I 哲学』)에도 수록되어 있다). *개정증보판에서는 2003년판을 참고함(옮긴이).

3 일역은 일찍이 『베르그송의 철학』(『ベルクソンの哲学』, 宇波彰 訳, 法政大学出版局(叢書・ウニベルシタス), 1974)이라는 표제로 간행되었지만 나중에 『베르그송주의』(『ベルクソニズム』, 檜垣立哉・小林卓也 訳, 法政大学出版局(叢書・ウニベルシタス), 2017)로 재간되었다.

4 일역은 일찍이 「베르그송: 1859~1941」(「ベルクソン: 一八五九-一九四一」, 『差異について』, 増補新版, 平井啓之 訳, 青土社, 1992 수록)이라는 표제로 간행되었으나 나중에 「베르그송, 1859~1941」(「ベルクソン, 1859-1941」, 前田英樹 訳, 『無人島 1953-1968』, 前田英樹 監修, 河出書房新社, 2003)으로 재간되었다(이것은 『들뢰즈 컬렉션 1: 철학』(『ドゥルーズ・コレクション I 哲学』)에도 수록되어 있다).

짧은 만큼 더욱 힘차게 전달해 준다. 베르그송의 문맥에 충실한 조심스러운 독해라고 해도 좋으나, 완전히 독창적인 윤곽을 갖고 있다. 이러한 철학사적 요약 작업에서도 나중에 쓰게 될 대작의 실험적 사유가 이미 놀라운 강도로 전주되고 있음을 발견할 수 있다.

유물론적 사상가

1980년대 초에 영화론 강의를 시작했을 무렵, 들뢰즈는 "많은 사람들이 베르그송의 철학을 일종의 관념론으로서 받아들이고 있지만 실은 베르그송만큼 유물론적인 사상가는 없다"라고 말한 적이 있다. 이것이 매우 인상적이었다. 유물론이란 도대체 무엇인가? 진정한 유물론이란 것이 존재하는가? 혹은 다양한 유물론이 있는 데 지나지 않는 것인가? 이것을 마르크스나 그 계보상의 사상에 대해서가 아니라 특히 베르그송에 대해 지적한 것이 놀라웠다. 특별히 일반성이나 보편성을 지향하여 추상적, 이념적인 체계를 만들어 내는 것이 철학의 과제라는 관점과는 완전히 반대되는 '유물론적' 경향과 방법을 들뢰즈는 베르그송 안에서 발견했던 것이다.

들뢰즈는 「베르그송에게 있어서 차이의 개념」 서두에서 베르그송의 철학이 사유하는 차이란 '사물과 개념'의 일치와 다름없다고 한다. "그 대상에 관해 그 대상에만 적용되는 개념, 그것이 바로 그것에만 적용되기 때문에 그것이 여전히 한 개념이라고 간신히 말할 수 있을지 없을지 모를 개념"(Bergson 1903(1959), p.1408 / p.31 = ID, pp.44~45 / p.65)을 만들어 내려 한다는 것이다. 유나 종과 같이 일반적인 차이가 아니라 사물 그 자체와 다름이 없는 뉘앙스를 사유하는 것. 무엇보다도 우선 베르그송의 이러한 자세야말로 '유물론적'인 것이다.

『물질과 기억』 뒤에 쓴 『창조적 진화』(1907년)나 『도덕과 종교의 두 원천』(1932년)을 그 이전의 정치한 '유물론적' 사색의 연장선상에 엄밀하게 위치시켜 읽지 않고 대강의 주장을 요약하는 것만으로 그친다면, 그것은 너무나도 낙천적으로 보이는 '생의 철학'으로서 관념적이거나 신비적으로 이해되어 버리기 십상이다. 실제로 베르그송의 유물론적 사색에 주목하기는커녕 과학이나 이성을 뛰어넘은 생명의 신비적, 종합적 원리를 거기에서 읽어 내려는 독해가 항상 우세했다. 베르그송에 대한 이러한 독해는 종종 몰정치적, 비역사적인 관념론과 합체했고 그로써 사회적 항쟁이나 갈등에 대해 완전히 둔감한 자연주의적 사유로 맞아들여졌다. 니시다 기타로(西田幾多郎)나 고바야시 히데오(小林秀雄)의 베르그송 이해도 이러한 경향과 무관하지 않았다.

그러나 들뢰즈는 베르그송이 운동 자체에 관해 사유한 것의 의미가 대단히 크다고 항상 생각했다. 그것은 거의 정치적인 의미조차 띠었다. 사유에 운동을 주입하는 것은 매우 어려우며 또한 사유를 운동으로서, 운동을 뛰어넘는 능력으로서 실천하는 것도 실로 어려워서 끊임없이 장애와 조우하기 때문이다. 보편성이나 일반성의 관념은 종종 사유의 운동을 억제하고 거짓된 이념적 운동으로 포괄해 버린다. 이러한 의미에서 베르그송주의는 줄곧 들뢰즈 사상에 빠트릴 수 없는 원천이었다.

들뢰즈가 베르그송에게서 읽어 낸 '유물론'은 필연적으로 '변증법'을 거부했고 변증법을 뒷받침하는 '부정'과 '대립'의 이론에도 비판의 칼날을 향했다. 여기서 변증법이란 특히 게오르크 빌헬름 프리드리히 헤겔(1770~1831년) 사상의 원리를 가리킨다. 들뢰즈가 말하는 '유물론'에서 '부정'이란 어디까지나 관념의 운동에 지나지 않으며, '대립'이란 사물의 무한한 차이(뉘앙스)를 서로 부정하는 두 항으로 환원하는 것이다. 그러나 사물이나 생명이 생성하고 변화하는 과정 그 자체에는 단지 미세한 변화나 무한한 차이와, 이것들을 횡단하는 질서나 구축이 있을 뿐으로 부정도 대립도 있을 수 없다. '부정'과 '대립'의 논리는 사물의 무한한 차이를 외부로부터 관념적으로 분할하여 파악한다는 점에서 이미 사물 그 자체로서의 차이, 차이 그 자체로서의 사물을 '내적 차이'로서 파악하는 데 실패한다. 아무리 해도 거기에 초월적인 선이나 절대정신 같은 일반성이 외측에서 삽입되어 차이를 조정하고 하나의 종국이나 목적으로 역사를 따르게 만든다.

헤겔의 변증법은 운동이나 변화에 관해 사유하기 위해 교묘하게 구성된 방법과 다름이 없으며, 서구 근대정신을 틀림없이 확실하게 대표하지만 아직 너무나도 관념과 추상에 갇혀 있다. 물질, 생명, 정신을 관통하는 차이화의 과정을 파악하는 방법으로서는 너무나도 정신적, 포괄적, 전체적이며 신학의 이상을 억지로 유지하고 있다. 생물에서 인간에 이르는 '창조적 진화'에서 등장하는 예견 불가능한 것, 불확정적인 것, 새로운 것을 매우 중시하는 베르그송주의에서 보면, 헤겔주의는 너무나도 보수적이며 역사를 그대로 이념의 전개와 진화로 간주하는 유럽 근대에 고유한 의식에 구속되어 있다.

베르그송주의는 자연과 인간을 어디까지나 연속된 지평이라 생각하고 동시대의 자연과학(특히 물리학)적 인식의 전환에도 민감하게 대응했다. 자연과학이란 어디까지나 양적인 차이로 사상(事象)을 환원하려고 하는 인식이다. 베르그송은 자연과 인간을 관통하는 차원을 철저하게 질적인 차이로서 사유하려고 했다.

그리고 자연과 인간을 관통하는 것이란 무엇보다도 우선 생명으로, 생명이란 그 자체로 이미 기억이고 지속이며 기억, 지속으로서 실현되는 '차이화'의 과정이다. 들뢰즈의 사색에는 베르그송에게서 받은 엄밀한 자연주의가 깊이 침투되어 있다. 이 자연주의는 사물의 무한한 뉘앙스, 변화, 운동에 철저하게 충실한 '유물론'과 함께한다.

생명은 진화하며 새로운 것을 낳는다. 생명이 행하는 선택은 예견 불가능하고 불확정적인 성질을 갖고 있지만, '변화하려고 하는 경향' 그 자체는 결코 우연적이지 않으며 생명 그 자체가 그러한 경향을 품는 '잠재성'으로서 존재한다. 인간이 새로운 가치나 의미를 만들어 내는 것도 이러한 생명이 가진 잠재성의 연장선상에 있는데, 인간은 또한 많은 관념, 부정, 반동의 경향을 낳으며 새로운 것의 출현에 저항하는 보수적 존재이기도 하다. 들뢰즈는 베르그송주의의 중심개념 중 하나인 '잠재성'을 매우 중요시하여 줄곧 이 개념을 손에서 놓지 않았다. 들뢰즈 철학 전체가 잠재성의 철학이라고 해도 좋을 정도다.

베르그송주의에서 '잠재적인 것'과 '가능적인 것'이 다르다는 것은 매우 큰 의미를 갖는다. 가능적인 것은 그것이 현실화('현동화'[現働化]라고 번역되는 경우도 많다)된다 해도 오히려 현실화된 것 쪽에서 반대쪽으로 투사된 것에 지나지 않는다. 가능적인 것은 사후적인 투사이기 때문에 역으로 현실 전체를 확정하는 것으로서 인식된다. 변증법도 이런 의미에서는 변증법적인 통합이라는 종국을 끊임없이 반대 방향으로 운동과 차이에 투사하여 운동과 차이를 미리 한정하여 인식하는 사고방법이라고 말할 수 있다.

그러나 가능적인 것이 '현실화'되는 것이 아니라 잠재적인 것이 '현동화'될 때, 거기에는 어떤 예견 불가능한 불연속이 있으며 잠재적인 것은 무엇도 예견하지 않고 그저 새로운 차이화의 선을 그려 갈 뿐이다.

이것은 또한 생명에서 정신에 이르는 반복(되풀이)이 반복의 각 순간을 어떻게 '새로운 것'으로서 차이화해 갈 것인가 하는 질문에 대한 해답이라고 말할 수 있다. 이 차이화는 물질이 지속이 되고, 기억이 되어 가는 과정 그 자체이기도 하다.

생명이란 열린 전체다

들뢰즈의 두 권으로 구성된 영화론『시네마 1: 운동-이미지』(1983년)와 『시네마 2: 시간-이미지』(1985년)에서는 이러한 베르그송주의의 기본요소가 무엇 하나 간과되지 않고 아주 복잡하게 전개된다. 여기서 들뢰즈는 영상을 '결정체'와 같이 기능시켜 그 결정체를 분할하는 과제를 스스로에게 부여했다(『상상계에 관한 의심들』, PP, p.95 / pp.139~140). '결정체'란 실로 베르그송이 철저하게 사유했던, 기억에서의 과거와 현재의 동시성(그리고 식별불가능성)이고 잠재성으로서의 시간(지속)이며 시시각각 새로운 차이를 만들어 나가는 긍정성이기도 하다.

현재란 차례대로 과거가 되어 버리는 점과 같은 것이 아니다. 우리들은 종종 과거에서 현재에 이르는 시간을 그러한 점을 배열한 직선처럼 상상한다. 실제로는 어떤 현재도 과거와 함께 있고 과거와 동시에 있으며 현재는 단순히 현재로서 생기되고 있지 않다. 현재란 이미, 언제나, 현재와 과거의 복합체이자 식별불가능성이다.

또한 들뢰즈는 베르그송의 '지속' 개념에서 전체를 어디까지나 '열린 것'으로서 파악하는 발상을 간취했다.

한 전체, 혹은 '복수의 전체'를 집합과 혼동해서는 안 된다. 집합은 닫혀 있으며 닫혀 있는 것은 모두 인공적으로 닫혀 있다. 집합이란 항상 부분들의 집합인 것이다. 그러나 전체는 닫혀 있지 않고 열려 있다. 전체가 부분을 갖는다 해도, 그것은 완전히 특별한 의미에서 부분을 갖는 데 지나지 않는다. 전체는 분할의 각 단계에서 본성을 바꾸지 않고 분할되지 않기 때문이다. '현실의 전체는 실로 분할 불가능한 연속성일 것이다.' 전체는 닫힌 집합이 아니며 반대로 전체 때문에 집합은 결코 닫히지 않고, 결코 완전히 독립되지 않으며, 어딘가가 열린 채다. 마치 가는 실로 그 이외의 우주와 연결되어 있는 것처럼. (IM, p.21 / p.20.)

생명이란 실로 이러한 열린 전체이며 단순히 소우주(micro cosmos)가 아니라 우주(cosmos)를 향해 자기를 열어 가는 것이고 시간(지속)도 이러한 열린 전체로서 결코 등질적인 부분으로 분할되지 않은 채 자기를 차이화해 가는 잠재성이다. 시간과 일체인 차이, 불확정성 속에서 창조되는 움직임으로서의 잠재성, 분할 불가능한 열린 전체. 들뢰즈는 베르그송의 이러한 논리 위에 선 '자연주의'와 '유물론'을 마지막까지 손에서 놓지 않았고, 독자적인 방식으로 다양한 방향으로 전개시켰던 것이다.

요약하자면 베르그송주의를 결여한 들뢰즈 철학은 생각할 수 없으나, 이윽고 들뢰즈의 사상 그 자체는 베르그송주의의 새로운 전개 이상으로 복잡하고 격렬한 진폭을 갖게 되었다. 예를 들어 니체의 계승자로서의 들뢰즈는 훨씬 투쟁적이고 연극적으로 힘의 유희를 둘러싼 사색을 감행했고 악이나 도착, 병에 관해서도 파고들어 갔다.

그토록 베르그송주의에 정통하면서도 그 중성적, 긍정적, 비투쟁적인 표정과는 거의 반대되는 몸짓으로 사유하는 것도 가능했으며 또한 그렇게 해야만 했다. 그래도 들뢰즈가 베르그송에 친숙하며 정통했고 그 본질적인 사유의 자세를 계승한 방식, 그 충실성, 신중함, 근본성은 역시 놀랄 만하다. 그리고 베르그송을 손에서 놓지 않고, 또한 베르그송에게서부터 훨씬 먼 곳으로 가 버리는 그 진폭의 크기에는 더 놀라게 되는 것이다.

노트: 공간의 철학자, 시간의 철학자

여기서 제시한 공간의 철학자와 시간의 철학자라는 분류에는 틀림없이 다양한 의문이 제기될 것이다. 예컨대 들뢰즈는 푸코와 함께 많은 주제를 서로 영향을 주고받으며 사유했고 사후의 푸코에게 한 권의 저서를 바쳤지만, 그 푸코는 명백하게 시간보다도 공간에 관해 철학하는 입장을 일찍부터 명료하게 드러냈다(예를 들어 1964년의 텍스트인 「공간의 언어」(일역 清水徹 訳,『フーコー・コレクション 2 文学・侵犯』, 筑摩書房(ちくま学芸文庫), 2006)를 참조). 『감시와 처벌: 감옥의 탄생』에서 유럽 근대의 권력 메커니즘을 일망감시장치(판옵티콘)로 모델화하는 푸코의 방법은 실로 공간적이고 가시적인 차원에 주목한 것이다. 푸코에게 있어 시간을 둘러싼 인식은 시간의 불가시성을 뛰어넘으려 하여 종종 뭔가 통

일성이나 중심성을 불러들일 위험을 잉태하는 것이다. 그때마다 시간의 신화나 시간의 사유로서의 변증법과 불가분한 전체나 주체도 회귀하게 된다. 공간성과 가시성에 따라 사유함으로써 푸코는 시간의 형이상학과 단절된 곳에서 새로운 역사학을 구상했다. 들뢰즈는 그렇게 시간을 배척하지 않고 오히려 베르그송의 시간 철학에 극히 충실하게 사유하면서 역시 시간의 형이상학이 포함하는 온갖 이념적 강제를 돌파하여 마침내 푸코가 열어젖힌 지평과 나란한 지평에 서게 되었다.

2. 경험론은 들뢰즈에게 무엇을 야기했는가
— 흄, 스피노자와의 대화

이 절에서는 베르그송 외에 들뢰즈 철학의 큰 기둥이라고 해도 좋을 두 철학자, 흄과 스피노자의 사상에서 들뢰즈가 무엇을 읽어 냈는가를 점검해 보자. 흄이 경험론 철학자임을 잘 알려져 있지만, 들뢰즈는 스피노자에게서도 '경험론적 영감'을 발견했다. 그리고 들뢰즈는 행동과 경험 이전의 실재를 다루는 베르그송의 철학과 결코 배치되지 않는 형태로 경험론을 받아들였다. 이것 자체로도 놀랄 만한 일이다. '경험론'을 현대에 재구축하고 이것에 새로운 생기를 불어넣는 것이 들뢰즈 철학의 큰 과제 중 하나였다.

들뢰즈는 누구나 빈번하게 사용하는 평범한 접속사 '그리고', '와'(et, and)의 기능에 기회가 있을 때마다 주의를 촉구했다. A는 B'이다'(être, be)라는 동사(계사)는 A의 B에 대한 소속이나 A와 B의 동일성을 표현한다. 그러나 'A와(그리고) B'는 단순히 둘의 총합만이 아니라 A에도 B에도 속하지 않는 무언가를 출현시킨다. 혹은 A와 B의 중간을 나타내는 것이 되기도 한다. 여기서 A와 B의 외부 또는 간극에 있는 미지의 무언가가 나타나는 것이다.

'그리고'는 결합, 인접, 연상, 유사, 인과성 등 다양한 '관계'를 나타낼 것이다. 인간의 정신이란 실로 갖가지 요소를 이렇게 '관계 짓는' 능력이다. 복수의 항을 결부시켜 그 사이를 이동함으로써 우리는 이 항들로부터 이 항들 이상의 새로운 무언가를 발견한다. 필시 철학만이 아니라 인간의 사고 일반이 '~이다'를 통해 끊임없이 동일한 것으로 복귀하고 소속을 확정하려고 하며 사고하는 경향을 가질 것이다. 그러나 그것과 동시에 사고는 '그리고'를 통해 동일한 것 '사이'나 '바깥'으로 나가 이동하고 연결하며 무언가를 발견한다.

그렇지만 '그리고'를 원리로 삼아 사고하고 행동하는 것은 결코 쉽지 않다. 들뢰즈는 "접속사를 해방하고 관계 일반에 관해 고찰한 사람은 영국과 미국의 사상가 이외에는 거의 없습니다"(「『6x2』에 대한 세 가지 질문」, PP, p.64 / p.94)라고 말하며 이러한 사고는 유럽 대륙의 나라들보다도 영미권에 뿌리를 두고 있다고 한다. et(그리고)와 est(~이다)를 대조하는 것은 단순한 우스갯소리가 아니며 그 차이는 사고법뿐만 아니라 생활 양식의 근간과 관련된다. 들뢰즈는 바로 이 점을 주목하여 영미권의 사상에(또 문학에도) 변함없는 관심을 보였다.

우리들에게 알려져 있는 들뢰즈 자신의 저서 중 최초의 것은 『경험론과 주체성』(1953년)이라는 제목의 흄론이다. 데이비드 흄(1711~76년)은 『인간본성에 관한 논고』(1739~40년), 『영국사』(1754~62년) 등의 저작을 저술했고 특히 존 로크(1632~1704년)의 경험론을 철저하게 밀어붙여 회의론의 입장에 섰다. 인과법칙이나 실체관념의 객관성을 끝까지 부정하며 자아란 '지각의 다발'에 지나지 않다고 주장하고 전통적 형이상학에 파괴적인 비판을 가했다고 알려져 있다. 이마누엘 칸트 (1724~1804년)의 비판철학은 이 파괴적 발상에 대항하여 경험으로는 규정되지 않는 선험적 진리란 무엇인가를 깊이 사유한 곳에서 탄생했다. 바로 흄이야말로 들뢰즈에게 "접속사를 해방하고 관계 일반에 관해 고찰"한 철학자인 것이다. 그리고 '관계'의 사상으로서의 경험론은 그다지 두드러지지 않는 듯해도 훗날 들뢰즈의 사유에 그칠 줄 모르는 맥류(脈流)를 그리게 된다. 경험을 중시하는 사상은 일견 온건하고 보수적으로 보이며 실제로 그렇게 작용해 오기도 했지만, 들뢰즈는 오히려 거기에서 스피노자, 니체와 인접하는 '파괴적'인 비판을 읽어냈다.

들뢰즈는 흄이 보았던 것은 일관되게 "접속사 '그리고'가 동사 '~이다'의 내면성을 대신하는 세계, 아를르캥[arlequin, 익살광대]의 잡다하고 통일성이 없는 세계, 전체화하는 것이 불가능한 단편의 세계, 외부의 관계를 통해 사람들이 서로 교통하는 세계"(「흄」, ID, p.228 / (下), pp.45~46)였다고 나중에 또 하나의 짧은 흄론[5]에서도 썼다. 아를르캥이란 잡다한 색의 천을 꿰매 이어 놓은 광대의 의상을 상상했을 것이다. 이리하여 관계의 사상은 미리 모든 것을 통합하는 원리나 중심을 결코 갖지 않는 단편의 무리를 마주하고, 그럼에도 불구하고 그러한 단편을

---

5 일역은 일찍이 「ヒューム」(「흄」), 中村雄二郎 訳, フランソワ・シャトレ 編, 『西洋哲学の 知 IV 啓蒙時代の哲学』, 野沢協監 訳, 白水社, 1998으로 간행되었으나 나중에 「ヒューム」 (「흄」), 小泉義之 訳, 『無人島 1969-1974』, 小泉義之 監修, 河出書房新社, 2003으로서 재간되었다(『들뢰즈 컬렉션 I: 철학』(『ドゥルーズ・コレクション I 哲学』)에도 수록되어 있다).

결부시키고 교통시키려 하는 시도와 일체가 되었다.

허구로서의 이성과 주체

경험론에서는 이성, 오성, 자기 모두 결코 미리 절대적으로 명백하게 존재하지 않는다. 들뢰즈는『인간본성에 관한 논고』를 독해하면서 흄을 따라 이성, 오성, 자기의 존재를 미리 전제하는 사고를 비판했다. "오성이란 사회적인 존재가 되어 가는 정념의 운동에 불과하다", "정신의 밑바탕에는 착란이 있다", "내가 가진 관념 속에 항상성과 균일성은 없다", "정신은 갖가지 원리를 통해 촉발되어야 비로소 주체가 된다", "정신은 미리 존재하는 주체라는 성격을 갖지는 않는다", "정신이란 이성이 아니다", "이성이란 일종의 감정이다"(ES, pp.2~14 / pp.7~21).

대체 왜 이성과 주체를 이토록 적대시해야만 하는가? 결코 무질서나 착란 쪽이 바람직하기 때문이 아니다. 흄은『인간본성에 관한 논고』제1권의 결론에서 정신의 혼돈과 무질서를 있는 그대로 바라보려 하며 '미로에 빠져든' 자신의 입장을 적나라하게 보여 준다. 이성, 오성, 자기는 모두 어떤 의미, 어떤 관점에서는 확실히 존재한다고 해도 좋지만, 철저한 경험론에서 이것들은 항상 복합적인 과정 속에 있고 그 자체로 한 과정으로서 있을 뿐이다. 결코 이것들은 이 사회나 인간의 존재와 행위를 결정하는 영원한 권위를 가지는 실체 같은 것이 아니다.

경험론은 이성과 주체를 어디까지나 경험의 과정(process)으로 해체해서 바라보면서, 이성과 주체가 무엇을 통해 형성되고 '촉발되는'가, 현실에서 무엇을 행하고 있는가, 어떠한 기능인가를 정확히 바라보고 평가하려 했다. 이성과 주체를 어떤 전제 없이 존재하는 것으로 간주하여 권위화하고 이상화하는 사고가 현실에서는 무엇을 하고, 무엇을 하지 않는지, 어떤 점에서 무력한지, 혹은 어떤 강제와 왜곡과 은폐와 함께하는지를 드러내려고 했다.

이성과 오성은 어떤 촉발의 과정을 거쳐야 비로소 이성 혹은 오성일 수 있는데도 이것들은 종종 이러한 과정으로부터 눈을 돌리고, 촉발과 운동의 현실적 과정으로부터 스스로를 격리하여 그것들을 무효화하도록 작동한다. 이성, 오성은 많은 은폐, 배제, 억제 작용을 동반한다. 이러한 작용은 결코 무해하지 않으며, 인식과 현실 사이를 절단하고 오히려 절단 상태를 부동의 현실로서 고정한다는 점에서 충분히 유해하기도 하다.

'관계 짓는다'는 것은 오늘 태양이 떴다는 사실을 내일도 태양이 뜰 것이라는 '신념'과 결부시킨다는 것이기도 하다. 이 점에서 '신념'이란 바로 '관계'로 사고하는 것이며, 인식이란 사상 사이를 관계 짓고 관계를 믿는 것인 한에서 '신념'의 한 양태라고 할 수 있다. 이리하여 인식의 밑바탕에 항상 있는 것은 이성보다도 오히려 신념으로, 다양한 정도의 신념이 존재한다. 신념의 올바름은 바깥에서부터, 다른 신념에 의해 헤아려질 수밖에 없고, 신념 그 자체는 오히려 감정, 때로는 환상과 착란과 닮아 있기조차 할 것이다.

그렇지만 사물을 인식하는 인간의 본성은 단순히 관계를 발견하고 관계로 사고하는 것만이 아니라 또 하나의 구성요소로서 정념을 가지며, 정념에서 발단하는 방향성을 갖고 있다. 여기서 문제는 이성으로 정념을 거부하는 것이 아니라 어떻게 정념과 그 경향을 교묘하게 이끌 것인가가 된다. 그를 위한 작위와 제도를 어떻게 발명할 것인가도 마찬가지다.

흄은 자연상태의 정념은 본질적으로 에고이스트적인 경향을 갖고 있기 때문에 계약으로 그것을 억누르지 않으면 사회는 성립하지 않는다는, 홉스로 대표되는 성악설적 비전을 공유하지 않았다. 정념은 결코 자기본위적인 것이 아니며 단순히 자신이나 근친이나 동료의 범위에 원래 치우쳐 있는 데 불과하다. 가족과 동료에게 헌신적으로 행동하는 것은 대부분 정념의 본래적 경향이라 해도 좋지만 보통 정념은 그 바깥으로는 확장하려고 하지 않는다. 사회 형성을 위해서는 이 편향을 어떤 작위와 제도로 열어젖히고 확장해 줄 필요가 생긴다. 실제로 사회는 존재하므로 정념의 개방과 확장은 실제로 일어나고 있다고 말할 수밖에 없다.

여기에는 이성과 오성을 미리 절대적, 이상적 모델로서 두고 그로써 신념과 정념을 억제하고 이끌어 간다는 형태의 합리주의와는 꽤 다른 유연한 생각이 있다. 정념을 부정하는 것이 아니라 정념이 본래 갖고 있는 경향을 확장해 나가자는 완전히 긍정적인 에티카(윤리학)가 구상된다. 정신이 정념을 그러한 '편향'의 바깥을 향해 열어젖히고 넓힐 때 그러한 정신의 활동은 '상상력'이라 불린다. 이때 '상상력'은 정념을 불어넣는 관악기가 아니라 정념을 통해 두드리는 타악기와 같은 것이다. "상상력은 정념을 반영하고 그것을 공진시키며, 정념이 자신의 편향과 현실성의 자연스러운 한계를 뛰어넘도록 한다. (…) 갖가지 정념을 반영하면서 상상력은 그것들을 해방하고 무한하게 확대하며 그것들의 본성 저편으로 투사하는 것이다"(「흄」, ID, p.234 / (下), pp.53~54).

이렇게 반영과 공진을 통해 해방되고 확대되는 정념에 대해 앞에서 언급한 다양한 관계 쪽, 혹은 관계를 구성하는 관념연합의 능력(신념) 쪽은 일반적인 규칙을 제공하고 정념의 확장적 경향을 지탱할 것이다.

흄의 경험론은 '관계'와 '정념'이라는 두 요소만을 정신 활동의 근본 요소로서 간주하고 결코 이성을 전제하지 않으며 이성의 외측에서 완전히 긍정적인 인간(정신)의 이미지를 만들어 냈다. "정념[émotion]은 실은 온갖 표상에 앞서 있으며, 그 자체로 새로운 관념을 생성한다"(B, p.116 / p.125)고 베르그송을 주해하면서 쓰기도 한 들뢰즈는 흄의 경험론에서도 역시 다른 형태로 정신과 표상과 이성에 선행하는 정념의 철학을 발견했다. 새삼스레 정념을 찬양하는 것이 아니라 정념의 현실적 작용을 어디까지나 면밀하게 바라보려고 한 것이다.

그리고 들뢰즈는 '관계'에 관한 사고를 흄 자신이 자리매김한 것 이상으로 강화하여 이것에 새로운 악센트를 부여했다. A와 B의 관계란 A와 B의 중간이기도 하며 외부이기도 하다. 관계의 철학은 중간에 관해, 외부에 관해 사유하는 철학이다. 철학은 종종 제1원리를 추구하고 그 다음으로 세계의 모든 것을 포괄하는 논리를 전개하려고 하지만 "사물이 살기 시작하는 것은 항상 중간에서다"(D, p.69 / p.96). 항상 제1원리에서 시작하려 하는 대륙철학과는 달리 영국 경험론은 결정적인 시작과 끝을 거부하고, 어디까지나 **중간에서 사고하려고 하는** 철학인 것이다. 일단 중간에서, 근방에서 사고를 시작하는 자세란 임기응변적이라고도, 모호하다고도 말할 수 있을 것이다. 그러나 이것을 깊고 섬세하며 엄밀한 사상으로까지 세련되게 만드는 것, 그러한 방향을 흄에게서 발견한 들뢰즈의 경험론은 베르그송의 잠재성과는 다른 표정을 띤다.

어쨌든 '그리고'라는 접속사에 관해 들뢰즈가 말한 것은 거의 철학의 생사와 관련되는 지적인 것이다. 아무리 위대해도 사고로서는 죽은, 혹은 삶을 멸시하는 철학도 있다. 삶보다도 진리를 존중하여 말과 사고를 죽게 만드는 일이 있다. 들뢰즈는 '그리고'가 의미하는 것을 정말로 잘 살린다면 삶 자체가 변화한다고까지 말했다.

"철학에서 새로운 톤, 눈부신 간결함, 견고함이 추론의 엄청난 복잡함에서부터 부상하게 된다"(「흄」, ID, p.236 / (下), p.56)라고 흄을 칭찬한 들뢰즈는 그 철학의 결정적인 명석함은 관념의 명석함이 아니라 관계와 조작의 명석함이라고 말한다. 그것은 또한 철저하게 중간을 사유하고 중간의 조작을 목표로 하는 명석함이기도 하다. 그리고 다시 들뢰즈는 이 철학은 '민중적이고 과학적인 철학'이라고도 말한다.

철학에서 '민중적'이라는 것은 제도, 권위, 규범, 도덕과 일체가 된 지식, 이성에서 벗어나 일상의 구체적 경험에 철저하도록 충실하게 질문하고 생각하는 것이리라. 그것은 반드시 노동자 계급을 '대표하는' 사상이나 다수, 대중, 서민을 위한 철학을 의미하지는 않는다. 들뢰즈는 결코 미디어에 널리 유통될 수 있는 표현도, 계몽적인 철학서도 쓰지 않았다. 그럼에도 "민중은 결여되어 있다"라는 화가 파울 클레(1879~1940년)의 말을 되풀이해 인용하면서 그는 민중과 철학의 연관을 계속해서 물었다.

민중은 존재하며 존재하지 않는다. 민중은 오직 잠재적으로 존재하는 것이며 끊임없이 잠재성으로서 지속한다. 끊임없이 잠재성을 회복함으로써 '서민'과도 '대중'과도 구별된다. 들뢰즈는 영화론 『시네마 2: 시간-이미지』에서도 영화의 미래를 새로운 '민중'의 출현과 불가분한 것으로서 그렸는데, 그 민중 역시도 잠재성으로서 존재하며 끊임없이 자기 동일성 바깥으로 나가려 하는 집단이다.

또한 철학에서 '과학적'이라는 것의 의미는 사물의 운동과 변화와 차이에 관해, 즉 온갖 잠재성에 관해 가능한 한 정밀하고 충실하게, 오히려 유물론으로서 사유하는 것이리라. 이성의 경향이 오히려 사물을 고정하고 균일성과 동일성과 체계성을 원리로 해서 모든 것을 이해하려고 한다면, 과학적이기 위해서는 철학은 경우에 따라서는 반이성적이어야만 할 것이다.

들뢰즈는 흄이 이성과 자기에 대해 행했던 거의 '파괴적'이라고 할 수 있는 회의론을 철저하게 회의라는 부정적 양상으로가 아니라 관계와 정념의 활동을 정확히 바라보고 평가한 다음, 앎과 윤리를 쌓아 올리는 새로운 시도로서 긍정적으로 읽으려 했다. 훗날 들뢰즈의, 특히 가타리와 쓴 공저에서 나타난 대담하고 실험적인 자세와 비교하면 『경험론과 주체성』이라는 저작은 아직 일견 조심스러운 철학사적 개설에 머무르고 있는 듯 보인다. 그러나 베르그송을 읽을 때에 못지않게 흄에 대해서도 그 회의론을 사유의 외부(관계, 정념)로부터 사유를 구성해 가는 방법으로서 긍정적으로 읽는 자세는 선명하고 철저하다.

이 독해는 사유의 외부성과 긍정성이라는 주제를 선명하게 드러나게 만든다. 들뢰즈는 베르그송을 읽을 때도 역시 차이와 시간을 주목하며 일관되게 이성의 내부성과 관념의 부정성 바깥으로 나오는 사유를 시도했던 것이다.

스피노자의 초상

흄을 두고 "정신은 여러 원리에 의해 촉발되어 비로소 주체가 된다"라고 쓴 들뢰즈는 바로 이 '촉발되는' 것에 관해 철저하게 사유했다. 그리고 촉발하고 촉발되는 것이란 무엇보다도 우선 신체인 것이다. 왜 들뢰즈는 스피노자의 철학에 그토록 집착했을까? 그것은 베르그송이나 나중에 기술할 니체에게 경도되었던 것에 비해 결코 이해하기 쉽지 않다. 『에티카』의 기하학적 방법은 그들의 유연하고 독창적인 스타일과는 완전히 반대 방향으로 경직되어 있는 듯 보인다.

그러나 들뢰즈는 이성이나 의식, 자기를 철저하게 경험적인 과정으로서 재파악한 흄의 사유를 신체와 촉발을 둘러싼 스피노자의 극히 모험적인 철학을 통해 결정적으로 심화시켰다. 그는 바로 "스피노자의 영감(inspiration)은 근본적으로 경험주의적이다"(SPE, p.134 / p.150)라고 썼다.

바뤼흐 스피노자(1632~77년)는 포르투갈 출신 선조를 둔 네덜란드 유대인으로, 르네 데카르트(1596~1650년)의 영향을 받으면서도 데카르트의 합리주의 비판을 강한 모티브로 삼았던 철학자다.

스피노자에게 사유와 연장은 유일한 '실체'인 신의 두 속성과 다름없으며, 신 이외의 것은 모두 신이라는 유일한 실체의 '양태'에 불과하다. 이러한 범신론적 일원론은 신을 세계에 내재하는 것으로 간주한다는 점에서는 거의 현대적인 무신론과 닮아 있는 한편, 신이 도처에 편재한다고 생각한다는 점에서는 극도로 이념적이고 신비적이라는 이중성을 띠는 듯 보인다.

그러나 유대인 공동체에서 파문당하고 철저하게 정신의 자유를 관철한 스피노자 철학의 일관된 모티브를 들뢰즈는 매우 선명하게 설명하고 있다. 스피노자에게는 데카르트의 이성의 철학도 아직 충분히 자유의 철학이지는 않았다. 이성의 결정적 우위나 자아의 통일성을 전제로 하는 데카르트 철학을 비판하는 스피노자는 이성과 자아가 실로 무엇으로 구성되어 있는가, 무엇에 의해 움직이고 촉발되는가, (정확히 말하자면) 어떠한 촉발에 대응하는가를 철저하게 생각하려고 했다. 렌즈 가공 직인으로서 생계를 꾸린 스피노자는 렌즈를 갈아 그것을 이용하듯이, 이성이나 자아를 구성하고 촉발하고 혹은 저해하는 요소에 대한 지각을 예리하게 갈아 냈던 것이다.

합리주의자들에게 '진리와 자유는 무엇보다도 권리'인데 왜 현실에 직면한 인간은 이 권리를 잃어버리고 종종 오류에 빠지는가가 문제가 된다. 반대로 경험주의자 쪽은 인간은 그저 신념에 따라 사물을 생각할 뿐으로, 진리로부터도 자유로부터도 본래 괴리되어 있는데도 왜 어느 순간 진리를 이해하게 되어 속박에서 자유롭게 되기도 하는가 하는 식으로 생각할 것이다. 합리주의에서 신체는 부조리하고 끊임없이 교정해야 할 대상이지만, '경험주의적인 영감'으로 사유하는 스피노자에게는 오히려 그 부조리한 신체가 무엇을 하는지를 리얼하게 바라보고 그 활동적인 힘을 어떻게 끌어낼 것인가 하는 쪽이 훨씬 더 문제였다.

스피노자는 『에티카』 제3부 「감정의 기원과 본성에 관하여」 정리 2 주석에서 이렇게 기술했다. "실제로 신체가 무엇을 할 수 있는지 오늘날까지 신체 능력의 한계를 명확히 한 자는 존재하지 않았다. 즉 그저 물체적이라고 생각되는 한에서의 신체가 자연법칙에 따라 무엇을 할 수 있는지, 또한 신체가 정신에 의해 한정되지 않을 때는 무엇을 할 수

없는지 하는 점을 지금까지 경험은 아무것도 가르쳐 주지 않았다"(일역 スピノザ 2007, p.181). 들뢰즈 철학은 실로 이 '신체는 무엇을 할 수 있는가'라는 질문을 계승하면서 그 뒤에도 일관되게 여러 문맥에서 반복하여 신체에 관해 질문했다.

『에티카』의 같은 대목의 정리 11은 다음과 같다. "신체의 활동력을 증대시키고 감소시키며 혹은 촉진하고 억제한다"(앞의 책, p.194). 또한 같은 정리의 주석에서는 "우리는 이렇게 해서 정신이 크게 동요하여 어느 때는 보다 큰, 또한 어느 때는 보다 작은 완전성으로 이행할 수 있음을 보았다. 그런데 이러한 정신의 수동은 우리에게 기쁨의 감정과 슬픔의 감정이 무엇인지를 설명해 준다. 즉 **기쁨이란** 나는 이하에서 **정신이 보다 큰 완전성으로 이행하는 정신의 수동**으로 이해하고, 다른 한편 **슬픔이란 정신이 그 과정에서 보다 작은 완전성으로 이행하는 정신의 수동으로 이해한다**"(앞의 책, pp.194~195)라고 기술했다.

철학 혹은 도덕과 종교도 종종 신체를 억제하고 배제해야 할 대상으로 간주하지만, 대체 '신체는 무엇을 할 수 있는가'를 제대로 생각하지 않은 채 그렇게 해온 데 지나지 않는다. 신체(형이하)에 섬세하고 올바른 주의를 기울이는 것은 결코 형이상학의 과제가 아니었던 것이다. 『정념론』을 쓰고 철저하게 이지적으로 인체를 생물학자나 생리학자와 같이 인식하려고 한 데카르트도 그것을 정신에서 완전히 분리해 생각할 수 있었던 것이다.

들뢰즈는 신만이 유일한 '실체'라고 말하면서 그 '실체'의 '속성'이 무한하게 많이 존재하며 나아가 그 '속성'이 다양한 '양태'로서, 피조물로서 존재한다는 스피노자의 이른바 범신론을 결국 거의 무신론, 유물론으로서 자리 매겼다. 이 범신론적 세계에서는 온갖 존재(양태)가 철저하게 유동적이고, 어지러울 정도로 빠르게 변화하며 서로 상호작용하고 서로 촉발하고 있다. 정신도 신체도 이 세계에서 한 '양태'인 한 고정된 주체나 실체일 수는 없다.

이렇게 끊임없이 진동하는 '양태'의 세계에 대면하여 렌즈 직인 스피노자는 "생 그 자체를 광학적으로 교정하듯이"(SPP, p.23 / p.29) 철학하고 '기쁨'을 통해 정신의 완전성으로 이행함을 기본적인 모티브로 삼는 윤리(에티카)를 생각한 것이다. 이를 위해서는 정신, 특히 의식이 신체나 정념을 규정하고 일반적으로 인간 존재를 결정할 수 있다는 '착각'을 비판해야만 했다. 이것은 앞에서 살펴봤듯이 흄 철학의 중요한 주제이기도 했다.

무릇 의식에는 의식 그 자신의 원인이 있을 테다. 정신분석의 인식이 어느 정도까지 널리 정착되어 있는 지금에는 '무의식'을 그 원인으로서 곧장 떠올리게 된다. 의식 그 자신이 하나 혹은 복수의 충동을 통해 촉구된다. 의식은 오히려 충동 속이나 사이에 뚫려 있는 구멍 같은 것은 아닐까? 욕망, 충동에서 발단하는 여러 노력(스피노자는 이것을 '코나투스'라 불렀다)이 대상에 작용하고 작용되는 가운데 다양한 기복, 변동, 제한과 만나게 되는 지점에서 의식이 발생한다. 지크문트 프로이트(1856~1939년)는 꽤 대수롭지 않게 욕망, 충동의 근간에 신경 작용을, 물리적 에너지의 축적이나 해방을 상정할 수 있었다. 이것에 따라 신체로 관점을 옮기면 요컨대 의식은 신체의 상태에서 발생한다고도 말할 수 있다. 그러나 프로이트의 관심은 신체로 향하지는 않았고, 어디까지나 무의식으로 향했던 것이다. 그에게는 의식, 정신을 규정하는 것은 신체가 아니라 그 무의식이어야만 했다.

그러나 스피노자는 결코 신체를 정신이나 의식보다 우위에 두려고 하지는 않았다. 신체는 즉 정신이기도 하며, 신체가 정신을 결정하는 것은 아니다. 들뢰즈는 "신체가 갖는 여러 역능에 관한 인식을 얻고자 하는 것은 동시에 그것과 **병행적으로** 의식을 벗어나 있는 여러 정신의 역능을 발견하기 위해서이며, 양 역능을 **대비**할 수 있도록 하기 위해서다"(SPP, p.29 / p.35)라고 말한다. 스피노자에게 신체의 역능과 정신의 역능은 '병행적'이다. 정신이 아무리 명석해도 그것으로 신체를 지배하는 것은 불가능하다. 정신의 상태는 신체의 상태에 대응한다. 정신이 명석하면 신체도 명석할 것이다. 신체가 혼란하다면 정신도 혼란할 것이다. 정신이 명석하기 위해서는 신체가 그에 대응하는 활동적인 상태를 형성해야만 한다. 여기서는 자기가 미리 실체로서 있고, 그 의식이 빠짐없이 세계(그리고 신체)를 비출 수 있음을 제1원리로 삼는 데카르트의 명석함과는 꽤 다른 성질의 명석함이 탐구의 목표가 되고 있다. 의식의 이면과 신체의 이면을 공통으로, 동시에 비춰 내는 광학을 볼 수 있다. 신체 역능의 숨겨진 부분에 빛을 비추는 것은 그대로 정신의 미지의 역능을 발견하는 것으로 이어지는 것이다.

그렇다면 들뢰즈는 이러한 것에 입각하여 스피노자 안에서 어떠한 '신체론'을 발견한 것일까?

하나의 체(體)를 스피노자는 어떻게 규정하는가? 스피노자는 이것을 동시에 두 방식으로 규정한다. 즉 한편으로 한 체는 설령 그것이 아무리 작다고 해도 항상 무한 수의 미립자로 이루어져 있다. 한 체를, 한

체의 개체성을 규정하는 것은 우선 이러한 미립자군 사이의 운동과 정지, 빠름과 느림의 복합관계인 것이다. 다른 한편으로 또한 한 체는 다른 체들을 촉발하고 혹은 그것들에 의해 촉발된다. 한 체를 그 개체성에 있어 규정하는 것은 또한 그 체가 갖는 이러한 촉발하거나 촉발되는 힘인 것이다. (SPP, p.165 / p.237.)

한 신체는(혹은 물체도) 결코 그 형태나 기능에 의해 결정되지 않는다. 음악이 끊임없이 변동하는 소리의 미립자의 속도와 강도에 의해 규정되는 것과 같다. 한 신체는 고정된 형태, 기관, 기능에 의해 결정되는 것이 아니며 형태, 기관, 기능 모두 무수한 미립자의 운동과 정지, 빠름과 느림에 의해 시시각각 규정되고 있는 것이다. 이러한 미립자가 퍼져나간 공간은 기본적으로 윤곽을 갖지 않고, 다른 미립자의 공간과 교착한다. 그리고 또 끊임없이 촉발하고 촉발되는 힘과 함께한다.

다른 신체에 의한 이러한 촉발(affectio)을 통해 각 신체에 정동(affectus)이 생긴다. 정동은 감정이라 불릴 때는 개체의 내면에 물결치는 심정의 동요처럼 보이지만, 본래는 다른 신체에 의해 촉발되는 것 그 자체와 다름없으며, 그 촉발이 자기에 의한 자기 촉발로 바뀌는 것에 불과하다. 감정을 갖는 인간은 타자에 의해 촉발됨과 동시에 자기에 의해 촉발되는 것이다.

들뢰즈는 이러한 정동을 인간만이 아니라 동물에게서도 보았다. 예컨대 나무 위에 엎드려 기다리다가 아래를 지나가는 포유동물에게 들러붙는 진드기는 빛에 반응해 나무에 기어오르는 광학적 정동, 냄새로 동물의 위치를 특정하기 위한 후각적 정동, 동물에 들러붙어 피가 흐르는 부위를 발견하기 위해 열을 감지하는 정동이라는 식으로 적어도 세 정동을 갖고 있다. 진드기보다 진화한 생물과 그 집단에는 셀 수 없을 정도의 정동이 거대한 심포니나 오페라처럼 구성되어 있는 것이다.

신체는 속도가 다른 무수한 미립자의 교착이 이루는 구성, 관계로 이루어져 있고 또 다른 신체에게서 촉발되는 힘으로서의 많은 정동으로 이루어져 있다. 이것을 단순히 부분의 형태나 부분적 기능의 집적으로서 파악한다면 너무나도 많은 요소와 운동과 이것들의 교착이 무시되어 버린다. 가장 단순한 정동으로 이루어진 생물의 신체도 단순히 기관의 형태와 기능의 집적으로서 파악할 수는 없다. 거기에는 기관보다도 훨씬 미세한 입자와 기능보다도 훨씬 불확정적인 운동이 포함되어 있고 그것이 신체를 구성하고 끊임없이 재구성하며 신체의 변화나 진화를 준비하기 때문이다. 스피노자의 신체는 어디까지나 기관을 관통하는 미립자와 촉발로 이루어진 신체(기관 없는 신체)인 것이다.

스피노자의 '에티카'에 하나의 목표가 있다고 한다면 이러한 유동하는 미립자로 구성된 신체가 다른 여러 신체의 구성, 관계와 활발하게 '서로 촉발하여' 보다 널리, 보다 강한 하나의 '면'을 새롭게 구축하는 것이다. 흡사 철저한 이성주의를 관철하려는 듯 기하학적 논증의 형태로 쓰인 『에티카』라는 저작은 바로 이성의 틀을 뛰어넘어 이러한 '면'을 구축하기 위해 주도면밀하게 고안된 방법이었다.

이제 문제가 되는 것은 여러 관계가 직접적으로 서로 편성하여 보다 '폭이 있는' 새로운 관계를 형성할 수 있는가, 혹은 여러 힘이 서로 편성하여 하나의 힘을, 보다 '강도적인' 한 역능을 낳을 수 있는가를 아는 것이다. 이제 단순히 사용하는 것이나 포획하는 것이 문제가 아니라 사회성과 공동체가 문제인 것이다. (SPP, p.169 / p.243.)

얼음으로 만들어진 신

들뢰즈는 '에티카'(윤리)란 '모럴'(도덕)이 아니라 오히려 도덕과 양립하지 않는 앎이라고 강조한다. 도덕이란 신의 명령으로써든, 예언자의 계시로써든, 여러 제도, 교회, 성전의 지시로써든, 어떤 초월적 기준으로 '선', '악'과 같은 이념이나 가치를 결정하는 언표의 집단일 것이다. 도덕의 본질은 부정이고 초월이며 금지이고 처벌이나 죄책, 위협이 없을 수 없다.

이런 의미에서 스피노자의 '에티카'는 일관되게 반도덕적이며 긍정적이다. 한 신체가 다른 신체에 의해 촉발될 때 그 촉발이 어떤 변화를 야기하는가가 이 '에티카'에서 중요한 지표다.

촉발에 의해 신체의 활동력을 증대시켜 촉진하는 것의 관념은 '기쁨'이며 반대로 그것을 감소시켜 억제하는 것의 관념은 '슬픔'이다. 감정은 이 두 '신체 촉발의 관념'의, 실로 다양한 바리에이션 그 자체다. 촉발에 의해 보다 널리 퍼지고 보다 강한 힘이 구성되어 완전성에 접근하는 것은 '좋은' 일이다. 반대로 힘이 손실되고 미립자의 구성이 해체되어 보다 불완전하게 되는 것은 '나쁜' 일이다. 그리고 정신 쪽의 '완전성'이란 촉발의 원인에 관한 보다 완전한 관념을 갖고 보다 자유롭게 되는 것이다. 스피노자의 지성과 자유는 철저하게 신체에서 일어나는 촉발과 그 미립자와 함께한다. 그리고 사회성과 공동체는(그리고 정치는) 이촉발과 미립자를 구속하는 것이 아니라 해방하고 강화하는 것이어야만

하고, 또한 그 결과 효과로서 성립하는 것이어야만 한다.

『에티카』 제1부에는 유일한 실체인 신은 속성(사유, 연장…)으로 스스로를 '표현'하고 또한 각 속성은 스스로를 양태(피조물)로서 '표현'한다고 쓰여 있다. 박사논문 『차이와 반복』(1968년)의 부논문으로서 제출된 『스피노자와 표현 문제』에서 들뢰즈는 이 '표현'이라는 어휘에 관해 꽤 집요한 주석을 달았다. '표현'이란 신에 의한 세계 '창조'도, 신에게서 세계가 '유출'되는 것도 아니다. 개체를 초월한 신(실체)이 개체를 만들어 내는 것이 아니라 신(실체)은 그저 개체(양태)에 **내재하여** '표현'되는 데 지나지 않는다. 스피노자는 스콜라 철학에서 르네상스기 철학에 이르는 사변에 깊이 통달하고서, 데카르트의 영향을 받으면서도 그 철학의 핵심적인 부분을 강하게 비판했다. 이 스피노자의 체계에 깊이 파고들어 가 순수하게 추상적인 사변으로 보이는 사색을 면밀하게 해독하는 것은 들뢰즈의 저작 중에서도 특히 난해한 부분인데, 다른 스피노자 연구자가 꼭 중시하지는 않았던 '표현'이라는 문제를 채택한 모티브는 명료하고 강력하다.

베르그송은 기하학적 논증의 형태를 취한 그 범신론에 대해 '얼음으로 만들어진 신'이라고 했다. 헤겔은 스피노자의 철학을 어떤 병적인 것이라고 생각한 구석이 있었다. 스피노자가 폐결핵으로 '사라져 버린' 것은 그 체계에 어울린다고까지 말했다. "이 체계에 따르면 온갖 특이성이나 개체성은 부질없게도 한 실체 속으로 사라져 버립니다"(『철학사 강의』).[6] 부정성의 운동을 일체 포함하지 않는 스피노자의 체계에서

---

6 ハート 1996[하트, 『들뢰즈의 철학사상』(국역명, 원제는 *Gilles Deleuze: An Apprenticeship in Philosophy*],

는 헤겔의 변증법이 작동할 여지가 없다. 그러나 빙하처럼 무표정하게 보이는 이 범신론으로부터 들뢰즈는 끊임없이 유동하며 서로 촉발하는 미립자와 힘의 세계를 끄집어낸 것이다. 스피노자의 체계는 무표정하기는커녕 어지러울 정도로 '표현'으로 가득 차 있었다.

사람들은 종종 영지, 사랑, 덕, 위대함, 완전성, 초월성을 신의 특징으로 삼고 이러한 특징에 따라 신을 떠올린다. 『에티카』의 범신론은 이러한 특징은 전혀 신의 속성이 아니며 단순히 신에게 인격적 특징을 투영하는 유비(analogy)에서 온 것임에 불과하다고 하며 전혀 특징이 없는 신을 유일한 실체로서 정의하는 것으로 시작한다.

실체, 속성, 양태를 둘러싼 『에티카』의 배분도 '표현'의 관계를 원리로 삼고 있다. 실체, 속성, 양태 간은 결코 탁월성이나 완전성의 단계가 아니며 어디까지나 내재적으로 결합되어 있다. 실체는 속성에 내재하고 속성은 양태에 내재하며 속성은 실체를 표현하고 양태는 속성을 표현하는 것이다. 그리고 표현되는 것은 힘 또는 역능(puissance)이며, 각 양태는 그 힘의 부분으로서 촉발을 많이 혹은 적게 받아들이는 것이다. 인격적인 특징을 송두리째 제거당한 신이라는 실체는 온갖 양태(개체)를 촉발의 관계를 통해 하나로 결합하는 면과 같은 것에 불과하다. 인간과 조금도 닮은 점이 없는 신-실체란 자연 전체일 수밖에 없다.

이러한 면은 자연과 인간을 관통하는, 모든 차이로서 미리 존재한다고도 말할 수 있으며 끊임없이 구성되고 재구성되는 실재의 면이라고도 말할 수 있다. 또한 새로운 에티카를 통해 새롭게 구축해야 할 면

---

p.146, 152를 참조.

이라고도 할 수 있다.

들뢰즈는 이 면(plan)은 결코 신의 마음속에 있는 계획이나 설계도 같은 것이 아니며 서로 촉발하고 미립자와 힘을 횡단하는 '절단면'이나 '교면'과 같은 것이라고 설명한다. 한 아이디어나 작품, 관계나 집단을 만들어 낼 때 우리들은 자연 속, 인간 속, 또한 자연과 인간 사이에도 있는 이러한 횡단적 면을 발견하고 그것을 재편성하며 그 위에 다시 무언가를 만들어 내고 있는 것이다.

물론 이것과는 달리 미리 신 안에 있는 설계도나 명령에 따르려 하여 복종하고 반복하며 조직하는 것을 원칙으로 삼는 사고법, 행동양식도 있다. 초월적인 중심을 배제하는 이러한 횡단적 면(교면)은 '내재면'이라고 불린다. 들뢰즈의 마지막 텍스트인 에세이가 「내재: 하나의 삶…」이라는 제목이었음을 상기하자. 들뢰즈에게 있어 철학의 존재이유 그 자체가 내재면, 내재성과 분리될 수 없으며, 또한 이러한 면을 발견하고 구축하는 것은 각 철학의 최대 과제가 될 수도 있다.

촉발하고 촉발되는 미립자의 소용돌이

한 번 더 스피노자라는 인물에 주목해 보자. 그는 젊어서는 유대 교회에서 추방되어 하마터면 광신자에게 암살당할 뻔했고, 칼뱅파 크리스트교도에게 고소당할 뻔했던 이단 철학자였다. 주저 『에티카』는 사후 (1677년)에나 빛을 보았다. "그는 크리스트교도, 자신이 거기서 나온 유대교도 거부한 유대인이며, 그 결별의 원인은 다른 누구도 아닌 그 자신에게서 구해야만 한다"(SPP, p.14 / p.18)라고 들뢰즈는 썼다.

스피노자는 확실히 이단적 사상을 주장했고 자유주의자나 공화

파 편이었지만, 『에티카』에 기술된 사상을 일정한 종파나 정치적 경향과 연관시켜 외측에서 설명하는 것은 도저히 불가능하다. 스피노자에게 쏟아진 증오나 적대감은 필시 스피노자 사유 속의 근본적인 경향을 향한 것이었으리라. 어떤 종파, 정치체제, 권력도 스피노자의 에티카를 통해 바라보면 이것들이 생과 신체를 어떻게 대하고 생과 신체를 둘러싼 '촉발'을 어떻게 맞이하고 있는지를 특히 질문하게 된다.

자유의 문제란 스피노자에게 신체의 문제다. 그리고 신체로부터의 자유 따위는 있을 수 없다. 기쁨의 정동과 함께 활동력이 증대하고, 증대한 사유의 힘으로서 완전한 인식을 낳는 신체의 상태만이 자유를 낳는다. 스피노자의 위험성은 결코 단순히 시대에 앞서서 무신론적, 공화제적, 자유주의적이었기 때문이 아니었다. 그 논증은 기하학적 증명 형식을 취했고 극도로 추상적인 차가운 사변으로 보인다. 그러나 그 형식성과 추상성은 실은 인간의 사고, 도덕, 사회에 깊이 뿌리내린 부정적 경향(특히 신체의 부정)을 해체하기 위해 주도면밀하게 다듬어진 것이었다.

"이 수줍고 무일푼에다 병에 좀먹히고 있던 삶이, 이 가냘프고 허약한 몸이, 이 빛나는 검은 눈을 가진 달걀형의 거무스름한 얼굴이 어떻게 이토록 크나큰 생의 활기에 차서 생 그 자체의 힘을 체현하고 있는 인상을 주는 것일까"(SPP, pp.20~21 / p.27)라는 들뢰즈의 찬사는 사상적 공감의 범위를 훨씬 넘어서 있다. 이것은 한 철학의 강도적 생명에 바쳐진 찬가이며 끊임없이 촉발하고 촉발되는 미립자의 소용돌이에서 추출된 횡단면으로서의 사유와 개념에 보내는 찬가인 것이다.

20세기 철학자들이 주체나 자아나 이성을 비판하기 훨씬 이전에 스피노자와 흄을 관통하는 '경험론적 영감'의 철학은 많은 비난과 비판을 견디면서 인간의 사고 과정을 철저하게 과정이나 관계나 운동이나 촉발 속에서 파악했다. 종종 근대성이라는 말이 강고하고 일률적으로 뒤덮고 있는 역사 속에서 더 미시적이고 유물론적인 윤리나 정치의 방향을 그리고 있었다. 주체를 비판하는 들뢰즈의 사상은 20세기 아방가르드나 정신분석, 존재론이나 구조주의, 새로운 단계에 들어간 자본주의와 밀접하게 관련이 있음은 확실하지만 그보다 훨씬 이전의 '경험론적 영감'에도 원류가 있었다. 이 '영감'도 확실히 들뢰즈 사유의 근본적 모티브와 관련되는 것이다.

노트: 촉발을 원리로 하는 실용주의

'경험론적 영감'은 들뢰즈, 혹은 들뢰즈·가타리가 종종 보여 줬던 '실용주의'적 경향과도 관련된다. 사상은 진리를 부여하는 것이 아니라 여러가지로 사용하는 데 이바지하는 것이어야만 한다. 언어는 의미를 전달하는 것이 아니라 어떤 힘의 관계 속의 구체적 작용이며 오히려 명령하고 행위하며 상황을 변용시키는 것이다. 무의식을 연극적 표상으로 생각하는 것이 아니라 여러 욕망하는 기계의 상호작용 속에서 생각하는 것. 이러한 입장은 결코 하나가 아닌 다양한 실용주의를 제창하고 있다. 그러나 결코 온갖 질문을 단순히 '일상적인', 생기한 사실로 환원하려고 하는 것은 아니다. 그것은 어디까지나 촉발, 기쁨을 원리로 하는 역동과 혼돈 속의 실용주의이지 냉소, 슬픔, 체념에 젖어 사상을 도식이나 원리로 축소시키려 하는 환원주의에 빠진 '리얼리즘'이 아니다.

3. 힘과 기호
— 니체, 프루스트에게서 받은 영향

여기서는 프리드리히 니체(1844~1900년)와 마르셀 프루스트 (1871~1922년)라는, 역시 들뢰즈의 특이성과 모티브와 깊이 연관된 철학자와 작가를 들뢰즈가 어떤 식으로 읽었는지를 살펴 두고자 한다. 이 두 사람의 사상은 들뢰즈 철학에 고유한 시적, 미학적 측면에도 깊이 침투해 있다. 그리고 그 시적, 미학적 요소가 어떤 격렬한 싸움, 실험과 함께 했는지도 보게 될 것이다.

들뢰즈와 니체의 관계는 다른 어떤 철학자와 비교해도 유난히 깊고 친밀했다고 할 수 있다. 그것은 예외적인 공진현상이었다. 들뢰즈가 니체에게서 깊은 영향을 받았다는 것, 두 사람 사이에 뭔가 근본적인 공통점이 있었다는 것은 확실하지만, 뭔가 섣불리 말할 수 없는 사건이 두 사람 사이에서 일어났다.

물론 니체를 모방하는 것은 누가 그렇게 하려 한다 해도 거의 불가능할 것이다. 모방하는 것은 쉬워도 모방하는 것은 전혀 니체적이지 않다. 어쨌든 니체가 철학, 혹은 사유, 혹은 철학적인 삶의 방식에 새겨 넣은 어떤 결정적인 전환과 단절에 관해 들뢰즈는 철저하게 사유해야만 했다. 그 전환과 단절을 한 번 더 다른 형태로 반복하는 것은 그의 철학의 일관된 모티브였다.

들뢰즈는 스피노자에 관해 본격적이고 중후한 연구서와 농밀하게 정리한 작은 입문서를 한 권씩 썼듯이, 니체에 관해서도 역시 니체 연구사를 쇄신하게 된 『니체와 철학』(1962년)과 『니체』(1965년)라고만 제목을 붙인, 알기 쉽고 명료하지만 강렬한 입문서를 썼다. 후자의 다음 대목은 들뢰즈에게 니체가 어떤 존재였는지를 단적으로 이야기해 준다.

> 니체에게는 모든 것이 가면이다. 그의 건강은 그의 재능에 대한 첫 번째 가면이며 그의 병고는 그의 재능과 건강에 대한 두 번째 가면이다. 니체는 한 '자아'의 통일성을 믿지 않았고, 또 그러한 통일성을 감수(感受)하지도 않았다. 여러 '자아' 사이에 있는 관계들, 즉 서로 숨겨져 있고 어떤 다른 성질을 가진 힘들, 예컨대 삶의 힘들, 사유의 힘들을 드러내고 있는 다양한 '자아' 사이에서의, '힘'과 가치평가의 미묘한 관계들 ── 이러한 것이 니체가 품었던 개념이며 그의 삶의 양식인 것이다. (N, p.10 / p.18.)

들뢰즈가 병과 건강, 자아와 '삶의 힘들'에 관해 니체에게서 읽어낸 독특한 사유의 자세는 들뢰즈의 철학적 신체와 깊이 연관된다. 니체는 젊을 때 고전문헌학에서 눈부신 업적을 쌓아 대학교수가 되었고 바그너와 친교를 맺어 『비극의 탄생』(1872년)으로 이미 학문적 틀을 훨씬 뛰어넘어 서구 사상에 근본적인 비판을 가하기 시작했다. 그 니체가 이윽고 심신이 병들어 교수직을 떠나 방랑하면서 『차라투스트라는 이렇게 말했다』(1885년)을 비롯한 단편적이고 때로는 이야기로 구성된 작품으로 서구 사상사, 종교사를 근본적으로 뒤집는 비판적 사색을 전개했음은 잘 알려져 있다.

만년에는 필시 젊은 시절에 감염되었었을 매독으로 진행마비가 심해져 심신상실로 말미암아 결국 무반응 상태가 되었고, 물론 저작도 어쩔 수 없이 중단되었다. 니체만큼 극적, 비극적인 인생을 보내지는 않았다 해도 들뢰즈 또한 젊은 시절부터 폐병을 앓았고 만년에는 그것이 악화되어 자살로 최후를 맞이했다. 그는 틀림없이 니체의 병과 사유의 관계에 무관심한 채로 그 철학을 읽을 수는 없었을 것이다.

본인과 닮지 않은 초상화

지금까지 든 세 명의 철학자(베르그송, 흄, 스피노자)를 들뢰즈가 어떤 식으로 읽어 냈고, 세 사상에 어떠한 숨결을 불어넣어 현대에 살아남게 했는지 이미 충분히 주목할 만하다. 확실히 들뢰즈는『차이와 반복』이라는 대저에서 처음으로 개설과 독해의 형태를 취하지 않고 자신의 철학을 완전히 피력했지만, 이 철학자들을 다룬 작은 교과서 스타일의 저서에서도 나중에 몇몇 대저에서 도도하게 전개되고 변주될 사유를 이미 확실하고 압축적으로 보여 줬던 것이다.

『차이와 반복』 이전에 그가 자신이 선택한 철학자들로부터 대체 무엇을 받아들였는지를 명확하게 함으로써, 당초 나는 본서의 서론 혹은 서곡을 대신하려고 생각했었다. 그렇지만 그 확인 작업을 진행함에 따라 어느새인가 본제에 들어와 있었다. 결국 들뢰즈의 철학사적 독해 작업은 아무리 교과서같이 보인다 해도 이미 들뢰즈 자신의 강렬한 사유의 모티브에 의해 견인되었던 것이다.

들뢰즈는 이 작업들에 관해 "철학사의 합리적 전통에 저항하는 필자가 좋았다"고 단적으로 표명했다(「어느 가혹한 비평가에게 보내는 편지」, PP, p.14 / p.17). 베르그송, 흄, 스피노자를 읽으면서 각기 다른 시대에서 꽤 다른 테마, 질문, 개념을 제시하는 세 철학의 핵심에서 뚜렷하게 공진하고 근본적으로 서로 통하는 사상을 발굴한 것이다. 1950년대부터 70년대에 걸친 철학자 연구논문(모노그래피) 작업에 관해 그것이 "남색과 같다"라고 다소 논란이 되는 설명을 한 적이 있다(앞의 곳, PP, p.15 / p.17).

들뢰즈는 과거의 경애하는 철학자들에게 살며시 다가가서 어느새인가 그들이 전혀 몰라볼 자식을 만들어 버린다. 표현을 바꿔 유머를 섞어 이것을 '처녀수태'라고도 형용했다. 어쨌든 친부모 자신이 알아차리지 못하는 동안에 '괴물 같은' 자식을 만들어 내는 의표를 찌르는 독해가 그의 철학사적 탐구였다는 것이다.

실은 들뢰즈가 쓴 연구논문이 그 정도로 괴물적인 철학자상을 만들어 냈다고는 생각하지 않는다. 그러나 착실하게 달성된 아카데믹한 연구에 비하면 항상 독특한 악센트로 읽어 낸 철학자의 이미지는 보기에 따라서는 거의 본인과 닮지 않은 초상화 같은 것이 되었다. 실제로 그의 흄론이나 스피노자론이 원전의 사상과 완전히 동떨어져 있다고 힐난하는 교수들이 적지 않다.

들뢰즈는 니체에 관해서도 같은 방법으로 ('남색을 하듯이') 접근했다고 할 수 있을까? "이러한 것 모두로부터 나를 끌어내 준 것은 훨씬 나중에 읽은 니체였다"(앞의 곳, PP, p.15 / p.18)라고 쓴 것에서 미루어 보면, 들뢰즈는 아무래도 니체와의 연관을 일련의 철학사적 연구 중에서도 예외적인 것으로 생각했던 듯하다. 이번에는 니체 쪽이 허를 찔러 그의 사유에 침입해 왔다는 것이다. "등 뒤에서 덮쳐 애를 배게 만드는 것, 그런 짓을 하는 자는 바로 니체 쪽이다. 그는 우리에게 도착적인 취향을 부여했다"(앞의 곳, PP, p.15 / p. 18). 이 '도착적'이라는 말도 역시 듣고 흘려버릴 수 없다. 니체와 들뢰즈는 병을 앓고 있으면서도 일관되게 어떤 '건강'을, 스피노자가 말하는 '기쁨'의 사유를 추구한 철학자가 아니었을까. 그러나 그 건강은 어떤 종류의 도착을 필요로 했고 도착에 의해 비로소 실현되고 강화되었던 것이다.

들뢰즈는 『스피노자와 실천 철학』에서 다음과 같이 썼다.

> 삶을 증오하는 인간, 삶을 부끄러워하는 인간, 죽음에 대한 예찬을 퍼뜨리는 자기파괴적인 인간이 있어 압제자, 노예, 성직자, 재판관, 군인의 신성동맹을 형성하고 끊임없이 이 생을 몰아붙여 그것을 들볶으며, 서서히 고통을 가해 죽이기에 이르러 법과 규칙, 소유권, 의무, 강권으로 생을 가두고 질식시키려 하고 있다. 스피노자는 틀림없이 세계의 이러한 징후를, 그러한 세상이나 인간 그 자체에 대한 배반을 진단했던 것이다. (SPP, p.21 / p.27.)

이것은 또한 니체가 자기 시대의 '신성동맹'에 대해 '진단'하려고 했던 것이기도 하다. 이리하여 니체는 역사의 도처에서 '삶에 대한 증오', '죽음에 대한 예찬'의 계보를 탐지해 냈던 것이다. 들뢰즈는 『에티카』의 근엄한 논증적 스타일로부터 곧바로 탐지하기는 어려운 니체적 체질을 스피노자 사유 저변에서 읽어 냈다. 또한 한편으로 소탈하고 시적이며 단편적으로 보이는 니체 사색의 근저에서 거의 스피노자적이라 해도 좋을 냉철하고 일관된 힘, 생성, 신체에 관한 체계적 이론을 읽어 내기도 했다. 그럼에도 불구하고 니체만이 들뢰즈의 등 뒤에서부터 깊은 곳으로 침입해 들어와 새로운 괴물을 잉태시킨 사상가였던 것 같다.

들뢰즈의 니체론이 『니체**의** 철학』이 아니라 『니체**와** 철학』이라는 제목인 것은 결코 무의미하지 않다. '와', '그리고'가 그의 사유에서 얼마나 뚜렷한 의미를 가지는지 우리는 이미 통감하고 있다. 확실히 니체는 철학 바깥에서 이인처럼 다가와 철학에 대담한 이의를 제기하면서 새롭게 철학을 실천했다. 반대로 철학이 니체**와** 만난 것은 한 눈부신 사건인 이상으로 재앙이었으며 혁명이기도 했다. 그러나 니체 뒤에 그 사건을 적확하게 맞이하는 것은 그것이 재앙이기도 하며 혁명이기도 했기 때문에 더더욱 어려운 것이다. 지금도 세계는 니체에 대한 오해로 가득 차 있으며 니체를 오해한 책이 인기를 얻고 있다. 니체가 규탄한(지배, 애국, 도덕, 권위, 부, 등등) '신성동맹'도 변함없이 완고하며 쇠퇴할 기색이 없다. 니체의 주장을 모방하는 것은 일견 쉽지만 많은 위험과 함정이 기다리고 있다. 나치즘의 모방(히틀러=초인)이라는 그로테스크한 사례도 있었다. 지금 우리가 니체처럼 도발적으로 말하려고 해도 그다지 절실함이 없을 것이며 효과적이지도 않을 것이다. 무릇 니체는 특출나게 철학했고 고독하게 글을 썼지 프로파간다로 세계를 바꾸려고 하지는 않았다.

그렇지만 니체가 야기한 단절 따위는 없었다는 듯이 시치미를 떼고 철학하려고 한다면 현대의 절실한 질문으로서 철학하는 것을 방기하는 셈이 된다. 이 점에서도 들뢰즈가 니체를 어떻게 읽었고 니체가 야기한 단절, 충격, 도발을 어떻게 자기 철학의 중심으로 받아들였는가를 추적해 보는 것은 흥미로운 일이다.

들뢰즈는 니체에게서 무엇을 발견했는가

들뢰즈는 니체의 시도란 "철학 속에 의미와 가치의 개념을 도입하는 것"

이었다고 『니체와 철학』의 서두에서 썼다(NPh, p.1 / p.19). 철학은 그리스 이래 각자 진리를 추구했고 비판철학(칸트)은 진리의 인식 조건을 엄밀하게 사색했음에 틀림없지만 니체 이전에 진리의 의미와 가치를 정면으로 질문한 적은 없었다. 즉 '진리는 대체 누구를 위한 것이고 어디에 도움이 되는가'라고 질문한 적이 없다는 것이다. 혹은 어떤 인간이 대체 무엇을 원하여 진리를 추구하는가 하는 외부의 질문이 철학 내부의 중요한 질문으로서 물어진 적이 없다는 것이다. 니체는 '무엇이 진리인가' 하는 것보다도 '누가 진리를 원하는가', '어째서 진리를 구하는가'라고 물음으로써 철학의 원리적, 암묵적 전제를 해체하고 철학이 침묵하고 있음을 백일하에 드러내 버렸다.

어떤 것의 의미 혹은 가치를 앎이란 그것을 어떤 '힘'이 점유하고 촉구하고 있으며 어떤 '힘'을 표현하고 있는지를 아는 것이다. "동일한 하나의 어떤 것, 동일한 한 현상도 그것이 어떤 힘에 귀착하는가에 따라 의미를 달리한다"(NPh, p.4 / p.24). 따라서 니체 철학 전체가 '힘'의 다양한 성질, 차이, 구성, 변용, 상호간섭을 둘러싼 철저한 해석학이라는 양상을 띤다.

'힘'이라는 말을 들으면 누구나 곧 지배욕이나 에고이즘, 혹은 전제(專制)나 폭력에 그것을 결부시켜 버리기 쉽다. 그러한 '힘의 해석'이 힘의 정치를 행하는 구실이 된다. 그러나 적어도 힘은 자연의 힘, 생명의 힘, 육체의 힘, 기술의 힘, 언어의 힘, 앎의 힘, 정치의 힘, 화폐의 힘과 같이 실로 여러 방면에 걸쳐 있다. 인간은 인간 바깥의 힘에게 끊임없이 농락당하면서도 그것을 제어하고 조정하며 인간의 내부로 받아들이고, 또 개인이나 집단의 다양한 힘 사이에서도 농락당하면서 끊임없이 쾌락과 고통, 행복과 불행으로서 타자로부터 힘을 받아들이고 또 타자를 향해 힘을 행사하는 존재다.

그러나 힘 자체와 힘의 관계는 반드시 힘으로서 의식되는 것은 아니다. 오히려 우리는 권리와 의무, 선과 악, 정의와 부정, 유능과 무능과 같은 '규범'의 개념으로 힘의 현실을 치환하여 '표상'한다. 이렇게 하여 힘이라는 현실을 멀리하고 간접적으로 만들며 다른 다양한 관념으로 치환한다. 우리들의 사회는 힘을 위장하고 은폐하지만 위장이나 은폐 역시도 힘의 현상이며 작용인 것이다. 요컨대 우리는 힘의 현실을 정확하게 바라보지 않은 채로 힘에게 지배되는 현실을 무비판적으로 받아들이고 있다.

한 힘이 한 대상에 미친다. 이때 이 대상 그 자체가 이미 하나(이상)의 힘의 발로이므로 힘은 힘과 관계한다. 힘은 언제나 복수, 다수의 힘의 장으로서 생각해야만 한다. 이것은 들뢰즈가 니체를 읽으면서 끊임없이 주장하는 점이다. 모든 현실이나 대상이 일정량의 힘으로 이루어져 있고, 어떤 힘도 이미 힘의 관계 속에 있으며 힘의 차이, 변화로서 표현된다.

힘의 차이는 매번 환원하기 어려운 듯 보이는 질적인 차이로서 출현한다. 한편으로 니체는 힘을 어떤 수적, 양적인 정도로서 일의적으로 파악하려고 하며 그것이 바로 '과학적' 태도라고 한다. 그러나 결코 양적인 차이가 그저 양으로 환원된다고는 생각하지 않았다. 환원되지 않는 양적 차이는 질이라 불린다(NPh, pp.48~49 / pp.95~97).

즉 힘의 현실을 한편으로는 양으로서, 한편으로는 질로서 파악하는 것 양쪽 모두 필요하며 필연인 것이다. 이것은 지속(기억)과 물질(지각) 사이의 차이를 같은 지속의 수축과 이완이라는 식으로 정도(양)의 차로 자리 매기는 데다가, 이것을 본성적(질적) 차이라고 정의하는 베르그송의 이중적 방법과 다소 닮았다.

들뢰즈는 도처에서 사물이나 운동의 무한한 뉘앙스(질적 차이)를 발견하지만 이것들을 최종적으로 양적인 정도(강도)의 차이로서 한 평면에 배열하고 연결시킨다. 여기에 어떤 일의적인 연속성이 그려지는 것이다. 그것은 결코 개개의 무한한 뉘앙스를 배제하고 전체를 통합하는 동일성의 원리(면)가 아니다. 그것은 한없이 자기를 차이화하고 다수화하며 또한 거대한 교향곡 같은 편성을 잃어버리지 않는 하나의 면(내재면)으로서 구상되고 있을 뿐이다.

우선 '힘'을 우리들이 '에고이즘'이나 '지배력', '폭력'으로서 표상하는 힘의 바깥에서 파악해야만 한다.

사람이 '힘'에의 의지를 '지배욕'이라는 의미로 해석하는 한, 어떻게 하든 '힘'에의 의지를 기성의 가치에 의거한 것으로 만들어 버린다. 왜냐하면 이러저러한 사태에서 혹은 이러저러한 투쟁에서 누군가가 가장 강한 자로서 '승인'되어야 하는가를 정하는 데 적합한 것은 기성 가치들뿐이기 때문이다. 이러한 까닭으로 사람은 '힘'에의 의지의 참된 성질을 오인해 버린다. 우리들이 행하는 온갖 가치평가의, 가소성이 풍부한 유연한 원리이며 아직 승인되지 않은 새로운 가치의 창조를 위해 숨겨진 원리인 '힘'에의 의지의 본성을 잘못 보는 것이다. (N, p.24 / pp.43~44.)

사유와 이성, 의식의 대립

'지배욕'은 지배하는 주체를 전제로 하고, 에고이즘은 '에고'의 존재를 전제로 해야만 한다. 그러나 '힘에의 의지'는 어떤 과정이나 관계 속에서 지배욕이나 에고이즘까지도 구성하게 된다고 해도, 우선 지배나 주체와 같은 형태 이전의 가소적인 변화의 원리로서 파악된다. 힘만이 의지의 주체이고 또한 그 의지의 대상이며, 거기에 이미 의지를 둘러싸고 힘의 복수성이 존재하고 있다. 의지는 적어도 의지하는 힘과 의지되는 힘 두 가지를 전제로 하기 때문이다. "힘의 힘과의 관계는 '의지'라 불린다"(N, p.24 / p.43).

이 '의지'는 결코 '의식'을 전제로 하지 않는다. 의식은 힘의 의지에서의 '반동'으로부터 생기는 데 지나지 않는다. 의식은 힘의 의지가 스스로를 확장하기 위한 수단에 불과하고 힘의 의지의 작은 단편에 불과하다. 종종 그것은 의지의 부정적 양상일 뿐이다. 니체는 주저가 될 터였던 방대한 유고『힘에의 의지』에서 의식에 줄곧 부여되어 온 우월성과 주도성을 되풀이해 비판했다.

능동적인가, 반동적인가 ── 힘의 질로서 최초로 니체가 물은 것은 이 차이였다. 그리고 의식은 본질적으로 반동적인 힘과 함께한다. 능동적인 힘은 의식을 필요로 하지 않고 의식보다도 훨씬 큰 폭을 갖는다. 반동적인 힘은 능동적인 힘을 그 큰 폭으로부터 분리하여 제한하려고 작용한다.

그리고 또 힘에의 의지에 관해서도 이번에는 그것이 긍정적인가 부정적인가하는 식으로 그 질을 물어야만 한다. 힘에의 의지는 능동적인 힘이 스스로를 긍정하도록 촉구하고, 또한 반동적인 힘이 다른 힘을 부정하도록 촉구한다. 이 의지는 힘 자체에 내재하면서 힘을 초월해 간다. 힘에의 의지가 없이 힘 그 자체만이 있는 곳에서는 아직 의미도 가치도 없다. 힘에의 의지는 '힘들의 차이적, 발생적 요소'이며 긍정하는 힘, 부정하는 힘으로서 다양한 성질의 힘을 차이화하면서 구성해 가는 것이다.

　　니체에게는 신체야말로 의식보다도 훨씬 다양한 힘이 교착하는 장에 열려 있다. 들뢰즈는 여기서도 우리(의 의식)는 신체가 무엇을 할 수 있는지 충분히 알지 못한다고 스피노자가 질문했던 것처럼 질문한다. 의식은 반동적인 힘의 굴절로서 성립할 뿐이다. 신체 그 자체는 다양한 질의 힘이 서로 교착하는 곳에서 성립한다. "힘의 온갖 관계들이 신체를 구성"하기 때문이다(NPh, p.45 / pp.89~90). 신체에 관해서도 그것을 반동적인 힘을 기준으로 하여 파악하는지, 능동적인 힘을 기준으로 하여 파악하는지에 따라 두 종류의 파악이 있을 수 있다. 스피노자는 정동(혹은 신체의 활동력)이 보다 큰 완전성으로 향하는 상태를 '기쁨'이라 불렀고, 작은 완전성으로 향하는 상태를 '슬픔'이라 불렀다. 또한 정신의 능동은 '완전한 관념', 그 수동은 '불완전한 관념'과 결부된다고 했다. '기쁨'을 통해 '완전한 관념'에 이르는 것, 스피노자의 윤리는 명백하게 이것을, 이것만을 지향한다(엄밀하게는 이것을 웃도는 '제3의 인식'에 관해서도 이야기하지만 여기서 그것을 언급하지는 않겠다). 『에티카』제3부「감정의 기원과 본성에 관하여」에서 스피노자가 기술한 것은 니체가 생각했던 '반동적 힘'에 대한 비판과 놀랄 정도로 가깝다. 그뿐 아니라 이렇게나 선명하게 힘, 신체, 정동에서의 능동, 수동, 반동을 비판적으로 관찰하여 새로운 생의 철학을 구상한 자는 철학사상 일찍이 이 두 사람

뿐이었을지도 모른다.

인간의 의식 형성 그 자체가 반동적인 힘과 깊이 결부되어 있으므로 이 반동성과 부정성은 모든 국면에 미치고 있고 신체 그 자체에까지 침투해 있다. 그러므로 의식을 바꾸려고 하는 것만으로는, 그리고 의식에서부터 신체로 관심의 대상을 옮기는 것만으로는 불충분하다(물론 이것만으로도 중요한 전환이다). 신체를 구성하는 다양한 힘의 능동성과 반동성을 미세하게 식별하고 거기에 개입할 필요가 있는 것이다.

의식이 근본적으로 반동적이라면 이성 쪽은 본질적으로 예속적이다. "이성은 사고를 예속시키는 것의 권리들을 집중시켜 표현하기 때문에 사고는 스스로의 권리들을 다시 쟁취하여 이성에 저항해 스스로를 입법자로 삼는다"(NPh, p.107 / p.189). 여기서 **사고와 이성은 확실히 서로 대항하는 것으로서 파악되고 있다.** 사고는 의식보다도, 이성보다도 상위에 서야만 한다. 이성은 (그리고 의식도) 사고의 능동성을 제한하고 사고를 복종시키려고 기능하기 때문이다.

니체에게 신, 인간, 주체, 도덕과 같은 범주는 모두 의식과 이성을 관통하는 반동성에 의해 제작된 것이다. 설령 신을 죽이고 신의 죽음을 고했다고 해도 이 '반동성'이 극복되지 않으면 아무것도 변하지 않는다. '신의 죽음'은 결코 니체의 발견이 아니라 오히려 "신 없이 살아갈 수 있게 되면 자신이야말로 신에 걸맞다고 주장하는"(N, p.31 / p.55) 인간들의 등장을 보여 줬을 뿐이다. 니체가 비판한 반동성, 예속성, 부정성은 신이 죽은 뒤에도 자기 혹은 주체로서 파악되는 인간의 내면에서 그대로 보존되고 있다. '신성동맹'은 불멸이며 자본주의나 정보사회 속에서도 계속해서 날뛰고 있는 듯하다.

영원회귀의 에티카

그리고 니체의 비판은 '역사'에도 미쳤다. "역사가 어느 정도 과잉되면 삶은 붕괴하고 퇴화하며 마지막에는 다시 이 퇴화를 통해 역사 그 자체도 퇴화하게 된다"(일역 ニーチェ 1993a『반시대적 고찰』, p.134). 이런 식으로 역사를 공격했던 니체는 역사적인 의식이나 이성이라는 형태를 취한 사고의 예속성이나 반동성에 대해서도 일관되게 비판적이었다. 니체는 사건의 인과 연관을 '실증적으로' 고찰하여 독해하는 역사학에서도, 역사 전체를 이성의 변증법적 전개로 간주하는 헤겔 철학에서도 역시 삶의 붕괴와 퇴화(반동성)의 징후를 봤던 것이다.

그러나 역사에 대한 그러한 비판은 니체만의 독특한 방식으로 역사에 긍정성을 주입하려고 하는 일관된 시도와 함께했다. 니체는 역사를 비판했지만 결코 몰역사적인 사상가가 되지는 않았다. 니체는 인간의 반동성에 뿌리 깊이 규정된 역사를 치유하는 또 하나의 역사를 계속 구성했다. 그는 "역사를 앞질러 버리는 힘의 생성"(F, p.91 / p.158)을 중심에 두고 그 생성의 역사를 쓰려고 했다. 역사를 둘러싼 니체의 이러한 자세는 들뢰즈의 그 뒤의 저작에서도 일관된다. 반역사적 고찰은 결코 역사를 방기하지는 않았다. 특히 『천 개의 고원』은 「도덕의 지질학」(제3장)과 같이 새롭게 지질학적 시각으로 역사를 전개하는 꽤 이질적인 세계사를 시도한 저작이다.

반동적인 힘에 차서 그 부정성을 극한까지 경험한 인간에게는 '반동적인 삶 그 자신을 부정하려고 하는 의지'가 생겨나고 그것은 '자기 자신을 능동적으로 파괴하고 싶다는 욕망'으로 변한다. 니체는 특히 『차라투스트라는 이렇게 말했다』에서 이러한 가치전환의 드라마를 그려 냈다. 그리고 이 가치전환은 어떤 원환 형태의 시간(영원회귀)을 통해 완성된다는 것이다.

고대세계에는 흔했던 '윤회' 관념에 가까운 이러한 관념에 왜 니체가 접근했는가 하는 의문이 생겨난다. 그러나 들뢰즈는 이 '반복' 개념을 니체 철학의 핵심으로 자리매김하려 했다. 그것은 또한 들뢰즈 자신의 반복 사상에 결정적인 근거를 부여하려는 시도이기도 했다.

영원히 회귀해 오는 것을 긍정해야만 한다. 힘에의 의지의 긍정성은 이렇게 비로소 완성된다. 결코 확률 계산 같은 것을 하지 말고 주사위 던지기 한 번에 돈을 거는 도박사처럼 우연을 긍정해야만 한다. 이 우연은 필연적인 회귀와 함께한다. 주사위의 눈은 우연일지라도 필연적으로 반복된다. 주사위는 던져질 때는 우연에 따르고, 떨어질 때는 필연에 따른다. 신의 의도도, 역사의 진화도 착각이라고 거부하는 사유는 필연이나 운명이라는 관념을 거부할 수밖에 없다. 오히려 우연을 필연으로서, 필연을 우연으로서 받아들이는 것이다.

'영원회귀'에 관한 들뢰즈의 다음과 같은 설명은 니체의 문맥에 거의 충실하며 이해하기 쉽다.

내가 무엇을 원하든(예컨대 나의 태만, 탐욕, 비겁, 혹은 나의 미덕이라도 해도 좋고 악덕이라 해도 좋다), 나는 그것이 영원히 회귀하는 것 또한 원하는 방식으로 그것을 원해야만 한다. '어중간한 의지'들의 세계는 걸러지는 것이다. (…) 설령 비겁, 태만이라도 그것들이 스스로의 영원회귀를 원한다고 한다면 태만이나 비겁과는 다른 것이 될 것이다. 그것들은 능동적으로 되고, 그리고 긍정의 '힘'이 될 것이다. (N, pp.37~38 /

p.67.)

그러나 '영원회귀'가 참으로 힘에의 의지의 긍정성을 완성하기 위해서는 그것이 단순히 같은 것의 반복이어서는 안 된다. 무릇 반복은 같은 것의 반복이 아니며 같은 것은 반복의 효과로서 생기는 데 지나지 않는다. 우선 반복되는 것은 차이인 것이다. "만약 일체가 회귀한다는 것, 동일함으로 회귀한다는 것이 진실이라면 작고 속이 좁은 인간도 회귀할 것이며 니힐리즘이나 반동도 회귀하게 되기 때문이다"(N, p.39 / p.69). 영원회귀가 가치전환을 최종적으로 실현하려면 이 회귀는 다른 것의 반복, 추려 내는 반복, 해방하는 반복이어야만 한다.

『차이와 반복』의 핵심이기도 한 이 반복 개념은 베르그송의 지속 개념 없이는 생각할 수 없다. 현재란 지속하는 시간의 첨단임과 동시에 무수한 과거의 반복이다. 현재를 과거와의 절대적 공존으로서 파악한다면 현재란 그대로 무수한 과거의 반복이며 게다가 이 과거들을 무엇 하나 같은 과거로서 반복하지 않는다. 과거는 기억 속에 있고, 끊임없이 변용하며 재편성되고 해체하며 재결합하여 현재로 비약하고 돌출하기 때문이다.

영원회귀는 온갖 생성에 대한 긍정을 완성하고 생을 끊임없이 다른 것으로서 반복하려고 하는 에티카를 보여 준다. 그 모델은 인간이 날마다 변화하고 창조하는 반복으로서 살고 있는 시간이라는 현실 그 자체 속에 있다. 시간의 현실 그 자체에 충실하게 살려고 하는 삶의 방식의 연장선상에 영원회귀가 있는 것이다.

이러한 회귀 혹은 반복을 사는 인간은 스스로의 반동성을 능동적으로 파괴하는 인간 뒤에 도래하여 '초인'이라 불리게 된다. 그러나 이 초인은 어떤 영웅, 천재, 교조, 지배자와는 다른, 소박한 인간의 이미지를 제안하고 있다. 그(그녀)는 반동적인 힘에 기반하는 기성 권력이나 능력으로부터 이탈하여 다른 힘으로 채워진 인간이며, 그런 까닭에 가장 눈에 띄지 않고 가장 무력하게 보이는 인간일지도 모르는 것이다. 필시 들뢰즈가 "장차 도래할 민중"이라 명명한 것과 초인은 매우 가까운 존재일 것이다.

이리하여 '초인'이란 우리가 힘과 시간과 상식적으로 결부해 온 관계(이것은 다분히 서구 근대가 부여한 가치나 제도의 영향을 받고 있다)의 밖에 나와서 이것들과 새로운 관계를 맺는 인간을 가리키는 것이다.

징후학 혹은 프루스트

들뢰즈는 "현상이란 한 외관 혹은 출현조차도 아닌 하나의 기호, 징후이며 그 의미는 현동적인 힘 속에서 발견된다. 철학 전체가 한 징후학 혹은 증후학이다"(NPh, p.3 / pp.23~24)라고 니체에 관해 썼다. 기호나 상징이나 징후를 식별하고 해석하며 평가하는 것이 철학의 과제라고 말하고 싶은 것이다. 진리를 정의하는 것도, 그 조건을 확정하는 것도 아닌 힘의 다양한 질과 양, 다양한 힘의 차이와 편성을 표현하는 '기호'(signe)를 식별하는 것이 첫 번째 과제다. 진리의 힘만이 아니라 거짓의 힘조차도 다양한 기호를 발한다. 1960년대부터 70년대에 걸쳐 특히 프랑스에서는 구조주의적 언어학을 핵으로 삼은 기호학을 왕성하게 시도했는데 들뢰즈는 이것과는 꽤 이질적인 '기호론'을 그의 철학의 중요과제로서 계속해서 시도했고 그것을 『시네마』에서 대대적으로 전개했다.

여기서 지금까지 들었던 네 명의 철학자에 또 한 명, 들뢰즈 철학에 불가결한 요소를 제공했음에 틀림없는 한 문학자를 추가해 두고 싶다. 『프루스트와 기호들』(1964년)이라는 저서의 제목은 마르셀 프루스트라는 작가가 들뢰즈에게 무엇을 야기했는지를 단적으로 이야기해 준다. 확실히 프루스트의 작품은 『잃어버린 시간을 찾아서』(1913~27년)라는 제목이 보여 주듯이, 인간의 '기억'에 관해 어떤 작가, 철학자도 이룩하지 못했던 독창적이고 예리한 탐구의 성과임에 틀림없다. 그러나 들뢰즈에게 프루스트는 베르그송이 만들어 낸 '기억'의 사상보다도 오히려 니체에 가까운 '기호'의 인식('징후학')을 실현한 작가다.

『잃어버린 시간을 찾아서』에서는 처음 스완이, 그리고 다음으로는 화자가 한 여자가 계속 발하는 모든 상징(기호)을 해독하고 질투하고 고뇌하는 데 긴 시간을 소비한다. 스완도 화자(마르셀)도 더 성숙한 인물과 사귀는 쪽이 훨씬 풍요로운 시간을 보낼 수 있지 않았을까? 그러나 그 여자가 설령 '평범하고 어리석다'고 해도 그녀는 많은 상징(기호)을 발한다. 오데트, 알베르틴만이 아니다. 자신 속에 여성을 숨기고 있는 샤를뤼스 남작도 그러하다.

> 그런데 평범하고 어리석은 여성은 우리가 사랑하기 시작하면 갑자기 대단히 심오하고 현명한 정신보다도 더 풍부한 상징으로 가득 차게 된다. 한 여성이 속이 좁고 경솔할수록 그녀는 명석한 판단을 형성하고 일관된 생각을 가질 수 없는 자신의 무능함을 상징으로 보상하는 것이다. 상징은 때로는 그녀 자신을 배반하고 거짓을 폭로하기도 하지만. (PS, p.31 / p.27.)

질투란 연인이 발하는 모든 상징(기호)을 계속 해독하는 것이다. '상징'이 과연 진실을 알리고 있는지, 비밀을 폭로하고 있는지, 무엇에 관한 상징인지, 결코 확실한 정보를 얻을 수 없다. 어쩌면 상징의 배후에는 아무것도 숨겨져 있지 않을지도 모른다. 그러나 상징은 비밀을 알리기는커녕 비밀을 점점 증식시킨다. "질투란 상징에 고유한 착란이다"(PS, p.167 / p.154). 사랑받는 여자는 사랑하는 남자에게는 결코 전모를 드러내지 않는 세계를 갖고 있다. 남자는 항상 조금만 그 세계에 발을 들여놓지만, 발을 들이면 들일수록 그 세계로부터 배척되고 있다고 느끼지 않을 수 없다.

그러한 세계가 증식해 간다. 여러 세계를 왔다 갔다 하다 보면, 변신하는 한 여자가 있다. 사랑받는 여자는 인접한 여러 단편적인 세계를 내포하고 있지만, 사랑하는 남자는 이 단편적인 세계들을 그저 조금만 슬쩍 엿보면서 옆으로 미끄러져 갈 수밖에 없다. 들뢰즈는 이러한 사태를 "질투는 사랑의 다양체에서의 횡단선이다"(PS, p.153 / p.140)라고 표현한다.

이 단편적 세계들에 있는 것은 동성애의 상징으로 차 있다. 『잃어버린 세계를 찾아서』의 인물들은 종종 동성애적 상징을 발한다. 동성애는 그저 여성과 남성 각자의 측으로 이분되는 것이 아니다. 실은 각 존재가 양성구유적이며 여러 역할을 교체시킬 수 있다. 이성애라고 해도 여성의 남성적 부분이 남성의 여성적 부분과 결합하는 사태도 만들어낸다. 여성의 여성적 부분이 여성의 남성적 부분과 결합하고 남성의 남성적 부분이 남성의 여성적 부분과 결합할 수 있으며 나아가 여성의 여성적 부분이 남성의 여성적 부분과, 여성의 남성적 부분이 남성의 남성적 부분과 결합할 수 있다. 프루스트에게 동성애란 이른바 다성애이며 이성애조차 그 예외는 아니다.

『잃어버린 시간을 찾아서』의 화자는 질투 속에 나타나는 다양한 상징을 해독하면서 이윽고 동성애를 둘러싸고 오가는 다양한 상징의 해독으로 나아가고, 다양하게 이종교배하는 다성(多性)의 무리와 직면한다. 각 인물들은 비밀을 품은 단편의 집적이다. 이렇게 하여 프루스트의 소설은 한없이 단편을 증식시켜 그 단편 사이에서 고전적인 사고가 생각해 보지도 못한 기묘한 질서를 낳는다.

> 단편에 단편을 삽입함으로써 프루스트는 우리들이 그것들 모두를 생각할 수 있도록 하는 방법을 발견했지만, 이 단편들을 파생시키는 통일성에도, 혹은 이 단편들로부터 그 자체로 파생되는 통일성에도 의존하지 않고 그렇게 한 것이다. (PS, p.149 / p.137.)

들뢰즈는 고전적인 전체-부분의 관념으로 구성되는 통일성과는 완전히 다른 이 통일성을 '횡단성', '횡단선', '횡단적 차원' 등으로 불렀다. 『잃어버린 시간을 찾아서』에서 반복되는 질서, 무질서의 반복과 전개는 거의 추상적인 도식으로서 이런 식으로 제안된다.

> 최초에는 일견 분명하게 한정되어 통일되고 전체화할 수 있을 것 같은 한 집합을 구성하는 첫 번째 성운이 있다. 하나 혹은 두 계열이 이 첫 번째 집합에서 출현한다. 그리고 이 계열들이 다시 새로운 성운 속에서 헤맨다. 이번에는 이 성운은 중심을 잃어버리거나 혹은 중심에서 벗어

나, 수많은 소용돌이치는 닫힌 용기(容器)나 고르지 않게 움직이는 단편으로 구성되어 있다. 이러한 용기나 단편은 횡단적인 탈주선을 그린다. (PS, p.211 / p.211.)

처음에는 (앙드레 지드(1869~1951년)와 같은 동시대의 예민한 작가에게조차도) 그저 사소하고 무의미한 세부를 한없이 쌓아 나갈 뿐이라는 인상을 준 적도 있던 프루스트의 대작은 프루스트 자신이 말했듯이 '커다란 법칙'을 탐구하는 철학적 시도였다. 사람들은 그의 작품을 현미경적이라고 형용하고 싶어 하지만, 그 자신은 '망원경'을 이용하여 거의 천체의 법칙적인 순환과 비슷한 것을 사교계나 연애, 동성애 속에서 발견했다. 거기에서 소용돌이치고 있는 상징의 성운을 해독하고 또 그 해독을 하나의 새로운 예술로서 달성하려고 했다.

『잃어버린 시간을 찾아서』라는 작품 자체 속에 이 작품과 닮은 새로운 예술을 만들어 내는 음악가, 화가, 작가의 초상이 실험적으로 그려져 있다. 프루스트의 작품은 확실히 한 철학적 시도였지만 역시 그것이 철학이 아닌 예술작품으로서 달성되었고 다양한 상징의 해독과 함께 실천된 것은 들뢰즈에게 더욱 중요한 일이었다. '잃어버린 시간'의 탐구로부터는 확실히 베르그송과도 깊은 관련이 있는 '기억'의 철학이 부상하게 되지만, 기호를 관찰하고 채집하며 해독해 가는 과정의 이야기는 확실히 베르그송 철학에는 없는 다른 차원을 열어 준다. 프루스트의 문학은 기호를 발하고 받아들이는 인간들 한 명 한 명의 특이한 양태를 묘사하고 그것을 통해 비밀이나 거짓의 힘을 파악하는 것이다. 확실히 들뢰즈는 때로는 철학과 문학 사이에서 사유하기를 필요로 했다.

어떤 기묘한 신체

들뢰즈는 지금까지 기술한 몇 명의 철학자들을 읽고 독자적인 독해를 시도함으로써 관계 속에서 촉발되는 사고(흄), 운동과 시간 속에 있는 삶(베르그송), 끊임없이 유동하며 촉발하고 촉발되는 신체와 함께하는 사유(스피노자), 힘의 다양한 질과 양으로 구성되는 세계(니체)에 관한 비전을 다듬어 냈다. 프루스트는 바로 이러한 들뢰즈의 비전을 남녀의 육체와 감정과 사고에, 세계 속의 대화와 표현에 직면시킨다.

> 레스토랑의 큰 방에는 실로 행성같이 테이블이 늘어서 있고 그 주변에 웨이터들이 혁명을 일으키고 있다. 아가씨들의 집단은 겉보기에는 불규칙적인 운동을 하고 있어 거기서부터 법칙을 끌어내려면 진득한 관찰, '정열적 천문학'이 필요하다. (PS, pp.172~173 / p.160.)

시간, 정동, 신체, 힘에 관한 어떤 철저한 사유를, 적어도 네 명의 철학자로부터 받아들인 들뢰즈는 그 사유를 더욱 철저하게 하기 위해서 그들과는 또 다른 형식, 스타일, 글쓰기, 리듬으로 사고하고 다른 철학적 신체를 만들어 내야만 했다. 이 철학자들의 사색은 종종 한없는 혼돈이나 성운 속으로 사람을 던져 넣었다. 더 이상 고전적인 이성, 주체, 질서, 체계, 전체, 중심에 의지할 수는 없었다.

프루스트의 작품은 철학이 아닌 예술이기 때문에 바로 그 혼돈이나 성운 그 자체를 주제로 삼은 데다 거기에서 눈에 보이는 질서와 형식을 구체적으로 구축할 수 있었다. 무수한 단편의 단편이나, 터무니없는 내용을 담은 용기가 소용돌이치고 있는 세계에서 이것들을 횡단하고 관통하는 선을 긋는 사고가 실현되기도 한다. 이성이나 지성 바깥으로 **비어져 나오는 사고**가 신체를 사고하고 신체 그 자체에 속하는 사고와 서로 침투한다.

들뢰즈는 『잃어버린 시간을 찾아서』의 화자와 알베르틴을 질투하고 샤를뤼스를 추적하는 주인공은 동일인물인지, 그가 어디까지나 프루스트 자신인지를 묻는 것은 거의 무의미하다고 말한다. 그것은 아직 이 작품, 이 탐구를 한 주체에게 귀착시키는 것밖에 되지 않는다. 그런 것이 아니라 바로 주체의 윤곽, 한계, 형식, 통일을 철저하게 분해한 곳에서 나타나는 은하와 같은 삶의 비전이야말로 프루스트가 탐구했고 구축했던 것이 아닐까? 들뢰즈는 『프루스트와 기호들』의 마지막 페이지에서 『잃어버린 시간을 찾아서』의 화자는 어떤 기묘한 신체를 갖고 있다고 말한다.

실제로 이 화자는 기관을 갖지 않는다. 혹은 그가 필요로 하는, 그가 원했을지도 모르는 기관을 결코 갖지 않는 것이다. 그는 알베르틴에게 최초로 입을 맞추는 장면에서 그것을 깨닫는다. 입술 전부를 필요로 하고, 코를 덮고 눈을 감는 것을 재촉하는 이 행위를 해내려고 해도, 인간은 완전한 기관을 갖고 있지 않다고 그는 이때 탄식하는 것이다. 실제로는 화자는 기관을 갖지 않는 하나의 거대한 신체다. 그건 그렇다 치고 기관 없는 신체란 대체 무엇일까? 거미 역시도 아무것도 보지 않고 아무것도 지각하지 않으며 아무것도 생각해 내지 않는다. 그저 거미집 한구석에서 거미는 자신의 신체에 강도의 파동으로서 전해져 오는 희미한 진동을 받고 중요한 장소를 향해 덤벼든다. 눈도 없고 코도 없으며 입도 없이 거미는 그저 기호에 반응하고 희미한 기호로 채워질 뿐이다. 그것이 그의 신체를 파동처럼 횡단하고 먹이를 향해 덤벼들게 만든다. 『잃어버린 시간을 찾아서』는 카테드랄[Cathédrale, 교구의 중심이 되는 대성당. 대개 주교좌성당(主教座聖堂)이다]이나 옷처럼 만들어진 것이 아니라 거미집처럼 만들어져 있다. (PS, p.218 / p.219~220.)

들뢰즈가 가장 친밀하게 독해해 온 과거의 철학자, 그리고 문학자들이 공진하고 공명하는 곳에서 한 신체의 이미지가 떠오른다. 여기서 묘사되는 것은 그의 철학적 탐구에서 한 모델로 삼아야 할 신체이며, 그러한 철학의 이야기와 화자가 구축해야 할 신체이기도 하다. 들뢰즈의 철학은 확실히 새로운 철학적 내레이션과 함께 창조된 것이다. 나는 그 철학과 개념들을 추적하고 요약하며 해설하기를 시도하겠지만 요약이나 해설로는 결코 전해지지 않는 들뢰즈의 목소리와 어조와 (사상적) 신체에 주의를 기울여 주었으면 한다. 그것이야말로 유일무이한 것인데도 그것을 개성적 문체나 신체적 표현 등으로 형용하면 다시 오해를 불러일으켜 버린다. 거기에 있는 것은 개성이 아니라 특이한 신체이며 그 신체는 '기관 없는', '무기관적' 신체인 것이다. 아직 충분한 설명이 되지 않았지만 이것을 몇 번이고 지적하고 더 적확하게 고찰하는 것을 목표로 하고 싶다.

노트: 들뢰즈의 성애 도식
들뢰즈는 1967년에 레오폴트 폰 자허-마조흐(1836~95년)의 『모피를 입은 비너스』(1870년)에 대한 긴 서문의 형태로 마조히즘론을 썼다.[7] 이 책에서 들뢰즈는 마조히스트와 어머니의 '계약'에 관해 이야기한다. 그 계약에 의해 아버지를 배척한 이종(異種) 생식이 (환상으로서) 행해지고 '성적 사랑 없이' '새로운 인간'이 태어난다고 썼다(PSM, p.9 / p.14). 여기에서 들뢰즈의 사색을 관통하는 어떤 '사랑의 도식'이 보이는 듯하다. 이미 1961년에 잡지에 발표한 마조흐론(「자허-마조흐에서 마조히즘으로」)[8]에서 그는 프로이트 정신분석의 "'아버지'의 인플레이션"을 비판하고 "프로이트의 해석은 종종 무의식의 가장 개체화된, 가장 표면적인 층에만 머무는 듯하다. 이 해석은 '어머니'의 이미지가 '아버지'의 영향을 아무것도 받지 않고 지배하는 심층에는 들어서지 않은 것이다"라고 썼다. 이미 들뢰즈는 프로이트의 오이디푸스를 둘러싼 도식에 대한 강한 비판으로서 후년의 『안티-오이디푸스』를 준비하고 있었던 듯하다.

『니체』에서는 니체 자신이 인용한 그리스 신화의 아리아드네 에피소드를 니체 자신의 사랑에 적용했다. 아테나이의 왕자 테세우스가 미노타우로스를 퇴치하고 미궁을 탈출하는 것을 도와준 아리아드네는 그후 테세우스에게 버림받고 디오뉘소스와 결혼한다. 니체의 몽상 속에서 바그너는 테세우스이며 그 부인인 코지마는 아리아드네, 니체 자신

---

7 일역은 일찍이 『마조흐와 사드』(『マゾッホとサド』, 蓮實重彥 訳, 晶文社, 1998)라는 표제로 간행되었지만 나중에 『자허-마조흐 소개: 냉담한 것과 잔혹한 것』(『ザッヘル゠マゾッホ紹介—冷淡なものと残酷なもの』, 堀千晶 訳, 河出書房新社(河出文庫), 2018)으로 재간되었다.

8 일역 「ザッヘル゠マゾッホからマゾヒズムへ」, 『基礎づけるとは何か』, 國分功一郎·長門裕介·西川耕平 編訳, 筑摩書房(ちくま学芸文庫), 2018.

은 디오뉘소스였다. 또 루 안드레아스-살로메의 연인 파울 레는 테세우스, 니체는 변함없이 디오뉘소스였다. "현명하라, 아리아드네여! …그대는 작은 귀를 가졌으며, 나의 귀를 갖고 있으니 (…) 나는 그대의 미궁[labyrinthos]이로다…." 테세우스는 모든 것을 견디는 영웅이며 바로 부성에 의해 정의된다. 여기서도 그러한 부성의 지배를 배제한 아리아드네와 디오뉘소스의 사랑이 주제가 된다. '이종교배'를 원리로 하는 프루스트의 동성애적, 다성애적 세계에서도 역시 부성의 지배와 성차를 철저하게 고집하는 사랑은 배척된다. 성은 '성차'로서 고정되고 구분되며 영토화되고 힘의 관계에 침투한다. 그러한 성은 오히려 사랑을 배제하는 것은 아닐까? 바로 그렇기 때문에 들뢰즈는 때때로 '성 없는 사랑'에 관해서까지 생각한 것이다.

필시 '기관 없는 신체' 역시도 '성 없는 사랑', '아버지를 배척한 생식'과 함께 들뢰즈에게 고유한 사랑의 도식과 깊이 연관되고 들뢰즈의 철학적 정동(affect)에 침투해 있으리라.

2015년에 간행된 『들뢰즈 서간과 그 외의 텍스트들』(『ドゥルーズ 書簡とその他のテクスト』[Lettres et autres textes, 국역명 『들뢰즈 다양체』])에는 '초기 텍스트'로서 들뢰즈가 20세에 그럭저럭 썼던 몇몇 텍스트가 수록되어 있다. 그중 「여성에 대한 서술」, 「말과 외형」, 「디드로 『수녀』를 위한 서문」에서 젊은 들뢰즈는 "여성에게는 아직 철학적 규정이 없다"고 기술하며 여성의 철학을 시도했다. 하이데거의 '존재자'는 성을 갖지 않는 듯하지만 남성임을 전제로 한다. 사르트르는 이것을 비판하며 확실히 성을 갖는 실존을 문제로 삼았지만, 이것도 여성을 사랑하고 성교하는 남성의 성에 초점을 두고 있을 뿐으로, "마치 사랑하는 것만이 성

을 갖고, 사랑하는 것이 사랑받는 것에게 반대의 성을 하사하는 듯하다"(「여성에 대한 서술」, LAT, p.253 / p.323). 들뢰즈는 화장이나 주근깨나 점에 관해서도 고찰하면서 꽤 핵심을 찌르는 여성론을 전개했다. 여성에게 "모든 것은 현전성이다"라든가, 여성이란 "위대한 내적 생활이다"라고 논의하면서 "문제는 더 이상 본질로서의 여성이 아니라 이 여성이며, 예컨대 사랑받는 여성인 것이다"라고 썼다(「말과 외형」, LAT, p.278 / pp.352~353). 내재성과 초월성이라는 대립은 성과 무의식 속에도 깊이 침투해 있고, 오히려 거기에서 유래한다고 해도 좋을 정도인 것이다. 들뢰즈는 과도할 정도로 여성적인 것을 '내재' 쪽으로 끌어당겨서 고찰한다.

여성이란 이러이러한 것이라 운운하고 정의하는 것은 현대젠더론으로부터는 비판을 받을 만한 점이다. 그러나 20세의 들뢰즈는 우선 여성의 철학을 시도하면서 즉시 본질주의를 해체하고 여성적인 것을 여성으로부터도 분리하여, 부성이나 거세를 둘러싼 초월의 사유를(특히 정신분석을) 탈구축하는 사유를 보여 줬다. 디드로의 『수녀』 독해도 그러한 방향에서 여성의 '자유'를 섬세하게 고찰한 글이다. 들뢰즈는 이 글들을 새삼스럽게 공표하려고 하지는 않았지만 이 여성론들에서부터 마조흐론, 그리고 프루스트의 '다성론'에 걸친 사색에는 독자적인 성애 이론이 펼쳐져 있어 훗날 저술한 대저작의 무의식론이나 신체론의 포석이 되기도 했다.

제2장 세기는 들뢰즈의 것으로: 『차이와 반복』의 탄생

들뢰즈는『차이와 반복』이라는 제목의 박사논문을 제출, 간행한 1968년에 리옹대학에서 가르치고 있었다. 이해 프랑스 정치에는 격진이 일어났고 나중에도 전 세계에 다양한 반향을 불러일으켰다. 이 즈음 들뢰즈는 학생들과 함께한 정치 활동의 피로도 있어서인지 죽음에 이를 때까지 오랫동안 그를 괴롭혔던 폐병을 앓고 있었다. 1968년 5월의 '사건'에 대한 그의 강한 신념은 평생 변하지 않았다. "사건은 새로운 존재를 만들어 내고, 새로운 주관성(신체, 시간, 성, 환경, 문화, 노동 등등과의 새로운 관계)을 산출하는 것이다"(「68년 5월은 일어나지 않았다」, DRF, p.216 / (下), p.52).『차이와 반복』은 철학적 개념의 기초를 정밀하게 비판하고 재구축하는 '형이상학적' 시도임에 틀림없지만, 그 범위는 원대하여 사회와 정치 차원으로까지 이어졌다.

다음 해인 1969년에는『차이와 반복』의 '분신'이라고 해도 좋을 저작『의미의 논리』가 간행된다. 들뢰즈는 이 책을 매일 위스키를 폭음하면서 거의 알코올중독 상태에서 썼다고 말했다. "폐병 탓에 중독 끝까지 이르도록 마시는 것은 저지되었지만…." 1960년대 초부터 그와 우정을 맺은 미셸 푸코는 1970년에 『차이와 반복』을 『의미의 논리』와 함께 서평하면서 "언젠가 이 세기는 들뢰즈의 것이 될 것이다"라고 지나칠 정도의 찬사를 보냈다.

1. 차이 그리고 반복

앞 장에서는 들뢰즈가 독자적으로 재창조하려고 한 철학의 이른바 계보학적인 독해를 시도했다. 제2차 세계대전 직후의 대학에서 철학을 배웠던 들뢰즈는 철학사의 기묘한 압력을 받고 있었다고 술회했다. 들뢰즈의 선생은 데카르트 전문가 페르디낭 알키에(1906~85년), 헤겔 연구의 권위자 장 이폴리트(1907~68년)와 같은 사람들이었는데, 들뢰즈는 그들을 충분히 존경하는 한편으로 숨 막힌다고 느낀 듯했다. "철학사라는 것은 항상 철학에서, 또 사유에서 권력의 대리인이었다"(D, p.19 / p.29).

철학사 교육은 강고한 사유의 모델을 만들어 내고 사람이 각자 독자적으로 생각하는 것을 오히려 방해하는 효과를 야기해 왔다. 플라톤, 데카르트, 칸트, 헤겔을 읽지 않고서는 대체 어떻게 사물을 생각할 수 있겠는가…, 사고하기 전에 우선 중후하고 엄밀한 체계를 배워야만 한다…와 같은 억압적인 분위기 속에서 동시대의 사상에 유일하게 자유로운 바람을 불어넣은 사람이 장-폴 사르트르(1905~80년)였다. 들뢰즈의 저작에 사르트르의 사유에게서 직접 영향을 받은 흔적은 그다지 두드러지지 않으나, 그는 사르트르야말로 유일하게 그 시대의 폐색적 압력에서 벗어나는 출구였음을 몇 번이나 강조했다.

그리고 들뢰즈는 앞 장에 나온 철학자들을 선취하고 그들의 사유의 궤적을 독창적으로 다시 읽는 작업으로 철학사의 육중한 벽에 구멍을 뚫었다. 나의 독해 자체가 훗날의 들뢰즈의 책에서 받은 충격에서 출발하여 그 원천으로 거슬러 올라가, 일견 아카데믹한 들뢰즈의 철학사적 저작으로 헤집고 들어간 것이다. 철학사의 권위나 중압을 거부하고 과거의 철학에서 다른 생명과 자유를 발견하는 것 —— 이것은 들뢰즈가 전후 상황 속에서 떠맡지 않을 수 없는 절실한 문제였다.『차이와 반복』은 최종적으로 이 과제에 충분히 대답하고도 남는 책이 되었다.

확실히 이 저작은 질 들뢰즈 최초의 주저라 해도 좋다. 그때까지의 들뢰즈의 사색을 모두 투입한 박사논문으로,『스피노자와 표현 문제』는 이때 동시에 제출된 부논문이었다. 들뢰즈는 그때까지 잇달아 철학자를 연구한 논문을 쓰면서 점점 심화시켜 온 몇몇 근원적 모티브를『차이와 반복』에 충분히 쏟아 넣어 재구성하고 재배분하여 반향시켜 실로 독자적인 철학으로서 내놓았다.

그는 서양철학의 전통적인 설문을 면밀하게 해부했고, 또한 거기에서 일관된 몇몇 전제나 경향(동일성, 주체, 표상, 이성, 이원론, 초월성…)을 근원적으로 비판하여 현대의 사상적 요청에 응하려 했다. 푸코는 그저 과장된 찬사를 늘어놓기만 한 것이 아니라 "우리는 필시 처음이자 전면적으로 주체와 객체에서 해방된 사고의 이론을 획득한 것이리라"(Foucault 1970(1994), p.86 / p.320)라고 하며 왜 이 책이 획기적인지를 정확하게 정의했다.

1968년 학생부터 노동자까지 널리 전파되었던 이의제기 행동에 프랑스 정치체제는 근본적으로 동요했다. 이 사건은 정치 차원만이 아니라 사상, 예술, 그리고 민중의 의미에까지 폭넓게 충격을 가했다. 혹은 그렇게 넓은 범위에 걸쳐 이미 진행되었던 여러 변화가 단번에 집중되어 이러한 '사건'으로서 표현되었다. 이에 의해 혁명이 일어난 것은 결코 아니었고 새로운 정치체제도 태어나지는 않았지만, 그 충격과 여파는 깊고 근본적이었으며 그 뒤에도 오랫동안 정치만이 아니라 많은 사람들의 생각을 계속 뒤흔들었다.

『차이와 반복』과『의미의 논리』는 결코 명백하게 새로운 정치사상을 내놓은 저서는 아니며 오히려 그 뒤에 나온 들뢰즈와 가타리의 공저야말로 확실히 그러한 제안을 포함하는 저서로서 쓰였다. 그러나 두 저작 모두 20세기 사상을 덮쳤던 근본적인 전환을 발견했고, 또 그 전환을 가시적으로 만들었으며 나아가 추진하려 했던 시도였다. 들뢰즈는 그렇게 구축한 '사고의 이론'의 연장선상에서 곧 새로운 사회성과 정치학으로까지 열린 사상을 만들어 낸 것이다.

유감스럽게도『차이와 반복』을 읽어 내기 위해서는 상당한 끈기가 필요하다. 읽어 냈다고 해도 순조롭게 이해할 수 있다고는 할 수 없다. 한 주제에 관한 사고인 이상으로, 실로 '사고의 이론'으로서 사고란 무엇인가를 묻고 있다. 그를 위해 철학사의 심부로 내려가는 것만이 아니라 과학사, 논리학, 정신분석, 그리고 현대미학, 예술에 관해서도 상당히 핵심을 찌르는, 착종된 예리한 사색이 전개되었다.

이 책에서 전개되는 사유는 들뢰즈의 저작 중에서도 가장 추상도가 높고 정밀하며 다방면에 걸쳐 있다. 철학을 꽤 본격적으로 배운 사람들조차 필시 읽기 지칠 정도로 철학사의 미로를 헤치고 들어간 데다 정통 철학사와 완전히 단절하려고 하는 괴물 같은 사유가 전개되었다. 개별 분야에 관한 조예가 깊을 뿐이라면 이 책의 중심으로 들어갈 수 없다. 요약하자면 고도의 전문지식을 아무리 그러모아도 그것만으로는 이 책의 핵심에 접근할 수 없을 것이다. 철학의 내부로 깊이 파고들어 가는 것은 결국 그것을 외부로 향해 열어젖히기 위해서다. 정밀한 논의는 어디까지나 그 대담한 모티브를 위해 존재한다.

그렇다면 예비적인 지식은 그다지 없어도 들뢰즈 사유의 모티브를 확인하면서 그 기본적인 운동을 놓치지 않도록 하며 개념적 구축을 읽어 낼 수밖에 없다. 철학의 내부로부터 외부로, 외부로부터 내부로 끊임없이 그려지는 굴곡된 선을 더듬어 가서 그 선 위의 사유가 보여 주는 깊이와 진동을 감촉할 수 있다면 확실히 이미 이 책의 핵심에 다소는 닿아 있는 것이다.

차이의 아뜩해지는 폭

『차이와(그리고) 반복』, 다시 '와'(그리고)다. 차이와 반복은 명백하게 대립개념이 아니다. 접촉하고 공명하며 결합하고 서로 겹치는 것이다. 반복이란 정의상 '같은 것'을 되풀이하는 것이 아닌가? 차이란 같은 것의 반복, 부정은 아닌가? 그런데도 대체 왜 차이가 반복과 결부되는가?

그러나 반복이란 차이를 반복하는 것이고 차이란 반복되는 차이이다 — 이것이 틀림없는 들뢰즈의 주장이다. 너무나 역설적으로 보이지만 이런 식으로 정의되는 차이와 반복으로 그는 '같은 것'을 거부하고, 혹은 '같음'을 전제로 하는 사유, 규정, 판단에 철저한 비판을 가해 이들에 의해 은폐된 차이의, 아뜩해질 정도의 폭을 열어젖히려 한다.

'같음'이 없다면 '일반성' 같은 것도 있을 리 없을 것이다. '일반성'이 없다면 사물의 '표상'도 '범주'도 있을 리 없을 것이다. 자연과학이든,

철학이든, 윤리학이든 일반성이 성립하지 않는다면 이러한 학적 인식 그 자체가 성립하지 않는 것 아닌가? 반복이란 **다른 것의 반복**이라는 들뢰즈의 역설은 거의 플라톤의 대화편에 등장하는 소피스트들의 궤변과도 닮아서 황당무계하게 보인다 해도 무리가 없다.

처음부터 서문에서 철학서를 어떻게 써야 하는가에 관한 들뢰즈의 말은 충분히 도발적이다.

> 오랫동안 계속해 온 방식으로 철학서를 쓰는 것은 머지않아 곧 거의 불가능하게 될 것이다. "아아, 고풍스러운 스타일이여…" 철학의 새로운 표현수단 탐구는 니체가 시작했지만 오늘날 그것은 연극이나 영화와 같은 다른 예술의 혁신과도 제휴하여 속행되어야만 한다. 이 점에서 지금 당장 철학사를 어떻게 사용할지를 문제로 삼아도 좋을 것이다. 우리에게 철학사는 회화의 콜라주가 달성한 것과 비슷한 역할을 해야만 한다. (DR, p.4 / (上), p.18.)

들뢰즈는 마르셀 뒤샹과 같은 화가가 다빈치의 모나리자에 수염을 붙인 작품을 만들었듯이, 수염을 기른 헤겔이나 반대로 수염을 깎은 마르크스의 이미지를 철학적인 콜라주로서 실천해 보자고 제안하는 것이다. 콜라주는 결코 단순한 유희가 아니다. 예컨대 피카소의 콜라주는 회화의 표면, 주제, 원근법, 색채, 선, 문학 등등을 둘러싼 엄밀한 사색이며 실험이었다. 물론 '유희'이기도 했지만 거기서부터 뭔가 중요한 것이 시작되었다.

그리고 『비극의 탄생』(1872년) 이래 항상 연극에 집착했고, 철학에 본질적인 의미에서 연극적인 것을 주입하여 사유의 연극이라고 해도 좋을 철학을 실천한 니체의 경향을, 들뢰즈는 단순히 수사도, 메타포도 아닌 사고의 본성에 관련되는 것으로서 이어받으려고 했다. 반복 그 자체가 그에게는 연극인 것이다.

> 반복의 연극은 표상의 연극과 대립한다. 운동이 개념에 대립하고 또한 운동을 개념과 결부시키는 표상과 대립하듯이. 반복의 연극에서 인간은 갖가지 순수한 힘을 느끼고 공간 속에서 매개 없이 정신에 작용하며 정신을 직접 자연과 역사에 결합시키는 역동적인 길을 느끼고 언어에 앞서 이야기하는 말, 조직된 신체에 앞서 형성되는 몸짓, 얼굴 이전의 가면, 인물 이전의 유령이나 망령을 느낀다. 이러한 것은 모두 '가공할 만한 역능'으로서의 반복의 장치다. (DR, p.19 / (上), p.44.)

'가공할 만한 역능'의 연극이라는 표현을 들으면 앙토냉 아르토(1896~1948년)의 잔혹연극을 떠올릴 수밖에 없다. 반복이란 뭔가 감당할 수 없는 두려운 힘을 보여 주며, '같은 것'을 표상하는 온갖 형태의 바깥에 있다는 것이다. 같은 것의 표상은 반복에 대해 어떤 종류의 제한이나 배제의 효과가 작용할 때, 즉 반복이 길들여질 때 비로소 출현한다. 어떤 반복도 엄밀하게는 같은 것의 반복이 아니다. 천체의 운행에서 보이는 반복조차도 미시적으로 관측하면 엄밀하게 같은 사태의 반복이 아니며 차이를 포함한다. '같음'이 없다면 반복이라는 말 그 자체가 성립하지 않지만, 두 사상(事象)이 차이를 포함한다는 것은 즉 두 사상이 총체로서 다르다는 것이므로 엄밀히 말해 사상은 무엇 하나도 반복되지 않는다고 해도 좋다.

한없이 미세하게 차이를 지각하고 그 지각을 통해 같은 것을 그저 가상(가면)으로서 바라본다면, 반복이란 다른 것의 반복이라는 실로 떨떠름한 명제를 세울 수밖에 없게 된다.

지금 눈앞에 호랑이와 표범이 있다고 하자. 개체로서 이 호랑이는 호랑이 일반이 아니며, 개체로서 이 표범도 표범 일반이 아니다. 이 호랑이와 이 표범의 차이는 결코 호랑이 일반과 표범 일반의 차이가 아니지만 우리는 종종 두 개체의 환원하기 힘든 차이를 호랑이라는 개념과 표범이라는 개념의 차이로 환원해 버린다.

마찬가지로 두 인간이 다른 '인종'에 속한다고 생각할 때 사람들은 두 인간의 환원하기 힘든 차이보다도 종종 '인종'이라 명명되는 차이 쪽에 사로잡혀 버린다. 종이나 유로서 일반개념에 갇힌 차이는 개체가 포함하는 무수한 차이를 제거해 버린다. 우리들이 차이라 간주하는 것은 종종 '같은 것'에 의해 제한되어 있어 이미 차이의 빈 껍데기와 같은 것이다.

그러나 사물의 차이를 제한하고 같은 것에 기대어 파악하지 않는다면, 우리들의 인식과 행위도 거의 착란적인 것이 되어 버릴지도 모른다. 반복이 항상 다른 사태를 포함하고 있음을 한결같이 주시한다면, 법칙도 규칙도 도덕도 커뮤니케이션도 확립할 수 없게 될 것이다. 오로지 반복에서의 차이에 주목하여 우리들이 식별하고 분류하며 제한하면서 파악하는 차이의 배후에서 언제나 무한한 차이를 보기를 촉구하는 철학은 상식이나 양식에 반해 거의 광기를 촉구하는 것은 아닐까?

들뢰즈는 결코 이것을 부정하지 않았다. 그렇지만 이것이 아직 철학인 이상 역시 이것은 광기 앞에서 그래도 여전히 제정신을 유지하려고 하는 시도인 것이다. 스피노자식으로 말하자면 이리하여 철학은 '기쁨의 정동'과 '완전한 인식'을 획득하고 지속하려고 하는 것이다. 오히려 반복에서 다른 것, 차이 속의 무한한 차이를 조금이라도 감수(感受)하지 않으면 아마도 어떤 창조도 있을 수 없을 것이며, 생 그 자체의 지속이나 진화도 있을 수 없을 것이기 때문이다. 시의 운, 음악의 리듬, 공예의 장식을 생각해 봐도, 무엇 하나 같은 것의 반복이 아니며 항상 불균형, 불안정, 비대칭을 포함한 반복이기 때문에 비로소 창조적이고 감각을 끌어당겨 사고를 촉구한다.

구체적인 예로서 종종 예술작품을 인용하는 『차이와 반복』은 예술에서의 차이와 반복을 대단히 중요한 실마리로 삼고 있다. 예술은 필연적으로 차이와 반복에 민감하며 차이와 반복에 따라서 창조할 수밖에 없기 때문이다. 동일성은 예술의 적이다. 들뢰즈는 이 책에서 단순히 예술을 사고의 모델로 삼고 있는 것이 아니라 예술이 어떠한 과정인가를 깊이 사유하여, 고전적인 미학의 틀에서 벗어나 특히 예술의 현대성도 동시에 정의하려고 시도했다.

세계는 하나이며 또한 무한한 차이이다

우리들의 상식은 예컨대 자연계를 인간과 비인간, 생명과 비생명으로 분할하고 생명을 동물과 식물로 분할하며, 나아가 동물과 식물, 유기물과 무기물을 다양하게 분류한다. 그때마다 어떠한 '같은 것'이라는 기준을 세우고 같은 것 사이에서 크고 작은 다양한 차이를 발견하여 분류해 나간다. 인간에서 아메바에 이르는 동물 일반을 실은 결코 상상할 수 없다고 해도 우리들은 동물이라는 점에서 '같은 것'의 표상을 가질 수 있다. 이러한 표상으로 수목처럼 줄기에서 가지로 서열화된 분류표로 차이를 배분하는 것 이외에 어떤 식으로 세계의 차이를 식별할 수 있을까? 실은 '같은 것'을 발견하기 위해서도 주의 깊게 차이를 지각해야만 한다. '같은 것'이 확정되면 지각은 안정되어 다른 수준의 차이로 주의를 돌릴 수 있다. '같은 것'은 살기 위한 경제, 효율을 위해서는 꼭 필요하며 도움이 되는 것이다.

그래도 들뢰즈는 차이에 관해서 완전히 다른 배분 방식이 있다고 말하며 그러한 배분법을 '노마드적인 배분'이라고 불렀다. '노마드'(프랑스어 nomade)라는 말은 그리스어 '노모스'(배분된 것, 관습, 법)로 거슬러 올라간다. 그러나 "호메로스적인 사회는 울타리 쳐진 땅도 목초지의 소유도 모른다. 중요한 것은 토지를 가축들에게 분배하는 것이 아니라 반대로 가축들 그 자체를 숲이나 산 중턱이라는 경계가 없는 공간 여기저기에 배분하는 것, 배정하는 것이다"(DR, p.54 / 〈上〉, p.449, 원주 6).

들뢰즈는 무릇 노모스란 이러한 '경계 없는 공간'을 의미했다고 기술했다. 오늘날에는 누구나 경계 있는 공간을 다시 분할하여 영토를 정하는 배분 방법이 당연하다고 생각한다. 그러나 사막의 방랑민에게 사막은 경계 없는 공간이며 유목하면서 이동하는 사람들의 궤적이 형태 없는 영토를 구성할 뿐일 것이다. 무릇 유목민이 노마드라 불리는 것은 '경계 없는 공간'을 울타리도 영토도 구성하지 않은 채 이동할 뿐이기 때문이다.

그리고 철학에서 이러한 노마드적 배분을 생각해 낸 사람이 뛰어난 스콜라 철학자 요한네스 둔스 스코투스(1265년경~1308년)였고 다음으로 스피노자였다. 그들의 발상으로는 사물의 차이는 종이나 유에 따라 배분되는 것이 아니라, 즉 같은 것이라는 '표상'에 따라 분할되는 것이 아니라 각 개체로서 같은 것의 매개를 거치지 않고 분할된다. 이것은 경계를 갖지 않는 노마드의 공간에 사람이나 동물이 갇히지 않고 배분되는 것과 유사하다. '같은 것'으로서의 종이나 유는 철저하게 각 개체를 구성하는 무한한 차이로부터 추출된 것과 다름없다. 앞에서 접했던, 스피노자가 『에티카』에서 제안했던 실체-속성-양태와 같은 존재의 배분은 실로 차이의 노마드적 배분을 실현하려 한 것이라고 들뢰즈는 생각했다.

스코투스와 스피노자는 '존재의 일의성'에 관해 이야기했지만, 그것은 결코 존재가 미리 통일성이나 동일성을 갖추고 있음을 말하기 위해서가 아니다. 오히려 존재나 유나 종으로 분할됨을 받아들이지 않고 단지 무한한 차이를 포함하여 개체로서 직접 **표현된다**(동일성에 따라 **표상되는** 것이 아니다)는 것을 말하기 위한 '일의성'이라는 것이다. 노마드적 배분의 철학에서는 세계는 하나이며 동시에 무한한 차이이고 그 사이에 표상이나 동일성 등은 없어도 되는 것이다.

우리들의 사고 습관 자체를 구성하는 분할, 분류 방식을 철저하게 비판하고 온갖 차이를 과할 정도로 긍정하여 개방하려고 하는 이러한 사유의 기획은 어디에 있는 것일까? 우리들은 들뢰즈가 베르그송의 철학에서 무엇보다도 우선 차이에 관한 철저한 사유를 발견했음을 봤다. 베르그송 자신이 표명했듯이 그것은 "그 대상에 관해 그 대상에만 적용되는 개념, 그것이 바로 그것에만 적용되기 때문에 그것이 여전히 한 개념이라고 간신히 말할 수 있을지 없을지 모를 개념"(Bergson, 1903(1959), p.1408 / p.31 =「베르그송에게 있어서 차이의 개념」, ID, pp.44~45 / p.65)을 만들어 내려는 시도였다.

스피노자의 철학은 자아나 이성이나 의식을 끊임없는 촉발 관계 속에 두고 무수한 미립자의 교착으로서 바라본다는 점에서 역시 한없이 미세한 차이를 표상이나 동일성의 매개 없이 바라보려 하는 것이다. 그리고 니체의 철학 역시도 힘 속에서 무수한 차이를 발견하고 차이를 힘으로서 검출하려는 철학이었다. 흄의 철학처럼 사물을 언제나 관계 속에서 복수성으로 바라보는 경험론 역시 사물의 차이에 대해 고도의 감수성을 가진 사상이었다.

들뢰즈는 『차이와 반복』에서 이러한 차이를 둘러싼 사상들에 한 연속성을 부여하여 예컨대 '노마드적 배분'이라는 정의를 부여했고, 한 새로운 차이의 철학을 제시했다. 이것은 복잡한 고도의 사변처럼 보인다 해도 결국 자기나 자기가 소속된 집단, 국가나 역사 등으로서 반복해서 되돌아오는 같은 표상이나 같은 경계, 또 분할이나 서열, 통합을 철저하게 거부하고 다른 운동이나 촉발이나 관계 속으로 사유와 행위를 해방하는 것을 지향한 것이다. 갖가지 차이를 구별하고 배분하는 지각과 사유의 운동 그 자체를 반성하고 재구축하는 것. 차이의 철학은 필연적으로 차이의 정치학이 될 수 있다. 그리고 이번에는 그 차이가 반복되는 것을 문제로 삼아야만 한다.

예컨대 바로 『반복』(1843년)이라는 제목의 한 기묘한 저작에서 쇠렌 키르케고르(1813~55년)는 이렇게 썼다. "그리스인은 모든 인식은 상기라고 가르쳤는데 마찬가지로 새로운 철학은 모든 인생은 반복이라고 가르칠 것이다", "반복을 선택한 것만이 진실로 살아 있다", "반복은 발견되어야 할 새로운 범주다"(일역 キルケゴール 1983, p.9).

앤디 워홀의 실크스크린으로 인쇄된 통조림 상표나 마릴린 먼로 사진의 반복, 가볍고 단순한 문구를 끝없이 반복하는 필립 글래스나 스티브 라이히, 테리 라일리 등의 음악은 어떤 종류의 환각작용을 일으켰고, 우리들이 반복을 둘러싸고 뭔가 새로운 차원에 들어가 있을지도 모른다고 느끼게 했다.

또한 『참을 수 없는 존재의 가벼움』(밀란 쿤데라, 1984년)이라는 제목의 소설 서두는 영원회귀에 관한 고찰로 시작된다.

> 만일 프랑스 혁명이 영원히 되풀이되는 것이었다면 프랑스의 역사는 로베스피에르를 이 정도로까지 긍지 높게 기술하지 않았을 것이다. 그러나 그 역사는 반복된 적 없는 것에 관해 기술되었기 때문에 피에 젖은 세월은 단순한 말, 이론, 토론으로 화하여 새의 깃털보다 가벼워졌고 공포를 불러일으키는 일은 없어진 것이다. 즉 역사상 한 번만 등장한 로베스피에르와 프랑스인의 목을 치기 위해 영원히 돌아올 로베스피에르 사이에는 헤아릴 수 없을 정도의 차이가 있다. (일역 *クンデラ* 1998, p. 7.)

쿤데라에게 차이는 잔혹하고 부정적이며 예외적이다. 반복에는 뭔가 '참기 힘든' 것이 있다.

확실히 반복이란 성가시고 벗어나기 힘든 질문이다. 매일 반복되는 것에서 벗어나기는 힘드며 오히려 인간은 그것에 고착하게 되지만 이제는 충분하다고 생각할 때가 다가온다. 한편 예기치 않은 곳에서 데자뷔(기시감)를 검지하기도 하면서 기분 나쁜 느낌에 사로잡힌다. 그렇지만 반복 자체에 관해 철저하게 생각하는 것은 결코 쉽지 않다. 그러한 저작도 결코 많지 않으며 오히려 드물다. 이것이 도대체 반복일까 하고 묻는 일이 누구에게나 있을 것이다. 그러나 반복 그 자체가 대체 무엇인지 생각해 보면 어찌할 바를 모르게 되어 버린다. 역사가들은 종종 '역사는 반복되는가'를 생각한다. 예언자처럼 반복의 도식을 꺼내 드는 미덥지 않은 식자도 잇달아 나타난다. 그렇지만 반복 그 자체가 무엇인지를 생각하는 일은 드물다.

습관—첫 번째 반복

반복이란 다른 것의 반복이라고 되풀이하면서 들뢰즈는 점차 꽤 기묘하고 파악하기 어려운 차원으로 들어간다. 첫 번째 반복이란 '습관'이며 그때마다 현재로서 파악되는 순간의 계기(繼起) 그 자체다. 이 반복은 같은 요소를 수평적인 방향으로 배열한 것에 지나지 않는다. 반복은 흡사 같은 것의 반복에 지나지 않는다는 식으로 상식대로 파악될 수밖에 없다. 상식이란 얼마나 인공적인가.

그러나 이 가장 단순하게 보이는 반복조차도 이미 미세한 차이를 포함하고 있다. 습관이라는 형태의 반복은 이미 자기, 또는 행동하는 자기와 함께할 것이다. 그렇지만 그 자기와 행동의 배후에서 무수하게 미소한 수동적인 자아가 그 자기와 행동을 응시하고 있지 않으면 습관은 성립하지 않을 것이다("행동하는 자아 아래에는 많은 작은 자아가 존재하고 그것은 관조하고 있으며 행동과 행동적인 주체를 가능케 한다"(DR, p.103 / (上), p.212)). 이 수준의 반복에 관해서는 흄의 경험론이 '습관'에 관해 보여 준 통찰이 반영되어 있다. 이미 습관이라는 반복에 실은 뭔가 놀랄 만한 것이 포함되어 있다.

그렇지만 이 반복은 두 번째인 몇 겹이나 위장된 반복, '옷을 입은' 반복과 비교하면 아직 현재의 관념에 밀착된 깊이 없는 반복에 불과하며 '헐벗은 반복'이라 해도 좋을 것이다. 매일 눈을 뜨고 일어나 몸치장을 하고 아침밥을 먹고 집을 나선다…. 우리들의 일생은 이러한 행동의 반복이 점하고 있으며 이러한 반복으로서의 현재에 갇혀 있다. '반복'이라 할 때 우리들은 대개 이 차원의 반복을 생각하며 이것을 뛰어넘어 사고하는 일은 드물다.

기억—두 번째 반복

두 번째이자 몇 겹이나 옷을 입은 반복이란 특히 '기억'이며 베르그송의 '지속'에 대한 사색과 밀접하게 연관된다. 이 반복은 현재라는 순간의 수평적인 계기가 아니라 **동시에** 현재와 과거 속에 있다. 이 반복에서 현재란 언제나 반복되는 과거 그 자체다. 일체의 과거로부터 분리된 무관계한 현재란 '체험'으로서는 있을 수 없는 것이다.

하나의 과거는 이미 무수한 과거를 포함하며 그 후에 도래하는 무수한 현재에 의해 차례대로 뒤덮인다. 기억작용에서 어떤 현재도 과거에 겹치는 반복이며, 어떤 과거도 직접 현재로 도래하는 것이 아니라 현재로서, 현재 속에서, 다른 것으로서 반복되지 않으면 현재에 이를 수 없다. 상기란 과거로 주의를 기울여 그 과거를 현재 속에서 다른 것으로서 반복하는 것이다. 그러한 의미에서 기억이란 '시간의 옷'으로 가려진 무수한 과거이며 결코 수평적으로 전개될 수 없는 수직적인 동시성(깊이)이다. 그 수직도 단순한 수직이 아니라 빗금과 곡선과 절선과 나선의 다발을 포함하는 것이다.

　베르그송은 현재와 과거의 이러한 동시성을 무수한 과거를 안에 담은 원뿔로서 도시하고, 그 첨단의 수축된 점을 현재라고 정의했다(『물질과 기억』). 광대한 과거 쪽은 이 원뿔의 밑을 향하여 안개처럼 퍼져 나가 이완된다. 과거는 전자 메모리에 담긴 정보처럼 과거라는 일정한 장소로부터 모니터 화면상으로 불러낼 수 있는 것은 아니다. 그것은 어떤 깊이 속에서, 몇몇 수준에서, 끊임없이 변형되고 분리와 결합을 되풀이하며 재편성되어 결코 하나의 수준으로 동정(同定)할 수 없는 형태로 반복된다.

　그것은 정해진 장소를 갖지 않고 이동하는 조커와 같은 것이다. 있다고 생각되는 곳에서는 결코 존재하지 않고 기억의 원뿔 속을 이동하는 데다가, 기억을 성립시키고 있다는 의미에서 과거란 자크 라캉(1901~81년)이 되풀이해 이야기한 부재대상(대상 a)과 흡사하다. 정신분석에서 부재대상이란 상징적으로 거세된 남근(팔루스)을 말한다. 정신분석에서 무의식은 이러한 부재대상 주변에서 구조화되어 있다. 그리고 들뢰즈에게도 기억이라는 두 번째 반복은 과거라는 부재대상을 둘러싸고 구조화되어 있다는 측면을 갖고 있다.

　정신분석의 관점에서 본다면 습관이라는 첫 번째 반복은 '쾌락'을 둘러싸고 우리들이 반복하는 행위나 관조와 관련되고, 기억이라는 두 번째 반복은 이미 쾌락원리를 뛰어넘은 수준에 있으며 정신분석이 문제로 삼는 '에로스'의 차원과 깊이 관련된다.

　에로스는 부재대상으로서의 팔루스와 관련되며 본질적으로 잠재적인 성질을 갖고, 동정 불가능한 형태로 몇 겹이나 위장된 과거와 관련

된다. 에로스란 이러한 중층적, 잠재적인 반복의 운동 그 자체다.[1]

첫 번째 반복이 특히 현재와 관련되며 두 번째 반복이 본질적으로 과거와 관련된다고 한다면 미래와 관련되는 세 번째 반복이 있어야만 할 것이다. 혹은 현재, 과거, 미래를 종합하거나 결합하고 횡단하는 또 한 가지 타입의 반복이 있어야만 할 것이다. 그래서 들뢰즈는 확실히 세 번째 반복에 관해 이야기하기 시작하는데 이 반복은 대단히 기묘하고 거의 더 이상 아무것도 반복하지 않는 듯하다. 여기서는 이미 반복의 운동 그 자체가 파괴되어 산일해 버리는 듯 보이기조차 하는 것이다.

세 번째 반복

세 번째 반복은 자아를 둘러싼, 또 시간을 둘러싼 어떤 근본적인 사유의 전환과 분리해서 생각할 수 없다. 들뢰즈는 이른바 코기토, "나는 생각한다, 그러므로 나는 존재한다"라는 데카르트의 체계를 이루는 첫 번째 원리를 칸트가 어떤 식으로 비판했는지를 점검한다. 데카르트는 '나는 존재한다'라는 '무규정적' 사태를 '나는 생각한다'라는 '규정'으로 곧바로 연결시키지만 이 둘이 결부하기 위해서는 무규정적인 것이 규정 가능하게 되는 형식이 있어야만 한다.

칸트의 대답은 잘 알려져 있다. 무규정적인 존재가 '나는 생각한다'에

---

1 가타리와의 공저 『안티-오이디푸스』는 훨씬 비판적으로 정신분석을 다루고 있는데, 들뢰즈 자신은 무의식에서 일어나는 반복의 다양한 양상에 관해 정신분석의 견해를 중시하는 데 인색하지 않았다. 무의식 이론을 비판적으로 다시 읽는 것은 『차이와 반복』의 중요한 주제 중 하나였다고도 말할 수 있으리라.

의해 규정 가능케 되는 형식이란 시간의 형식이다…. 여기서부터 귀결되는 것은 극단(極端)이다. 나의 무규정적 실재는 어떤 현상의 실재로서, 어떤 현상적인 주체로서 **시간** 속에서만 규정된다. 이 주체는 수동적 또는 수용적이며 **시간 속에서만 나타난다.** (DR, p.116 / (上), p.238.)

확실히 데카르트의 명제는 시간의 개념을 전혀 언급하지 않는다. '내가 사고하는' 것은 '내가 존재하는' 것을 **순식간에** 규정하고 있을 뿐이다. 데카르트의 '나'는 무전제적이며 자발적이고 실체적이지만 칸트에게 있어 '나'란 어디까지나 수동적이고 **시간 속에서** 마치 '타자처럼' 출현하는 현상에 지나지 않는다. 들뢰즈는 칸트가 데카르트를 비판하면서 아르튀르 랭보(1854~91년)가 "나란 한 타자다"라고 기술한 것에 거의 대응하는 인식을 보여 줬다고 말한다. 칸트와 랭보는 의표를 찌르는 조합이다.

규정과 무규정에 규정 가능함의 형식, 즉 시간을 덧붙여야만 한다. 그리고 '덧붙인다'는 것은 아직 부적절한 표현이다. 오히려 차이를 낳는 것, 존재와 사고 속에 차이를 내재화시키는 것이 중요하다. '나'에는 구석구석까지 하나의 균열이 뻗어 있는 듯하다. 그것은 시간의 순수하고 공허한 형식에 의해 금이 가 있다. 이 형식하에서 '나'는 시간 속에서 나타나는 수동적인 자아의 상관물이다. '나'에게서 하나의 단층 혹은 균열, 자아에서 어떤 수동성, 시간이 의미하는 것은 바로 이것이다. 그리고 수동적인 자아와 금이 간 '나'의 상관관계는 초월론적인 것의 발견 또는 코페르니쿠스적 혁명의 기본 요소를 이루는 것이다. (DR, p.117 / (上), pp.239~240.)

첫 번째 반복(습관)과 두 번째 반복(기억, 에로스)에서 능동적인 자아의 배후에는 작고 수동적인 무수한 자아가 숨어 있다고 지적한 들뢰즈는 이미 코기토의 자아와는 완전히 다른 관점에서 자아를 파악한다. 그러나 여기서 자아를 시간 속에서 '금이 간' 것으로 파악하고 그 시간의 '순수하고 공허한 형식'에 주목하는 그의 사유는 시간에 관해서도, 자아에 관해서도 상당히 이질적인 차원으로 들어서려고 한다.

들뢰즈는 칸트가 『순수이성비판』에서 이러한 결정적 전환을 더욱 밀고 나가는 대신 후퇴했다고 비판한다.

칸트는 '초월론적인 것'을 발견했지만 '초월론적'[transzendental]은 '초월적'[transzendent]과 같지 않다. 오히려 정반대라고 해도 좋을 정도다. '초월론적'이란 인간을 초월한 최상의 통일성 같은 것이 아니라 오히려 경험 불가능하다는 의미에서 선험적인 차원을 가리킨다. 잘 알려져 있듯이 칸트의 비판철학은 경험론(특히 흄)이 이성에 가했던 파괴적 비판에 어떻게 대응하고 경험으로 규정되지 않는 이성을 구해 낼 것인가를 중요한 모티브로 삼았다.

들뢰즈는 칸트를 '대탐험가에 견줄 수 있는 자'라고 칭하며 1963년에는 『칸트의 비판철학』을 역시 『차이와 반복』 이전에 한 권의 연구서(모노그래피)로서 간행했다. 그렇지만 들뢰즈가 특별한 경애를 바친 다른 철학자들과 비교하면 칸트에 대해서는 다소 보류하는 자세가 있다. "시간의 선에 의해 깊이 금이 간 자아"를 문제시한 칸트는 신과 자아를 함께 해체할 듯한 근본적 비판으로 나아갔지만 그 비판을 더욱 심화하지는 않았고, '공통의 통속적 이성' 쪽으로 후퇴했다. "죽은 신과 금이 간 자아는 지금까지보다도 훨씬 통합된 형태로, 훨씬 확실한 것으로서 훨씬 자기 자신에게 확신을 갖고, 그러나 다른 관심 속에서, 즉 실천적 혹은 도덕적인 관심 속에서 부활해 버린 것이다"(DR, p.179 / (上), p.367).

확실히 '시간의 순수하고 공허한 형식'은 경험론적인 차원의 바깥에 있는 듯하다. 세 번째 반복은 그런 의미에서 '초월론적'이다. 이 반복이야말로 실로 차이의 반복이며 현재도 과거도 아닌, 본질적으로 미래와 관련되고 '금이 간' 자아에, 그리고 놀랍게도 '죽음 본능'(타나토스)에 관련되는 것이다. 칸트가 '시간의 공허한 형식'과 함께 발견한 '금이 간 '나''는 프로이트가 이른바 『쾌락원리 너머』에서 발견한 '죽음 본능'과 결부된다. 대체 무슨 말일까?

시간은 기억과 관련되는 가능한 온갖 내용을 방기하고, 따라서 에로스가 이끌고 가던 원환을 파괴해 버린다고 말할 수 있을 것이다. 시간은 풀려나오고 재건되며 최종적인 미로의 형태를 취하고, 보르헤스가 말하듯이 '불가시적이고 끝없는' 직선상의 미로가 된 것이다. 경첩에서 빠져나온 공허한 시간, 엄격하게 형식적이고 정태적인 순서, 압도적인 집합, 불가역적인 계열을 갖춘 이 시간은 바로 죽음 본능이다. 죽음 본능은 에로스와 함께 원환 속에 들어가지는 않는다. 그것은 에로스를 보충하는 것도, 에로스에 대립하는 것도 아니며 어떤 의미에서도 이것과 대칭적이지 않고 완전히 다른 종합을 나타낸다. 에로스와 므네모시네〔기억의 여신〕의 상관관계를 대신하는 것은 기억이 없는 위대한 건망

증으로서의 나르키소스적 자아와 사랑이 없는 무성화된 죽음 본능의 상관관계다. 나르키소스적 자아는 이제 한 죽은 신체밖에 갖지 않으며 대상들을 잃어버림과 동시에 신체도 잃어버린 것이다. 바로 죽음 본능을 통해 나르키소스적 자아는 이상자아 속에 스스로를 반영하고, 각각 금이 간 '나'의 두 단편이 되어 초자아에 있어 자신이 죽는 것을 예감한다. 나르키소스적 자아와 죽음 본능의 이러한 깊은 관계에 프로이트는 주목하여 리비도가 자아에 역행할 때 그것은 스스로를 무성화하고 이동 가능한 중성적 에너지를 형성하여 본질적으로 타나토스에게 봉사할 수 있는 것이 된다고 말한 것이다. (DR, p.147 / (上), pp.300~301.)

앞의 '금이 간 '나"는 여기서는 정신분석의 관점에서 '나르키소스적 자아'로 환언되어 있다. 이것은 내용을 잃어버린 공허한 자아이지만 결코 부정적인 의미에서 그런 것은 아니다. 여기서 '불가시적이고', '기억이 없는', '사랑이 없는', '무성화된' 하는 식으로 부정적인 표현이 부여되어 있는 자아의 상황은 타나토스(죽음 본능)와 결부되어 있기는 하지만, 들뢰즈는 결코 그것을 부정적인 관점에서 파악하고 있지는 않다. 자아가 파괴되고 기억과 사랑과 성에서 리비도가 해방되는 상황은 '위대한 건망증'이라고 말해지기도 하며, 들뢰즈에게서 오히려 가장 창조적, 긍정적인 상황을 나타낸다.

그러나 프로이트 자신이 『쾌락원리 너머』(1920년)에서 상당히 진중하게 '죽음 본능'에 관해 이야기했을 때는 죽음을 철저하게 물질(비생명)로의 회귀로 간주했고 부정적인 뉘앙스로 파악했다. 들뢰즈는 여기서 타나토스에 관해 이야기하면서 역시 죽음조차도 '순수하고 공허한 형식' 속에서 파악하며 온갖 '질문의 원천'을 거기에서 보았다.

> 죽음은 산 것이 거기로 '되돌아가게 되는' 무차이의, 생기를 결여한 물질이라는 객체적 모델 속에서 나타나는 것이 아니다. 죽음은 한 원형을 갖춘 주체적인 차이화된 경험으로서 산 것 속에 현전한다. 죽음은 물질의 상태에 대응하는 것이 아니라 반대로 온갖 물질을 방기한 순수한 형식에 — 시간의 공허한 형식에 대응하는 것이다. (⋯) 즉 죽음은 부정[le déni]으로도, 대립으로도, 제한의 부정으로도 환원되지 않는다. 죽음에 원형을 부여하는 것은 죽어야 할 생(生)이 물질에 의해 제한되는 것도, 물질과 불사의 생이 대립하는 것도 아니다. 죽음이란 오히려 문제적인 것의 최종적인 형태이고 문제와 질문의 원천이며 온갖 대답을 웃도는 그 항구성들의 증표이고, '어디?' 그리고 '언제?'이기에 그것은 온갖 긍정을 길러 내는 저 (비-)존재[(non)-être]인 것이다. (DR, p.148 / (上), pp.302~303.)

여기서 죽음은 명백하게 두 상(相)으로 나뉘어 생각되고 있다. 우선 생명에 대립하고 물질로 되돌아간다는 명백한 사실로서의 죽음이 있다. '나'에게 언젠가 틀림없이 다가올 죽음, '내'가 걱정하고 두려워하는 죽음, 운명적인 죽음, 경우에 따라서는 앞당기거나 늦출 수 있는 '나'의 죽음, 혹은 자살함으로써 즉각 도래시킬 수 있는 죽음. 이 죽음은 확실하게 '나'에게 속하며 각 인칭에 속한다.

  그렇지만 자살로도 결코 실현되지 않는 죽음이 있다. 자살하는 인간도 결코 자신의 죽음을 끝까지 지켜볼 수는 없다. 어떤 인간도 자신의 죽음에 입회할 수 없으며, 타인의 죽음을 끝까지 지켜볼 수는 있다고 해도 그 죽음을 체험할 수는 없다. '나'는 주체로서 내측에서 죽음을 체험할 수는 없다. 그런 의미에서 자기의 죽음이든 타자의 죽음이든 결코 죽음을 체험할 수는 없다. 인간은 자신의 죽음으로부터도 타인의 죽음으로부터도 떨어져 있다. 죽음은 이런 의미에서는 본질적으로 불가능하며 경험의 차원 바깥에 있고 "기묘하게 비인칭적이고 '나'와는 무관계하며 현재도 과거도 아닌 언제라도 다가올 것이고 지속되는 질문에 있어서 끊임없는 다양한 모험의 원천이다"(DR, p.148 / (上), p.303)라고 이야기되는 또 하나의 상을 갖고 있다. 죽음은 '아직 도래하지 않은' 것으로서 미래에 속하지만, 먼 미래가 아니라 현재, 과거와 함께 본질적으로 공존하는 미래이며 자아는 그 미래를 안에 포함하면서 금이 가 있다.

들뢰즈는 『문학의 공간』(1955년)과 『도래할 책』(1959년) 등으로 알려져 있는 모리스 블랑쇼(1907~2003년)의 죽음에 관한 고찰을 되풀이해 인용한다. 블랑쇼 자신은 『존재와 시간』(1927년)에서 "죽음은 대체 무엇인가에 대한 태도를 취하는 것이, 곧 온갖 실존함이 불가능해지는 가능성인 것이다"(일역 ハイデガー 2003, (II), p.317)라고 쓴 마르틴 하이데거(1889~1976년)의 영향을 받아 죽음에 관한 사유를 철저하게 불가능성 속에 보류해 두고, 더욱 철저하게 밀어붙이려 했다. 그 하이데거는 죽음의 (체험) 불가능성을 존재론의 입구로서 생각하여 '메멘토 모리'(죽음을 기억하라)와는 다른 생각을 통해 '존재자'에 금이 가도록 해서 존재론에 들어가려고 한 것이다. 그러나 들뢰즈는 하이데거와는 완전히 다른 존재론을 제안했다.

'세 번째 반복'은 이미 습관도 기억도 아니며 "물질을 기각한 순수한 형식"으로서의 죽음과 불가분하다. "바로 이 극점에서 시간의 직선은 한 원환을 다시금 형성하지만, 그 원환은 기묘하게 구부러져 있고 죽음 본능은 여기서 한 무제약적 진리를 스스로의 '다른' 얼굴에서 명백하게 드러낸다"(DR, p.151 / (上), p.310).

이러한 실로 기묘한 원환으로서 영원회귀는 "과잉된 것, 같지 않은 것, 끝이 없는 것, 끊임없는 것, 형태가 없는 것을 가장 극한적인 형식성의 산물로서 긍정한다", "영원회귀는 긍정하는 역능이지만 그것은 다수인 모든 것, 다른 모든 것, 우연한 모든 것을 긍정하는 것으로, 그것들을 하나인 것, 같은 것, 필연성에 종속시키는 것을 **제외하고**, 하나인 것, 같은 것, 필연적인 것을 **제외하고** 모든 것을 긍정하는 것이다"(DR, pp.151~152 / (上), p.310).

타나토스 또한 경험 불가능한 차원에 있다는 의미에서는 거의 초월론적인 차원에 있다. 여기서 자아는 '금이 간 '나''와 다름없다. 이 자아는 어떤 자발성도 주체성도 박탈당해 있는 듯 보인다.

세 번째 반복으로 지명되고 있는 '순수하고 공허한 형식'으로서의 시간은 습관으로부터도 기억으로부터도 먼 기묘한 차원이다. 원환인가 하면 직선이라고 한다. 직선인가 하면 구부러진 원이라고 하고 미로라고 한다. 영원히 회귀하는 것은 습관도 기억도 아닌 다른 것이며 형태가 없는 것이고 '물질을 기각한 형식'인 것이다.

그럼에도 불구하고 들뢰즈는 이 마지막 반복에서 독자적인 긍정성과 창조성을 발견했다. 이 반복은 '시간의 공허한 형식'이라고도 불리지만 사고의 운동 저변에 있어 어떤 특이한 차원에서 사고를 결정하고 있는 것이 이 세 번째 반복인 것이다. "무규정된 것과 규정의 차이로서 사고 속에 '차이'를 끌어들이고 '차이'를 구성하는 것은 시간의 공허한 형식이며 사고는 이 '차이'에서부터 사고하는 것이다"(DR, p.354 / (下), pp.280~281).

비신체적인 것의 전투

일반적으로 사고는 이미 사고된 것을 지지대로 삼아 사고하려고 한다. 그러한 반복이 '표상'을 형성하고 다시 그 '표상'의 반복에 따라 사고하기를 촉구하는 것이다. 사고가 사고를 성립시키고 있는 이러한 반복 자체에 관해 사고하려고 할 때 사고는 어찌할 바를 모르게 될지도 모르지만, 경우에 따라 사고는 그것까지 사고하려고 한다.

사고는 같은 것을 향하려고 하지만 사고가 움직이기 위해서는 사고를 움직이게 하는 차이가 있어야만 한다. 사고를 움직이는 것은 결코 일반개념이 아니며 사건이 사고를 움직인다. 사건 쪽은 하나하나 돌이킬 수 없으며, 한 번뿐인 생기(生起)이고 제각기 특이하다. 그럼에도 불구하고 사건은 돌아온다. 돌이킬 수 없는 사건으로서 돌아온다. 우연의 필연, 필연의 우연으로서 돌아온다.

예컨대 로베르트 무질(1880~1942년)의 중편 「사랑의 완성」(1911년)에서 혼자 여행하는 여자가 조우하는 사건은 그러한 사건, 그러한 반복을 보여 주는 것이 아닐까.

마치 끊임없이 과거 속으로 가라앉는 기분이었다. 하지만 주위를 둘러보면 그녀는 이렇게 깊은 바다처럼 층을 이루어 포개진 혼의 여러 시기를 가로지르며 가라앉아 가면서도 주위의 사물들이 우연임을 느꼈

다. 이것은 사물들이 지금은 우연한 존재로 보인다는 것이 아니라 이 외견이 마치 이 사물들의 확고한 일부인 양, 마치 수명이 다해도 한 얼굴에서 떠나지 않으려 하는 감정처럼 부자연스럽게 손톱을 치켜세우고 사물들에 매달려 있는 것이었다. 그리고 기묘했다. 마치 조용히 흐르는 생기의 실 일부가 갑자기 흐트러져 옆으로 퍼져 나가 버린 듯, 서서히 온갖 얼굴과 온갖 사물들이 우연하고 순간적인 드러남 속에서 응고되어 가고, 기묘한 질서에 의해서 엇갈리게 결부되었다. 그리고 그녀 홀로 흔들려 퍼져 나가 버린 감각을 지니며 이 얼굴들과 사물들 사이를 미끄러져 가고, 미끄러져 떨어져 간다. (일역 ムージル 1995, p.247.)

시간의 직선은 원환으로, 원환은 직선으로 끊임없이 흘러들고, 연결과 응고와 산일이 재빨리 되풀이된다. 그러한 시간의 카타스트로프가 일어나고 있는 듯하다. 이것은 단지 시간 감각의 붕괴나 현기증 상태가 아니라 다른 시간이 출현하는 순간의, 단절의 기술(記述)이기도 하다. 시간에서 다른 시간이 박리되어 공허한 형식만이 남아 있다.

들뢰즈가 말하는 세 번째 반복은 신체로부터도 물질로부터도 정신의 습성으로부터도 탈락한 완전히 '공허한 형식'을 논한다. 신체나 물질이 혼교하고 상호작용하는 심층 차원에서부터 완전히 분리된 표층 차원을 보여 준다. 이것은 습관이나 기억에서부터도 격리되어 있다. 실감되고 예감되는 이 육체의 죽음이 아니라 결코 실현되는 일이 없고 경험되는 일도 없는 죽음, 그러한 죽음의 반복인 한 이 반복은 완전히 비신체 레벨에 있다.

푸코는 들뢰즈를 기리는 앞의 글에서 "신체를 찢어발기는 무기는 끊임없이 비신체의 전투를 형성한다"라고 응축하여 적확하게 이를 언급한다(Foucault 1970(1994), p.81 / p.311). 그리고 『차이와 반복』의 자매편이자 분신의 성격을 가진 『의미의 논리』라는 저작은 바로 '비신체'의 차원에서 일어나는 사건에 관한 실험적 사유인 것이다.

들뢰즈는 '의미'에 관해 숙고하면서 언어의 의미작용과 지시작용이 거의 불가능한 이른바 난센스적인 상황에서는 바로 언어 그 자체의 차원이 노출된다고 지적한다. 언어가 갖는 이러한 사건, 비신체라는 성격은 '세 번째 반복'과 서로 깊이 침투해 있다. 물론 '세 번째 반복'은 그것이 전부는 아닌 듯하다.

대체 왜 이 세 번째 반복에서 에로스는 '무성적'으로 되고, '사랑이 없는' 것이 될까? 왜 죽음 본능과 결부되어 완전히 중성적인 것이 된다는 것일까? 여기서는 사랑(에로스)에 관해 완전히 허무(nihil)하고 도착적인 상황이 나타나 있는 것은 아닌가?

『안티-오이디푸스』의 들뢰즈는 가타리와 함께 "헬륨, 산소, 실리콘, 철 등의 원소로 이루어진 신생아들의 울음소리"라는 헨리 밀러(1891~1980년)의 말을 인용하고 초기 마르크스의 사유를 언급하면서 분자적 수준에서의 '비인간적 성'에 관해 이야기한다(AO, p.350 / (下), p.149). 들뢰즈는 명백하게 이러한 무기적, 무성적, 중성적 에로스를 긍정적인 방향에서 생각한다. 이것에 대해서는 이 책의 후반부에서 다시 접하기로 하자.

2. 이념 그리고 강도

『차이와 반복』은 또한 차이의 두 형태로서 '이념'과 '강도'에 관해 이야기하며 각자 「차이의 이념적 종합」 및 「감각적인 것의 비대칭적 종합」이라는 장에서 면밀한 논의를 전개한다.

'이념'이란 사물을 구성하는 전(前)개체적인 차이이며 개체 수준보다 훨씬 미세한 수준의 차이로("'이념'은 아직 개체라는 것을 모른다"(DR, p.317 / (下), p.209)), 베르그송이 잠재적이라고 부른 차이에 대응할 것이다.

생명이 알의 상태에서 기관으로까지 성장해 가는 발생 과정을 생각한다면, 세포핵과 유전자는 이러한 전개체적인 차이의 장이며 그것이 세포질에서 현실화(베르그송의 용어로는 '현동화')되어 개체를 형성한다. 이것은 흡사 전개체적인 차이가 '문제'를 제기한다고 한다면 개체로서 현실화되는 차이는 그 문제에 '답'을 내놓는 듯하다.

잠재적인 것과 그것이 현실화된 것 사이에는 조금도 유사성이 없다(예컨대 실현된 개체에 꼬리가 있다고 해도 잠재적, 전개체적인 수준에서는 꼬리의 형태와 닮은 것이 아무것도 없다). 즉 전개체적인 차이(이념)는 거기서부터 생겨나는 기관의 집합과 조금도 닮지 않은 것이다.

대체 왜 들뢰즈는 이러한 전개체적 차이를 '이념'(idée)이라는 그리스 철학 이래의 형이상학적 전통과 결부되는 말(이데아)로 이야기하는 것일까? 필시 '이데아'라는 말이 형이상학에서 면면히 문제가 되어 왔음을 그는 새로운 틀로 차이의 문제로서 자리매김하려 한 것이리라. 미세한 차이(이념)로부터 개체가 출현하는 과정은 **사고(思考)로서** 파악할 수 있는 것이다.

현실에서 질과 양, 연장과 형태를 갖춘 사물과 생명으로서 나타나는 차이 이전에는 그러한 차이로서 현실화되는 전개체적인 차이의 잠재성이 있어야만 한다. 그러한 잠재성에 주목할 때 거기에는 흡사 눈에 보이는 현실이나 개체와는 완전히 다른 차원에서 '문제로서', '이념'으로서 차이가 존재하는 듯하다. 이러한 전개체적 차이를 들뢰즈는 바로 '구조'로서, 구조주의적인 논의의 대상으로서 정의하고 있기도 하다(논문「구조주의는 왜 그렇게 불리는가」참조).

혹은 또 "이념은 이념적 관계의 시스템으로서, 즉 상호규정 가능한 발생적 요소 사이의 미분적 관계로서 나타난다"(DR, p.225 / (下), p.26)라고 쓰면서 이것을 수학의 미분법과 결부시키고 있기도 하다. 『차이와 반복』의 일역이 이념에 속하는 전개체적 차이를 항상 '차이적=미분적'이라고 번역한 것은 이 때문이다. 무한하게 작다는 dx, dy란 대체 실재인가, 그렇지 않으면 허구인가? 그것은 실재도 허구도 아니며 차이이자 이념인 셈이다. 양적으로 무규정적이라고 말할 수밖에 없는 dx, dy가 그럼에도 불구하고 dy/dx로서는 규정된다. 이념이란 사고의 미분이지만 또한 존재의 미분이기도 하며, 사회와 정신과 언어 구조의 발생적 차이를 이룬다. 이것은 또한 생물 발생의 전개체적 차원이며 유전정보와 같은 것이기도 하다.

무릇 사건이라는 것에도 한편으로는 이념, 잠재성, 문제의 차원이 있고, 다른 한편으로는 실재, 현동성, 해답의 차원이 있다.

두 면 위에서 펼쳐지는 사건의 이중의 계열을 떠올리는 것이 적확할 것이다. 둘은 유사하지 않으며 서로 반향[écho]할 뿐이다. 한편은 만들어지는 해답의 수준에 있는 실재적인 사건이며 다른 한편은 문제의 조건상의 이념적, 이상적인 사건으로, 이것은 우리들의 역사를 이중으로 만드는 신들의 행위 혹은 꿈과 같은 것이다. 이 이념적인 계열은 실재와의 관계에서 초월성과 내재성이라는 두 특성을 향유한다. (DR, p.244 / (下), p.62.)

『의미의 논리』에서 들뢰즈는 이러한 사건의 이념성이라는 측면을 대단히 강조하며 이것을 언어의 본질이라 생각한다. 사물과 신체가 상호작용하고 서로 혼합하여 끊임없이 변화를 낳는 차원에 대해 거기서부터 결정적으로 떨어져 있는 '비신체'의 차원이 언어인 것이다. 즉 신체의 심층에 대해 언어의 표층이 있다. 언어의 의미를 생각할 때 우리들이 단숨에 지시대상 쪽으로 비약하지 않는다면, 우리들은 단지 다른 말이나 문장으로 의미를 환언할 수밖에 없다. 그리고 이 의미들이 무엇이냐고 한다면 다시 다른 말이나 문장으로 환언할 수밖에 없다. 의미의 차원은 이렇게 하여 철저하게 언어의 내부에 있고 어디까지나 언어 자체로 되돌려 보내지고 순환할 수밖에 없다.

예컨대 혁명과 같은 한 사건이 일어날 때 그 사건의 배후에는 미시에서 거시에 이르는 다양한 수준에서 사물과 신체의 상호작용과 혼합이 부단히 변화를 낳고 있다. 한 역사적 사건은 그러한 무수한 변화의 이른바 표상에 지나지 않는다고도 말할 수 있다. 역사란 표상의 역사다. 그러나 '혁명이 일어난다'고 하는 사건의 표명은 어디까지나 언어를 통해 행해질 수밖에 없다. 즉 이 사건 그 자체는 언어 그 자체에서 일어나는 '것'일 수밖에 없다. 사건은 의미로서 순환하는 언어가 이루는 표면상에서 생기할 수밖에 없다.

들뢰즈는 외견상으로는 동화의 형식을 취하는, 언어 유희와 난센스로 가득 찬 루이스 캐럴(1832~98년)의 작품을 해독하면서 '언어의 표층' 그 자체를 부각시킨다는 획기적인 시도를 거기에서 발견했다. 또한 그것을 스토아 학파의 독창적인 언어철학과도 결부시켰다. 『의미의 논리』는 『차이와 반복』의 철학을 특히 '이념'이라는 주제로 재파악하고 언어와 사건을 비신체의 표층에 두면서 다시 한번 날카롭게 유머를 담아 재론한 작품이라고 해도 좋다.

강도―질, 양 이전의 즉자적 차이

그러나 '이념'이란 차이의 한 측면에 지나지 않으며 '강도'라는 또 하나의 중요한 측면을 놓쳐서는 안 된다. 미세한 차이는 개체화되고 개체 간의 차이로서 실현되어야만 한다. 그리고 개체화는 질도 폭도 아닌 '강도'를 통해 실현되는 것이다.

세포핵에서의 전개체적 차이화=미분화가 이윽고 기관을 형성하고 개체를 형성하는 데는 세포질 속의 구배[기울기]와 역[문턱]으로 이루어진 힘의 장을 통과해야만 한다. 환언하자면 전개체적 차이가 '강도'라는, 차이의 또 하나의 형태를 통해 표현되어야만 한다. 들뢰즈는 알의 발생 과정을 다음과 같이 요약한다.

알의 축을 따라서, 또 알의 한쪽 극에서 다른 쪽 극을 향해 하나의 강도가 스스로의 차이를 배정하고 원형질을 관통해 퍼지는 변화의 파동을 형성한다. 최대 활동 영역이 가장 먼저 작동하고 그것이 보다 낮은 비율에 대응하는 부분들의 발생에 주요한 영향을 미친다. 알에서 개체는 가장 높은 곳에서부터 가장 낮은 곳으로 향하는 진정한 낙하이며 강도의 차이를 확증하는데, 개체는 이 차이에 내포되고 이 차이 속에서 낙하한다. (DR, p.322 / (下), p.218)

배의 질서 형성 과정에 관해서는 지금도 완벽한 설이 없다고 하는데 그중에서 '구배설'이라 불리는 주장은 다음과 같다.

"가령 어떤 물질이 배의 머리에서 꼬리에 걸쳐 서서히 농도가 적어지도록 분포하며 그 물질이 어떤 농도일 때 세포는 A로, 그보다 옅은 농도에서는 B로, 그보다 더 옅은 농도에서는 C로 분화하도록 정해져 있다고 하면 A, B, C는 머리에서 꼬리에 걸쳐 질서 정연하게 형성된다"(『科学の事典』(『과학 사전』), p.1063).

과학 입장에서의 이 설명에서는 들뢰즈가 말하는 '강도'는 바로 '농도의 구배'라고 간결하게 환언되어 있다. 흡사 발생 레벨에서 나타나는 것은 모두 정도의 차이에 지나지 않는다는 듯이.

그렇지만 들뢰즈가 '강도'라는 말로 말하려고 하는 것은 이 정도에 머무르지만은 않는다.

'이념'이 전개체적인 미분적 차이를 보여 준다고 한다면, 그러한 차이가 개체로서 실현되는 데는 '강도'의 배분을 거쳐야만 한다. 그리고 심적 시스템에서는 그 강도가 '느껴질 수 있는 것'이 되어야만 한다. 강도에 관한 고찰이 정밀하게 전개되는 장에는 「감각적인 것의 비대칭적 종합」이라는 제목이 달렸다. 바로 강도는 '감각적인 것'과 관련되고 더욱이 그 강도는 크기나 길이와 같이(10미터는 1미터의 10배라는 식으로)

하나의 단위로 분할되지 않는다는 의미에서 '비대칭'적이며 '비등질'적이기 때문이다. '감각'이라는 말은 인간이나 생명 시스템에만 적용되는 것은 아니다. 물리학적, 생물학적 차원에서도 이 강도의 배분은 공통적으로 실현되는 것이다. 사물도 생물도 감각하고 사고한다고 간주하며 들뢰즈는 강도와 함께하는 생성에 관해 논한다.

'강도'라는 말로 들뢰즈는 질적인 차이와도 양적인 차이와도 다른 근원적인 차이를 생각한다. 그것을 경우에 따라서는 '거리'라 부르고 '깊이'라 부르며 『차이와 반복』 이후의 다양한 저작에서도 되풀이해 원리적인 곳에서 채용했다. 여기서는 '강도'라 해도 결코 단순히 '강한' 것 혹은 '강한 힘'을 의미하지 않는다.

강도는 질로도 양으로도 환원되지 않는다. 질 이전, 양 이전의 '즉자적' 차이[차이 자체]다. 강도는 이른바 연장량(크기, 길이, 넓이 등등)과 같이 분할 가능하지도 않고 질과 같이 분할 불가능하지도 않다. 그것은 분할되면 본성을 바꿔 버리는 정도다(이것은 베르그송이 운동은 분할되면 본성을 바꿔 버리는 '전체'라고 생각한 것과 무관하지 않다).

그리고 '강도'가 '감각적인[감각될 수 있는, sensible] 것'에 관련되는 것은 확실히 그것은 감각될 수밖에 없고, 질도 양도 아닌 것으로서 단번에 파악할 수밖에 없기 때문이다. 들뢰즈는 온도나 속도를 예로 든다. 속도의 경우 시속 100킬로미터를 시속 1킬로미터의 100배로 간주하거나, 온도의 경우 100도를 1도의 100배라 간주할 수 없으며 속도도 온도도 영(零)과의 사이에 있는, 분할 불가능한 거리에 의해 정의될 수밖에 없기 때문이다.

온도와 속도는 각자 분할 불가능한 분자나 개체의 운동과 관련된다. 그러나 온도나 속도와 같은 정도조차 이미 양과 질로서 전개된 표상을 참조하며, 단지 강도만으로 이루어진 공-간(spatium)을 지시하지 않는다. '감각적인' 강도는 다시금 질과 양으로 번역되고 매개되어 인식될 수밖에 없다. 온도도 속도도 강도를 이해하는 데는 불충분한 모델일 수밖에 없다.

질은 근원적 차이가 아니다

베르그송은 물질과 그것의 지각 사이에는 양적인 차이밖에 없지만, 지각과 기억, 물질과 기억 사이에는 질적인(본성적인) 차이가 있다고 한다. 그렇지만 기억에 관한 고찰을 계속하면서 이번에는 물질은 이완 상태이며 기억은 수축 상태라는 식으로, 본성적으로 다른 물질과 기억을 다시금 이완-수축이라는 정도의 차로 자리 매겼다. 이것은 결국 질로도 양으로도 환원할 수 없는 가장 근원적인 정도라고 할 수밖에 없다.

질적인 차이는 결코 본질적, 근원적인 차이라고는 말할 수 없다. 양적인 차이가 동일성을 나타내는 단위와 함께이듯이, 질적인 차이 또한 '안정성, 부동성, 일반성'과 함께이며 양쪽 모두 근원적인 차이로서의 '강도'를 배반한다.

강도에서는 양적 차이와 질적 차이로 분화하는 차이가 같은 근원적인 것의 차이로서 파악된다. 즉 강도라는 근원적인 차이가 질과 양(연장)이라는 두 다른 차이로서 반복되는 것이다(이것은 영원회귀의 정의 그 자체가 아닌가?).

우리들은 어떠한 질도 전개되지 않고, 어떠한 연장도 전개되는 일이 없는 저 깊은 영역 속에 함축된[안으로 접힌, impliquée] 순수한 강도를 생각해 볼 것이다. 우리들은 에너지를 그 순수한 강도 속에 잠복해 있는 차이를 통해 정의할 것이다. 이것은 '강도의 차이'라는 동어반복을 포함한 정식이지만, 이번에는 '차이'의 아름답고 심오한 동어반복이 되는 것이다. 그러므로 모든 변화를 불가능하게 만들어 버리는 정지상태의 획일적인 에너지와 에너지 전반을 혼동하지 않도록 하자. 정지상태에 들어갈 수 있는 것은 특수한, 경험적인, 연장 속에서 질을 갖춘 에너지뿐이며, 그러한 에너지 속에서 강도의 차이는 자신의 바깥으로 쫓겨나서 체계의 요소들로 배정되므로 이미 무화된다. 그러나 에너지 전반, 혹은 강도적인 양이란 공-간(spatium)이자 모든 변신의 극장이며 각 정도들을 생산할 때 그 모든 정도를 감싸는[enveloppe] 차이 그 자체[différence en soi, 즉자적 차이]다. 이런 의미에서 에너지란, 강도적인 양이란 초월론적인 원리이지 과학적인 개념이 아니다. (DR, p.310 / (下), p.193.)

따라서 여기서 최종적으로 질문하고 있는 것은 과학과 철학 모두 종종 놓쳐 버리는 근원적인 차이로서의 강도이며 그것이 또한 깊이, 거리, 공-간(spatium) 등으로 환언되고 있다. 흡사 들뢰즈는 우리들의 일상적 행동과 인식으로는 매우 감지하기 힘든 곳에 차이의 문제를 설정하고 있는 듯 보인다.

그러나 필시 우리들의 어떤 행동과 인식도 이러한 근원적인 차이로부터 벗어날 수 없을 것이다. 우리들은 확실히 그러한 차이를 늘 접하고 '감각'하면서 그것을 끊임없이 양과 질로 번역하며, 더욱이 양과 질에 의해 규정된 차원의 한계에 종종 서게 된다. 강도로서의 차이에 직면하거나 그것에 따라서 사고하며 사는 것은 우리들이 종종 뜻지 않게 하고 있는 것이기도 하다. 끊임없이 그러한 차이의 시련과 만나는 것이라고도 말할 수 있다. 그러한 차이가 우리들에게 삶의 방식을 변경하도록 강요하고 있다고도 할 수 있다.

반복, 이념, 강도를 둘러싼 들뢰즈의 사색은 그렇게 '감각하는 것이 어렵지만 감각할 수밖에 없는' 차이에 직면하여 그러한 차이에 따라 그러한 차이를 개방하려고 하는 시도와 에티카 그 자체다. 그렇기 때문에 언어에 관해 생각할 때, 혹은 신체에 관해, 이미지에 관해, 욕망에 관해, 혹은 사회, 역사, 정치에 관해 생각할 때도 들뢰즈는 결코 차이와 반복, 이념과 강도에 관해 이렇게 심화해 온 사색을 손에서 놓지 않았던 것이다.

노트: 철학에서의 본격적인 카오스 이론

결국 들뢰즈가 차이와 반복을 두고 생각한 것은 우리들이 언어와 행동의 체계를 통해 어느 정도까지 고정해서 파악하는 현실 생성의 근원적 현장으로 다시금 사고와 언어로 헤치고 들어가려는 시도였다. 철학 측에서 본격적인 카오스 이론, 난류 이론을 시도한 것이라 해도 좋다.

우리들은 세계를 구성하는 차이를 언어로 규정되어 있는 관습에 따라 질과 양으로 식별하려 한다. 차이에 의해 구성된 세계는 차이를 통해 차이로서 인식된다. 그 차이의 '깊이'로 거슬러 올라가 질로도 양으로도 환원되지 않는 근원적 차이까지 사고하는 것, 들뢰즈는 그를 위한 이론과 개념을 만들어 내기를 시도했다. '생성'의 카오스(난류)라는 이미지가 여기에서 당연히 솟아나오고 있다. 그것은 '생성'을 사유하는 들뢰즈 철학의 일관된 모티브와도 결부된다. '생성'에 대한 사색은 시각에 따라서는 서구 외의 다양한 앎과 신비주의 전통에서도 풍부한 예를 볼 수 있다(도교, 불교, 아메리카 선주민, 발리섬, 선…).

'생성'의 인식이라는 점에서는 동양사상이 들뢰즈보다 훨씬 앞서 있다는 시각을 가지는 사람도 있다. 그러나 들뢰즈는 훗날 『철학이란 무엇인가?』에서 그리스 사회가 달성한 정치적 '내재성'과 철학을 결부하며 동양사상의 '초월성'과 확실히 구별했다. 서양에서 탄생한 철학은 특히 '개념'의 창조로서 정의된다. 이에 비해 들뢰즈는 오리엔트에서 존재해 온 것은 '지혜'이며 '지혜'의 사고는 '형상'(figure)에 의한 것이라고 꽤 후려치듯이 썼다. 개념에 의한 사고는 '내재성'과 결부되고 '형상'에 의한 사고(예컨대 만다라)는 '초월성'과 결부된다. 오리엔트 혹은 아시아의 실로 다양하고 세련된 '생성'의 사고 역시 '생성'을 초월적인 체제에 편입시켜 온 것은 아닐까 하는 질문이 여기서 떠오르는 것이다. 고대 인도철학 전통에 대해 불교는 초월적인 신성(브라흐만) 대신에 '무'를 생각하여 오히려 내재성의 종교를 만들어 냈다고 할 수 없는 것도 아니다. 그러나 '무'의 사상조차도 다시 새롭게 초월성으로서 작동할 수 있다. 아시아에서도 내재성과 초월성의 항쟁은 다양한 형태로 계속되어 왔음에 틀림없는 것이다. 들뢰즈 자신은 거기까지 깊이 생각하지 않았다 해도 서구 바깥에서 철학하려고 하는 우리들에게 이것은 지금도 해소하기 어렵고 까다로운 문제로 남아 있다.

제3장 욕망의 철학: 『안티-오이디푸스』의 세계

1969년에 들뢰즈는 뱅센의 숲에서 새롭게 개설된 파리 제8대학 철학과의 교수가 되었고 1987년에 퇴임하기까지 이 대학에서 강의를 계속했다(파리 제8대학은 그 뒤 파리 근교의 생드니로 이전하여 현재에 이른다). 이즈음 펠릭스 가타리와 알게 되었고 의기투합하여 공저를 기획했다.

『차이와 반복』, 『의미의 논리』로 들뢰즈 철학은 충실함과 세련됨의 극에 이르렀으며 어떤 완성에 도달했다고 해도 좋을 것이다. 만약 거기에 뭔가 결여된 것이 있다면 아직 그의 사상이 주로 과거의 눈부신 철학서들의 놀라운 독해를 통해 구축되었을 뿐으로 동시대의 생생하게 작동하고 있는 현실과 마주하지 않았다는 것이리라. 뭔가 세계 그 자체와 같은 것이 저작 속에 침투해 올 필요가 있었다. 1968년 운동의 충격은 시차를 두고 들뢰즈의 이미 충분히 혁명적이었던 사상을 더욱 깊고 크게 뒤흔들었다. 그리고 펠릭스 가타리라는 인물이 바로 들뢰즈의 그러한 변화의 경이적인 촉매가 되었다.

1. 가타리는 누구인가

들뢰즈와 네 권의 공저를 저술한 가타리라는 인물을 무시하고 들뢰즈 사상의 모든 궤적을 이야기하는 것은 불가능하다. 쇼펜하우어, 바그너, 차라투스트라와 같은 가면을 쓴 니체에 관해 들뢰즈가 이야기했듯이 들뢰즈 역시도 가타리라는 가면을 쓴 것일지도 모른다. 그렇다면 가타리 역시도 들뢰즈라는 가면을 필요로 했던 것이리라.

펠릭스 가타리(1930~92년)는 1953년에 창립된 라 보르드 정신병원(파리에서 약 15킬로미터 남쪽으로 내려간 전원지대에 있다)의 주도적인 멤버 중 한 사람이었으며, 젊은 시절 공산당에 속한 적이 있는 활동가이기도 했다. 자크 라캉을 스승으로 삼아 정신분석을 배웠고 스스로 분석을 실행하기도 했다. 라캉은 프로이트의 성과를 구조주의적 관점으로 교묘하게 다시 읽어 내 정신의학 분야를 훨씬 초월하여 거대한 영향을 주고 있었다. 그 라캉이 가타리에게『의미의 논리』의 서평을 쓰도록 시킨 것이 들뢰즈와 가타리가 만나는 계기가 되었다는 보고도 있다 (Beaubatie (éd.) 2000, p.97).

라 보르드 정신병원의 또 다른 기둥은 정신과 의사 장 우리 (1924~2014년)였다. 이 병원의 시도에 관해서는 「모든 사소한 사정」[La Moindre des choses, 국역명 「작은 것들」]이라는 다큐멘터리 영화(니콜라 필리베르 감독, 1996년)가 일본에서도 1998년에 공개되어 소개되었으며 일본에서 독자적으로 편집된『정신의 관리사회를 어떻게 넘어설 것인가?』(杉村昌昭·三脇康生·村澤真保呂 編訳, 松籟社, 2000) 등 뛰어난 문헌도 존재한다. 전문적인 의학교육을 통과하지 않은 가타리가 대체 정신병리에 관해 무엇을 생각했었는지, 어떤 형태로 정신의료에 관여했었는지는 이 병원의 사상과 활동이 어떤 것이었는지를 모른다면 이해하기 어렵다.

단적으로 말하자면 이 병원의 시도는 정신병은 본질적으로 의학의 외부와 관련된다는 관점을 원리로 한다. 정신의료는 결코 그저 의학에 의해 확립된 지식과 기술을 병원에서 환자에게 적용하는 활동으로 한정되어서는 안 된다. 정신병이 발생하는 것은 이 사회의 집단, 가족, 관계 방식, 나아가서는 정치와 자본주의와도 밀접하게 관련된다. 병원 역시도 의사와 환자, 그 외의 구성원이 함께 형성하는 하나의 사회인 이상 병원의 외부 사회와 병원의 내부 사회를 어떻게 관계 지을 것인가가 본질적인 문제가 된다. 병원이 그러한 발상 없이 닫힌 장소인 경우에는 병원 자체도 외부 사회를 모방하여 병을 발생시키고 악화시키는 장소가 될 수도 있다.

환자가 병원 외부에서 왜 병들기 시작했는지를 질문하는 것과 병원이라는 장소를 어떻게 구성할 것인지 생각하는 것, 이 두 가지는 동시에 진행해야만 한다. 정신병은 이 사회 속 일상생활을 구성하는 심리적, 정치적, 경제적, 문화적인 다양한 요소의 알력과 밀접하게 관계한다. 그런 의미에서 정신병이란 반드시 그러한 다양한 요소 사이의 갈등의 표현이며, 그것에 저항하거나 거기서부터 달아나 살아남으려고 하는 과정이기도 하다. 정신병원은 그런 의미에서 고도로 사회학적, 정치학적인 장인 것이다.

그러므로 정신병원을 단순히 의학적인 지식에 기반하여 임상이나 치료를 하는 장으로 간주하는 것은, 당연하게 보이지만 큰 문제를 품고 있다. 정신병원을 어떠한 관계의 장으로서 구성할 것인가는 역으로 정상이라 간주되는 사회 속의 여러 갈등이나 억압을 다른 시선으로 보기 위한 기회가 될 것이다. 결국 그것은 이 사회의 존재방식 그 자체를 바꾸려는 시도와 분리할 수 없다.

병원, 의학, 사회를 정신분석하다

우리와 가타리 모두 단순히 새로운 개방적인 정신병원을 만들려고 한 것이 아니라 정치적, 사회적 문맥 속에 정신의료를 문제로서 위치시키고, 그를 위한 한 실험으로서 이 병원을 개설했다. 이 실험을 두 사람은 '제도론적 정신요법'(psychothérapie institutionnelle)이라고 불렀다(『정신의 관리사회를 어떻게 넘어설 것인가?』의 번역어에 따름). 그것은 바로 의료 외부의 다양한 제도와 관련지어 정신의료를 파악하고 정신의료 자체를 한 제도로서 비판적으로 재구성하려는 시도였다.

우리와 가타리에 앞서 남프랑스의 마을 생탈방에서 독자적인 정신요법을 개시했던 스페인 태생의 프랑수아 토스켈(1912~94년)은 이렇게 발언했다.

항상 사람들은 동시에, 또 번갈아 가며 복수의 제도들의 구성원이 되고 있습니다. 규칙적으로, 기뻐하며, 때로는 기대하거나 환멸하면서 복수의 제도를 통과합니다. 즉 최초로 창설된 공간이나 가족 공간, 그리고 구체적인 수준을 넘어선 다양한 일련의 제도 속에 동시에 들어가 있습니다. 그것은 예컨대 인근의 사람이나 먼 곳의 사람을 길거리의 이발소나 식당(bistro), 역, 극장, 영화관 등이 만들어 내는 제도적인 연쇄와 결부시킵니다. 말하자면 어떤 장소로부터 다른 장소로 이동하

는 것은 '재창조' 과정으로서의 역할을 하는 것이며, 이 재창조는 각자에게서 특이적이면서 영속적인 것입니다. (…) 생탈방에서는 사람들이 복수의 장소로 동시에 다닐 수 있도록 실천했습니다. 이러한 복수의 장소 각자는, 바꿔 말하자면 복수의 길 각자는 매듭이나 중계지점 역할을 하고 있으며, 빈번하게 통과된다는 점에서부터도 정신요법 과정에서 참된 제도로서 기능한다고 생각해야만 합니다. (일역 トスケル 2000『제도의 개념으로 돌아가자』, pp.87~88.)

이러한 발상에 입각한다면 정신병원이란 결코 정신병을 단순히 약물로 치료하거나 예술 요법 등으로 완화시키거나 하는 장소로서 있을 수는 없다. 그것은 우리들이 사회와 자기에 대해서 종종 고정시켜 버리는 통념을 뒤흔들고 사회적 관계의 끊임없는 운동이나 변화와 치료 공간을 관통시키는 장소다. 장 우리 역시 이러한 발상을 이어받으면서 어떤 사상(事象), 제도, 혹은 시설조차도 닫힌 획일적인 집합을 형성하는 일은 있을 수 없고 형성해서는 안 된다고 반복해서 주장하며 정신의료를 적극적으로 모호하고 불확실한 운동과 질문이 교차하는 장으로서 위치시켰다.

사람들은 주의를 기울이면 항상 자신이 물음에 부쳐져 있음을 알게 됩니다. 물론 자기 자신에게, 자기 자신의 지위에, 자기 자신의 역할에 틀어박히는 것은 간단합니다. 그렇지만 좀 이상한 사람이 있을 듯한 장소를 조금 산책해 보는 것을 추천합니다. 그런 사람이 당신에게 "안녕하세요"라고 말할지는 모르겠습니다만 그들의 말투가 기분을 좀 나

쁘게 만들거나 하는 것이 아니라 당신의 벽을 무너뜨리게 만듭니다. 그때야말로 무언가를 발명해야만 합니다. (일역 ウリ 2000[우리, 「라 보르드에서 생각해 온 것」], p.73.)

이러한 발언을 읽어 보면 그들의 '정신분석' 대상이 되는 것은 결코 환자만이 아니라, 질병과 의료의 관계를 종종 고정적으로 파악하고 그 외부의 다양한 관계의 깊이나 미세한 운동을 시야에서 쫓아내 버리는 병원, 의학이며 사회 그 자체임을 알 수 있다.

결코 정신의학 전문가가 아니었던 가타리와 같은 인물이 이러한 정신의료 개혁운동의 단순한 참관인(observer)이 아니라 중심을 담당하게 된 것은 '제도론적 정신요법'이 이러한 발상에 서 있었기 때문이다. 가타리가 일본에 왔을 때 그와 대화한 정신과 의사가 "당신은 대체 누구인가, 자격을 가진 정식 의사인가" 등을 그에게 질문하면서 라 보르드에서 정말로 문제로 삼았던 것이 무엇인지 상상조차 하지 못한 채 '자기 자신의 역할에 틀어박혀' 버린 적도 있었다.

가타리는 1968년 5월의 정치적 동란 뒤에 들뢰즈와 만나 "정신분석과 사회적 지평의 관계에 관해 자신이 갖고 있던 비판적 고찰"을 피력하며 곧 의기투합하여 『안티-오이디푸스』를 둘이서 쓰게 된다. 그는 단순히 들뢰즈가 통달하지 않은 분야의 앎을 제공하여 공저를 만들어낸 것이 아니다. 가타리가 정치와 정신의료에 관해 심화해 온 경험은 장 우리나 토스켈 등과 공유한 '주관성'의 형성 과정에 대한 사상적 전환과 함께했다. 이 고유명사들의 집합을 훨씬 뛰어넘어 의료 현장에서 집단적인 시행착오를 겪은 사유와 언어의 전환과 함께했다.

그러한 의미에서 가타리라는 고유명은 이러한 일련의 전환의 총
칭처럼 들뢰즈가 특히『차이와 반복』에서 열어젖힌 사유의 지평에 개입
한다. "펠릭스는 실로 번개였고 나는 번개를 대지로 흘려보내는 피뢰침
이었다"(「우노에게 보낸 편지」,[1] DRF, p.220 / (下), p.60)라고 들뢰즈가 표
현한 만남은 그러한 것이었다.

"제도에서의 실천은 어떤 식으로 만들어지는가"라는 질문에 가타
리는 이렇게 대답했다.

절차도 모델도 없다고 열심히 당신에게 설명해 왔어요. 그래도 당신
은 나에게 사용설명서를 요구하는 겁니까? 뭔가 구체적인 상황을 나에
게 보여 주시고, 어떤 식으로 그 상황이 구성되어 있는지 말해 주시고,
그 상황과 당신은 구체적으로 어떤 관계인지 말해 주세요. 당신의 의도
에 내가 걸려든 한 나는 당신의 의도에 조금만 더 주의 깊게 관심을 기
울이고 싶고, 나도 함께 현장에 가 보고 싶어요. 그렇게 하면 질문의 성
질도 변해 가죠. 그렇게 하면 당신의 질문은 제도의 빈틈이 되는 요소,
즉 증상으로서 생기하는 무의미한 일련의 요소를 비춰 내고, 그렇게 하

---

1 일역은 일찍이 「어떻게 복수로 썼는가」(「いかに複数で書いたか」, 宇野邦一 訳, 『現代思
想』, 臨時増刊 '総特集 ドゥルーズ゠ガタリ', 1984. 9.)라는 표제로 간행되었지만 나중에
「우노에게 보낸 편지: 어떻게 복수로 썼는가(펠릭스 가타리와 함께)」(「宇野への手紙—い
かに複数で書いたか(フェリックス・ガタリとともに)」, 宇野邦一 訳, 『狂人の二つの体制
1983-1995』, 宇野邦一 監修, 河出書房新社, 2004)로 재간되었다(이것은 『들뢰즈 컬렉션 I:
철학』(『ドゥルーズ・コレクション I 哲学』)에도 수록되어 있다).

면 그것들은 이번에는 주변적인 것으로서 가장자리에 놓이는 것이 아니라 지금까지 없었던 표현의 영역을 부여받게 됩니다. (…) 그리고 여기서부터 다양한 대화 상대와 갖는 연관 속에서 이 주관성이라는 영역이 무의식적으로 형성되는 다른 과정적인 지도를 작성할 수 있게 되죠. 단일적인 표현밖에 존재하지 않는 장소에서 다성적(polyphonic)인 표현이 성립하게 됩니다. 그것이야말로 나에게 있어서 "무의식에 작동하는" 것과 다름이 없습니다. (일역 ガタリ 2000[「제도론」 혁명을 향하여], pp.52~53.)

라 보르드의 시도에 대해서는 당연히 다양한 입장에서 비판이 있었다. 물론 라 보르드의 정신의료가 하나부터 열까지 혁신적인 것이었을 리는 없다. 또한 지향했던 것이 모조리 달성되었을 리도 없다.

그 기본적인 자세는 단순히 개혁을 지향하는 시행이었던 것이 아니라 실험 그 자체일 수밖에 없었다. '절차'도 '모델'도 없이 환자와 의사라는 주체를 주체로서 구성하는 온갖 불확정적인 요소 사이에서 새로운 결합이나 전이나 횡단을 낳는 것, 장 우리가 말했듯이 '벽을 무너뜨리는' 것 그 자체가 치료여야만 했다.

가타리라는 또 하나의 철학

가타리에게는 들뢰즈와 함께 한 권의 책을 쓰는 것 또한 '대화 상대와 갖는 연관 속에서', '다른 과정적인 지도 작성'을 행하는 것이었음에 틀림없다. 가타리는 단순히 정치운동이나 정신의료, 정신분석의 현장을 들뢰즈에게 가르쳐 주었다는 점에서 들뢰즈를 도왔거나 들뢰즈와 다른 부문을 담당한 것은 아니다. 다양한 집단과 현장 속에서 실험으로서 생기할 수밖에 없었던 시도를 그는 『안티-오이디푸스』, 뒤이어 『천 개의 고원』과 같은 책의 근원적 모티브로서 쏟아 넣었다고 말할 수 있다.

두 저자의 '재능'을 비교해 보거나, 두 사람이 각자 어떤 부분을 담당했는지 등에 천착하는 사람들은 그들의 책의 실험이 다른 많은 실험과 함께했으며, 얼마나 '다성적인 표현'이었는지를 거의 보려고 하지 않는다. 그것을 상상도 하지 않고 이 책을 두 저자의 '자기표현'이나 재능의 합으로서 천착한다면 그 핵심은 죄다 놓쳐 버리게 될 것이다. 이 '공저'는 꽤 예외적이고 상상을 불허하는 '협동'에서 생겨났다.

앞의 인터뷰에서 "지금도 당신은 분석가로서 활동하고 있습니까?"라는 질문을 받은 가타리는 "개인 레벨에서 분석 활동도 계속하고 있으며 나 자신에 관해 자기분석도 계속하고 있습니다. 그래도 나는 그런 활동을 여러 집단이나 제도에 내가 개입하는 것과 구별하지 않습니다"(일역 ガタリ 2000[앞의 곳], p.48)라고 말했다. 가타리는 선구자나 동지들과 함께 정신의료를 구성하는 주체를 철저하게 동적인 편성 속에서 파악하고 모든 활동을 같은 평면에서 실천하는 지점에 도달했다. 이것은 『안티-오이디푸스』로 시작되는 공동작업의 한 부분이나 특정 영역에 관련되는 것이 아니라 이 책의 실험 원칙에도 관련된다.

물론 들뢰즈는 독자적인 철학적 과정을 통해 공동작업을 구성하는 타원의 또 한 중심을 떠받쳤다. 가타리의 사유는 현장의 감각을 강렬하게 동반하는 기동성으로 넘치고 있음과 동시에 들뢰즈와는 명백하게 다른 타입의 추상성과 철학성을 갖고 있었다. 가타리가 재료를 부여하고 들뢰즈가 그것에 관해 철학한 것이 아니라 가타리는 확실히 또 하나의 철학을 개입시킨 것이다.

'과정적인 지도'라고 가타리 본인이 부른 것은 직접적으로 실천과 관련됨과 동시에 고도로 추상적인 사유의 지평과도 관련되었다. 이것을 들뢰즈는 자신은 '개념'에 흥미를 가졌지만 가타리의 아이디어는 '디아그람'(diagramme, 도표)이었다고 표현했다. '디아그람'은 『천 개의 고원』의 주요한 용어 중 하나로, 이것은 또한 '과정적인 지도'라는 가타리의 용어에도 대응할 것이며 다양한 벽을 횡단하는 선이나 면을 그려 내는 것이기도 할 것이다. 그러나 둘의 사유는 충분히 한 도가니에 녹아들었다는 의미에서는 어떠한 용어도 동시에 개념이며 디아그람이 된다고 말할 수 있다.

1980년대를 '겨울의 시대'라고 부르며 그것을 한 권의 평론집 타이틀로 삼았던 가타리는 항상 현장과 집단에 관계했고 그것을 필요로 하기도 했다. 그러나 많은 운동과 실험이 정체되고 경직되며 혹은 고립이나 냉소주의에 빠져들어 가는 것을 지켜보며 적잖게 소모되어 돌연사로 최후를 마쳤다. 의외로 항상 건강이 불안했던 들뢰즈 쪽이 오래 살며 왕성한 저작활동이 중단된 후에도 영혼 깊숙한 곳에서 울려 퍼지는 마지막 중얼거림 같은 사유를 계속 기술했다. 그러나 우선 『안티-오이디푸스』라는 이상한 저작이 단순히 1968년 전후의 격렬한 사회적 변동을 증언하는 저작이라는 것 이상으로 지금도 독자에게 무엇을 호소하고 있는지를 검증해 봐야만 한다.

2. 아르토와 기관 없는 신체

『안티-오이디푸스』(1972년)는 뒤이어 쓰인『천 개의 고원』(1980년)과 함께 '자본주의와 분열증'이라는 부제를 달고 있다. 특히『안티-오이디푸스』는 '정신분열증'[2]을 인간의 근원적인 질병으로서 파악하고 자본주의를 끊임없이 움직이게 만드는 욕망이 분열증과 불가분하다고 보았다. 그리고 '분열증'은 근원적인 질병인 이상 누구에 의해서도 대표되지는 않지만『안티-오이디푸스』의 발상은 앙토냉 아르토라는 이름에 깊이 결부되어 있다.

분열증은 감정의 평탄화, 자폐증상, 의지나 행동의 감퇴와 같은 '음성' 증상에서부터 망상(관계망상, 피해망상), 환각, 환청 등의 '양성'이라 불리는 증상에 이르는 다양한 상태로 정의되어 왔다.

뇌의 기질적 측면에 대한 연구도 왕성하게 행해져 왔지만 지금도 인간존재의 근본적 조건과 관련된 질병이라고 생각되고 있다. 특히 19세기 이후 서구에서 많은 사상가, 예술가가 분열증에 걸리거나 분열증적인 위기를 통과했다. 사상적, 예술적 창조와 분열증 사이에, 나아가서는 근대자본주의와 분열증 사이에 뭔가 본질적인 관계가 있다고 생각되는 것이다.

아르토는 초현실주의와 관련된 적도 있는 시인, 연출가, 배우였는데 1930년대 후반부터 약 9년에 걸쳐 정신병원에 구속되었다. 입원 중

---

2 '정신분열증'(schizophrenia)은 현대의학계에서는 '통합실조증'(統合失調症)이라 불리게 되었다[일본에서 개정된 명칭이며, 한국에서는 조현병(調鉉病)이라고 한다]. 이 병을 오히려 긍정적인 문맥에서 파악하려고 하는 입장에 선다면 '정신분열증'이라는 호칭을 보존하고 싶다. '통합실조증'이라는 호칭의 뉘앙스는 너무나도 소극적으로 느껴지기 때문이다.

에도, 퇴원해서 파리로 돌아가고 나서 암에 걸려 사망하기까지의 2년간 도 끊임없이 계속 집필했고 꽤 독창적인 데생도 그렸다.

살아 있는 동안은 그다지 큰 영향을 주지 않았지만 얼마 지나지 않아 아르토는 현대연극, 실험연극의 창시자로 간주되었고『연극과 그 이중』(1938년)이라는 저작이 널리 읽히게 되었다. 그러나 그에 더해 아르토가 청년 시절부터 행해 온 에크리튀르(시, 시나리오, 편지, 에세이, 소설, 수기)가 사고를 둘러싸고, 또 신체와 언어를 둘러싸고 어떤 이상한 과정을 기록하고 있었음도 주목받게 되었다.

철학이나 문학 장르로 결코 분류할 수 없는 그의 표현은 장르에 아랑곳하지 않고 경계를 침식하여 어떤 근원적, 위기적 사유의 상태를 보여 줬다. 그 위기는 '분열증'과 깊은 관계가 있었다. 단순히 한 증례로 환원할 수 없는 어떤 보편적, 근원적인 경향의 출현으로서의 '분열증'과 관계가 있었다고 생각된다. 아르토와 같은 '사례'(case)를 통해 적잖은 '분열증'은 사회, 역사, 사상을 관통하는 본질적인 '사건'으로서 생동하게 되었고 또 그렇게 파악되어야 할 '질문'이 된 것이다.

들뢰즈는 이미『차이와 반복』의「사유의 이미지」라는 장에서 사고의 동일성, 안정성, 형식, 표상 등등으로 이루어진 이미지의 파괴를 몸소 경험한 인물로서 아르토를 언급했다.

그가 느끼는 어려움은 단순히 사실로서 이해되어서는 안 되며, 사고하기의 의미의 본질과 관련되고 그 본질에 영향을 미치는 권리상의 어려움으로서 이해되어야만 한다. 아르토는 이렇게 말한다. (그에게 있어) 문제는 사고의 방향을 정하는 것도, 자신이 생각하는 것의 표현을 완벽하게 만드는 것도, 적용이나 방법에 도달하는 것도 아니며 그의 시를 완성하는 것도 아닌 그저 단순히 뭔가를 사고하는 데 이르는 것이라고. 그에게는 그것만이 유일하게 받아들여지는 '작업'이다. 그것은 사고하기의 충동, 강박을 전제로 하고 이 충동은 모든 종류의 분기를 통과하며 신경에서 시작해 영혼으로 소통해 들어가 마침내 사고에 도달한다. 이리하여 사고가 사고하도록 강요받는 것은 결국 사고 중심의 붕괴, 그 균열, 그것에 고유한 본래적인 '무능력'[impouvoir]이기도 하다. 이 '무능력'은 사고의 강탈, 사고에 대한 불법침입과 구별되지 않는 것과 마찬가지로, 가장 커다란 능력, 즉 '사유되어야 할 것들'[les cogitanda], 그 말로 표현되지 않는 힘들과 구별되지 않는다. (DR, pp.191~192 / (上), p.392.)

표층에서 심층으로

아르토는 정신병원 입원 중에 사람들로부터 추천을 받아 루이스 캐럴의 작품(『거울 나라의 앨리스』(1871년)의 「재버워키」를 포함하는 일부)을 번역하기 시작했다. 처음에는 캐럴의 의도에 일견 충실하게 번역을 했지만 곧 '중심의 붕괴'가 시작되어 캐럴의 난센스로 가득 찬 도착적인 언어는 다시금 다른 언어, 다른 세계로 미끄러져 들어간다. "우리가 존재와 그 언어의 똥을 파 내려갈 때 시는 악취가 나는 것이어야만 합니다. 그리고 「재버워키」는 악취를 풍기는 모든 위대한 시인이 잠겼다 태어났던, 고뇌의 자궁적 존재로부터 그 작가가 거리를 두는 시입니다."(LS, p.103 / (上), p.155).

아르토는 루이스 캐럴의 작품은 '표층적'이며 거기에는 실로 '표층'밖에 없음을 비난한다. 앨리스를 둘러싼 이야기의 다양한 난센스나 언어유희는 의미작용이나 지시작용에서 완전히 탈락된 언어 그 자체의 차원을 떠오르게 만든다. 그것은 사물과 신체가 혼합하여 서로 작용하는 심층의 차원에서 멀리 떨어진 '표층'이며 이 표층 없이 언어는 성립하지 않는다.

캐럴의 이야기를 가득 채운 난센스나 패러독스는 언어를 그저 언어 그 자체가 형성하는 사건(이념, 비신체)의 차원으로 끊임없이 되돌려보낸다. 원래 언어는 이렇게 언어의 외부(심층)와 구별되고 자립적인 표층을 형성한다. '말하는' 행위는 '먹는다'라고 하는 사물과 신체를 교착시키는 행위로부터 엄밀하게 분리되지 않으면 성립하지 않는다.

들뢰즈는 『의미의 논리』에서 정신분석이 말하는 '거세'조차도 팔루스(남근)라는 중심 주변에 '표층'을 완성하는 기회로 해석한다. 이리하여 근친상간의 공포를 극복하는 오이디푸스는 말하자면 '상징계'라는 표층(언어)을 완성하는 비극적 영웅인 것이다.

따라서 아르토처럼 '표층'으로 하강하여 표층을 파열시키는 '불법침입'을 감행하는 인물은 결코 『의미의 논리』의 주인공이 될 수 없을 터였다. 이 책은 철저하게 언어에 고유한 차원을 내용이 없는 공허한 표층으로서 떠오르게 만들고, 더욱이 그 불모의 표층을 어떤 긍정성으로서, 언어를 둘러싼 현대문학의 창조를 떠받치는 근거로서 그려 내려 했을 터였다.

한편으로 루이스 캐럴의 '표층'을 칭송하고, 다른 한편으로는 그 대극에 있는 '심층'의 사상가 아르토에 집착하는 들뢰즈는 대체 '표층'의 인간이었는가, '심층'의 인간이었는가? 아르토는 캐럴보다도 더 다양한 시기에 들뢰즈 사유의 핵심에 계속 개입했지만 들뢰즈는 표층과 심층 사이의 긴장을 결코 느슨하게 만들지 않고 계속 사유했다.

아르토는 확실히 현대적 창조의 또 한 극으로서 분열증적인 극, 비오이디푸스적인 극을 심층의 어둠 속에서 떠오르게 만들었다. 그 어둠 속에서 한 이상한 신체를, '기관 없는 신체'를 일어서게 만들었다. 그리고 가타리와 들뢰즈도 각자 독자적으로 도달한 궤적의 연장선상에서 '기관 없는 신체'라는 주제를 제안했고 근본적으로 다양한 하나의 개념을 만들어 낸 것이다.[3]

아르토는 먼저 사유의 이상한 위기를 경험하면서 동시에 그것을 신체의 변질로 삼아 살았고 이질적 사유에 대응하는 이질적인 신체를 발견했다. 이러한 발견은 얼마 지나지 않아 새로운 연극의 사유로서 결정(結晶)화했으며 눈에 띄게 창조적인 방향으로 발전했지만, 한편으로 자신을 둘러싼 서구 문화, 체제, 역사에 대한 강렬한 폐색감을 점차 강하게 느끼게 된다. 심층에서 솟아오르는 힘을 통해 재발견되는 그의 사유, 언어, 신체는 곧 망상을 동반하는 분열증적 과정으로서 생동한다.

실제로 아르토는 제2차 세계대전이 한창일 때 아일랜드에서 구속되어 프랑스로 호송돼 병원에 감금되었다. 그러한 '수난'을 겪은 아르토는 그것을 신체를 재발견하는 과정으로 삼아 산 것이다. 더 이상 신체는 정의 가능한 기능과 가시적인 형태로, 요컨대 기관의 집합으로서 파악

---

3 실제로 들뢰즈는 앞의 주석 1에서 든 서간에서 두 사람이 '기관 없는 신체'를 완전히 다른 식으로 이해했다고 술회했다. 이것은 이 개념을 풍부하고 열린 것으로 만들었을 뿐 조금도 공동작업에 장애가 되지 않았다.

되는 것이 아니라 훨씬 유동적이고 강도의 소용돌이나 단편으로 가득 찬 신체일 수밖에 없었다. 사유와 언어도 그러한 신체의 직접적인 표현인 듯했다.

'기관 없는 신체'란 분열증적 과정과 함께 출현한 신체이며 그 과정의 근거이고 그 결과(산물)이기도 했다. 그리고 이 과정과 이 신체는 결코 그저 아르토라는 한 인물의 이상한 체험이나 병리로 환원할 수 있는 것이 아니었다. 그가 병원에 구속된 것이 제2차 세계대전과 파시즘의 시대였던 것은 결코 우연이 아니었다.『안티-오이디푸스』의 분열증적인 과정과 '기관 없는 신체'는 서구 역사와 사회의 심층에 있어서 위기와 변동의 징후였고 그 표현이었으며 그 폭발이었다.

> 살갗 밑의 육체는 가열된 공장이다,
> 그리고 겉으로는,
> 병자는 빛난다.
> 그는 번쩍인다
> 터진, 그 모든 땀구멍에서
> 번쩍인다.

아르토가 죽기 전 해에 발표했던 작품『사회가 자살하게 만든 반 고흐』(1947년)의 이 대목은『안티-오이디푸스』의 서두에서도 인용되었다(AO, p.9 /(上), p.18~19). 분열증이 동시에 어떤 이상한 신체와 엄청 난 생애('가열된 공장')와 관련되고, 내부와 외부를 관통하는 역사적, 사회적 과정에 관련됨을 이 문장은 명백하게 표현하고 있다.

3. 욕망하는 기계

『안티-오이디푸스』는 가타리 쪽이 아마도 현장에서 몸소 알고 있었을 정신분석의 권력과 영향을 빠짐없이 검토하여 비판하는 것을 큰 과제로 삼았다. 그러나 이 과제가 더욱 넓고 깊은 사상적 폭을 갖지 않았다면 이토록 다방면에 걸쳐 자본주의에 이르는 세계사를 검토할 정도의 조망을 가진 사상서를 쓸 수 없었을 것이다.

프로이트가 창시한 정신분석이 이른바 '무의식'을 발견했고 그 무의식의 원형을 유아가 부모 사이에서 경험하는 성적 욕망의 갈등에서 보았음은 잘 알려져 있다. 프로이트를 프랑스에서 계승해 사상으로서 세련되게 다듬어 일대 학파를 만들어 낸 자크 라캉은 "무의식은 한 언어로서 구조화되어 있다"는 도식이 잘 보여 주듯이 무의식의 해석을 구조주의 언어학의 관점(차이의 관계로서의 언어)에 비추어 재구성했다. 무의식은 특히 '거세'로 '부재대상'이 된 '팔루스'에 의해 중심화되고 구조화된다. 모든 증상은 이 구조화에서의 변이를 통해 설명된다.

특히 라캉을 통과한 정신분석은 얼마 지나지 않아 널리 보급되었고 정기적으로 분석의의 상담 소파에 앉는 것이 지적 유행이나 과시가 되기까지 했다. 또 한편으로는 정신분석의 도식이나 용어가 온갖 지적 활동과 학문, 비평이나 창작에 이르기까지 널리 적용되었다.

일본에서는 지금은 라캉 사상의 이해가 현격히 진행되었다고는 해도, 정신분석에 관해서는 대강 통속화된 프로이트의 도식이 문명론이나 일본인론에 부분적으로 적용되는 상황이 오래 계속되었다. 그것도 한몫해서인지 『안티-오이디푸스』의 정신분석에 대한 격앙된 비판이 그다지 절실하게 보이지는 않았다. 이 책이 쓰인 동기는 1960년대에 서양에서 급격하게 확대되었던 정신분석의 압도적인 영향과 분리할 수 없다. 그러나 실제 관심은 세계사를 전개하고 자본주의를 만들어 내며 이것을 확장시켜 온 '무의식' 쪽으로 향해 있었다.

그리고 명확한 정신분석의 권력 같은 것을 모르는 일본에서도 역시 고유의 무의식이 있고 그 무의식을 해석하려고 하는 심리학, 의학, 교육제도, 문명론, 저널리즘 등등의 지적 체제가 확실히 존재하고 있다. 또한 이 고유의 무의식과 일체이며 이 무의식을 보강하는 의식과 앎의 체제도 존재하고 있다. 거기에도 서구 정신분석의 권력과 어떤 공통적인 무언가가 잠재해 있지는 않을까? 같은 분석을 적용할 수는 없다고 해도 한 지역의 역사에 고유한 무의식이 형성되고 반복되고 있음에 틀림없다. 그것이 정치까지도 움직이고 있을지도 모른다. 『안티-오이디푸스』를 일본에서 읽는 것은 그러한 굴절을 포함하는 고유의 질문을 거기서 읽어 내는 것이기도 하다.

욕망은 비주체적, 비인칭적이다

이 책은 무엇보다도 우선 '욕망'에 관해 이야기한다. 가타리와 만날 때까지의 들뢰즈 사색의 근본적인 자세는 당연히 '욕망'에 관한 사색에서도 전제가 되었을 것이다. 본격적인 마조흐(마조히즘)론을 쓴 적도 있는 들뢰즈는 독자적인 '정신분석'을 만들어 냈다고 할 수도 있다. 동일성이나 유사, 이들과 불가분한 표상을 배제하고 차이 그 자체를 파악한다는 자세를 일관한다면, 욕망에 관해서도 역시 일체의 표상을 배제하고 욕망을 구성하는 차이를 직접 파악하는 것이 문제가 될 것이다.

주체나 인칭을 결코 미리 자명한 실체로 간주하지 않고(흄), 다양한 관계나 촉발 속에서 진동하는 미립자의 확산이나 교착으로 간주한 다면(스피노자), 욕망은 나, 당신, 그, 그녀의 욕망이기 이전에 복잡한 동적 편성 속에 있고 비주체적, 비인칭적인 힘의 표현일 수밖에 없을 것이다. 욕망은 무리와 미립자 사이에 있고, 본질적으로 무리와 미립자의 욕망인 것이다.

질과 양으로서 전개되기 이전의 알 상태와 비슷한 발생적, 강도적 차원에서부터 사상을 파악한다는 들뢰즈의 자세를 관철한다면, 무의식도 신체도 욕망도 우선 분할 불가능한 정도 또는 깊이로 구성될 수밖에 없다. 무의식도 욕망도 이른바 '강도'의 현상이며 '기관 없는 신체'의 현상인 것이다. '기관 없는 신체'는 바로 기능으로도 형태로도 질로도 양으로도 환원 불가능하고 분할 불가능한 강도의 신체, 신체 이전의 신체를 나타낸다. 발생 도중의 알을 기관으로 분할할 수 없듯이 이 신체는 분할되지 않는 것이다.

기관 없는 신체는 하나의 알이다. 거기에는 축과 역(閾), 위도, 경도, 측지선이 종횡으로 뻗어 있다. 또한 생성과 이행, 거기서 전개되는 것의 행선지를 표시하는 구배[기울기]가 도처에 있다. 여기에서는 무엇 하나 뭔가를 표상하지 않는다. 여기에서는 모든 것이 생이며, 살아 있다. (AO, p.26 / (上), p.45~46.)

남성과 여성이라는 성적 분할도, 부모와 아이라는 세대 분할도 이러한 강도의 상태가 질로서 분할되고 형태와 기능으로서 전개될 때 비로소 인지된다. 그러나 욕망하는 것은 이러한 '기관 없는 신체'이며 욕망이란 '기관 없는 신체'의 진동, 흐름, 긴장, 확대의 과정과 다름없다.

'무의식이란 기계다'라는 이 책 서두의 도발적 선언은 이러한 차이, 강도, 신체, 비주체를 둘러싼 철학으로 엄밀하게 뒷받침된다. 이것은 확실히 도발적인 주장이지만 결코 인간이 로봇같이 조작 가능한 '기계적' 대상이라고 말하려 한 것은 아니다. 무엇보다도 우선 무의식이 다른 다양한 '기계'(자연, 생명, 신체, 언어, 기호, 상품, 화폐 등등)와 연결되어 끊임없이 뭔가를 생산하고 있다는 것을 말하려고 한 것이다. 욕망이란 그러한 무의식-기계의 현상이고 과정이며 다양한 '기관 없는 신체' 사이에서 다양한 연결과 절단을 만들어 내는 작용인 것이다.

들뢰즈는 나중에 『주름』(1988년)이라는 제목의 라이프니츠론에서도 "유기체는 한없이 기계화되어 있다"라고 썼다(PL, p.12 / p.17). 오히려 인간이 만드는 기술적인 기계 쪽은 분해해 버리면 그 자체는 기계라 부를 수 없는 부품이 되어 버리지만 유기체라는 기계는 어떤 부분이나 단편(기관이나 세포)을 취해 봐도 역시 기계이며, 어떤 수준에서도 다른 기계와 연동하는 기계로서 열린 연결을 형성하고 있다. 그러나 정신분석은 무의식을 유아와 부모 사이의 성욕의 삼각형으로 구성된 것, 오이디푸스 신화에 따라 결정적으로 닫힌 것으로 간주한다. 그 결과 스피노자처럼 감정을 언제나 외부로 열린 요소 간의 '촉발'로 간주하는 사유는 거의 불가능해져 버린다.

정신분석은 아이들의 완구나 놀이조차도 부모의 대리로서 파악하지만 완구와 놀이는 아이의 무의식과 함께 '기계'를 형성함으로써 가족 바깥의 다양한 사회적, 역사적 요소를 표현할 수 있다. 유아의 성욕 그 자체가 부모 이외의 다양한 '차이'를 내포하고 있으며, 부모조차도 유아에게는 바로 가정 바깥 세계와 역사를 지각시키는 통로인 것이다. 그렇지만 정신분석은 무의식이라는 다양체를 가족의 삼각형이라는 밋밋한 표상에 가둬 버린다.

정신분석의 발견은 인간의 심리, 정동, 기억이 포함할 수 있는 것의 범위와 깊이를 깨닫게 만들었고 거기서부터 세계로 뻗어 있는 다양한 통로를 발견하기를 촉구했었을지도 모른다. 그러나 정신분석은 실제로는 무의식이 가족이라는 틀을 한 걸음도 벗어나지 않도록 세계로 이어진 그 통로를 차단하는 데 기를 써 온 듯하다.

정신분석에서 분열증이란 무엇보다도 우선 '거세의 실패'에서 기인한다. 거세된 상징적 팔루스(남근) 주변에 정신의 표층을 형성하고 심층을 차단하는 데 실패했다는 것이다. 그러나 시각을 바꾸면 분열증은 정신분석이 무의식의 탐구에서 그 이상으로 나아가지 않고 오히려 무의식을 봉쇄하려고 하는 곳에서 다시 무의식을 열고자 했으나 벽에 부딪혀 제지 혹은 왜곡되었고, 그럼에도 불구하고 더욱 멀리 가고자 했던 듯하다.

오이디푸스의 비극으로 상징되는 근친상간의 도식으로 모든 것을 환원(오이디푸스화)하려고 하는 정신분석은 분열증을 분석하기보다도 오히려 분열증의 현실 자체를 인정하지 않으려고 하는 듯하다.

우리가 문제로 삼고 있는 것은 정신분석이 스스로를 내맡기고 있는 터무니없는 오이디푸스화의 조작이다. 이미지와 구조를 짝지은 원천을 통해 정신분석은 실천적으로도 이론적으로도 이것에 몰두하고 있다. 라캉의 제자들이 최근 몇 권의 뛰어난 저작을 썼는데, 그럼에도 불구하고 우리는 라캉의 사상이 그러한 방향으로 실제로 나아가고 있는지 문제로 삼고자 한다. 단순히 분열증자까지도 오이디푸스화하는 것만이 문제인가? 아니면 그것과는 별개의 것이, 정반대의 것이 문제이지는 않은가? 분열증화하는 것, 오이디푸스의 족쇄를 날려 버리고 도처에서 욕망적 생산의 힘을 다시금 발견하기 위해 무의식의 영역도 사회적, 역사적 영역도 분열증화하는 것. 분석기계와 욕망과 생산 사이의 끈을 '실재적인 것'과 직접 접하여 다시 묶는 것이 문제이지는 않은가? (AO, p.62 / (上), pp.102~103.)

시각에 따라서는 이것은 매우 성급하고 폭력적인 비판으로 보일 것이다. 분열증과 욕망이 그 자체로 무언가 혁명적인 것, 유토피아적인 것으로 파악되는 듯 보이기도 할 것이다. 아르토만이 아니라 루이-페르디낭 셀린, 사뮈엘 베케트, 헨리 밀러 등을 문체 레벨까지 받아들여 다양한 저자를 종횡무진 인용하는 이 책은 사상서로서는 확실히 파격적인 스타일로 쓰였다. 실은 장황할 정도로 진득한 논증과 함께 진행되고 있지만 그것을 건너뛰고 읽어 버린다면 확실히 도발적이고 낙천적으로 비치는 그 자세에서만 강한 인상을 받아 버릴 것이다.

분열증과 욕망에 대한 이러한 시각은 들뢰즈의 차이와 강도의 이론에 깊이 근거하며, 가타리의 정신의료나 정치운동을 통한 구체적인 체험과 거기서 유래하는 발상의 전환에게서 동기를 부여받았다. 그것을 주의 깊이 읽어 내지 않고 이 책의 성급한 외견만을 성급하게 단죄하는 것은 그다지 의미가 없다. 이 책은 여러 방향으로 작열하며 연장될 수 있는 수많은 실험을 포함하고 있다. 모든 것이 치밀하고 설득력 있게 쓰여 있지는 않다고 해도 이 책의 종종 매우 난폭하고 예리한 질문에 몸과 마음을 연다면 확실히 놀랄 만한 시야가 열리게 될 것이다.

욕망이란 과연 충족되어야 할 결여나 공허 같은 것일까? 결여된 어떤 대상으로 공허를 채우면 해결되는 것일까? 들뢰즈와 가타리는 욕망을 이렇게 미리 부정적인 관점에서 파악하는 것을 거부했다. 또한 거세(팔루스의 부재)와 같이 명백하게 부정적인 계기를 중심으로 해서 구성된 '상징계'라는 발상도 배제했다. 욕망이란 한없는, 끝없는 것이다. 그러나 결코 만족되지 않는 용기 같은 것이 아니라 끊임없이 변신하고 뭔가와 합체하며 뭔가 미지의 것을 낳는 것이기도 하다.

욕망이란 확실히 어떤 대상을 향하는 경향이며 긴장상태일 것이다. 그러나 식욕과 같은 욕망조차도 실은 다양하며 여러 질과 정도를 갖는다. 성애를 둘러싼 욕망은 더욱 다양하고 다형적이며 자연과 사회 사이에서 구성되는 다양한 관계를 통해 촉발된다. 욕망은 그 자체로 차이와 반복 속에 있고 또 차이와 반복을 내포한다. 그 차이와 반복은 무수한 미립자의 아우성으로 이루어져 있고 잠재성에서 현동성에 이르는 진폭 속에 있다.

무의식 속에서 미리 뭔가 단죄해야 할 역겨운 것(원죄)를 보는 종교적인 발상이 확실히 정신분석에 그림자를 드리우고 있지는 않은가? 니체는 권력과 도덕에 깊이 침투해 있는 '반동적인 힘'을 식별하는 특별한 시각을 갖고 있었다. 그는 정신분석이 널리 받아들여지리라는 것은 모르고 죽었지만 이성과 의식의 배후에서 우글거리고 있는 것이 무엇인지를 날카롭게 통찰했다는 의미에서는 실로 니체야말로 선구적인 정신분석을 실천한 지성이었음에 틀림없다. 그렇지만 저 정신분석은 무의식이 반동적인 힘으로 가득 차 있음을 전제로 하여 분석 과정 그 자체를 역시 반동적인 자세로 구축했기 때문에, 니체에게는 가히 웃음을 터뜨리면서 물리칠 수밖에 없는 적이었을 것이다.

필시 프로이트보다도 니체에(그리고 스피노자, 베르그송에) 충실한 욕망과 무의식 이론(정신분석)이 있을 수 있을 것이다. 무의식을 분석함으로써 인간의 생을 긍정하고 확장하는 대신 오히려 생을 부정하고 감퇴시키며 억압을 용인하고 정당화하는 이론적 경향에는 들뢰즈도 가타리도 결코 가담할 수 없었다.

왜 대중은 파시즘을 원했는가

『안티-오이디푸스』 서두에는 자연과 사회가 일체가 된 순환 속에서 '욕망하는 기계'는 생산, 등록, 소비의 세 과정을 실현한다고 되어 있다. '등록'이라는 용어는 이해하기 어려운데 각 사회적 체제를 결정하는 거대한 신체에 개별 활동이 분배되고 토지가 등기되듯이 주소(address)나 코드가 기입되는 것이라고 이해해도 좋을 것이다. 각 과정이 그 자체로 생산과정인 이상 이것들은 생산의 생산, 등록의 생산, 소비의 생산이라고 바꿔 말할 수도 있다.

들뢰즈·가타리는 이렇게 하여 욕망을 그대로 경제적인 과정으로 간주한다. 적어도 욕망이 경제적인 과정과 밀접하게 관련됨을 전제로 하여 사회 구조를 생각했다. 그러나 그들은 그 이상으로 사회 체제를 결정하고 자본주의를 존속시키는 근본적 원인 수준에(하부구조에?) 욕망과 무의식을 위치시키려고 한 듯 보인다.

예컨대 정신분석이 부르주아 사회의 억압적 도덕(moral)과 한 몸임을 규탄하며 억압으로부터 욕망을 해방하는 사상으로서 정신분석을 재구축하고 그것을 사회주의 혁명에 불가결한 조건으로서 두고자 했던 빌헬름 라이히(1897~1957년)는 『안티-오이디푸스』에서도 몇 번이나 언급된다.

또한 『에로스와 문명』(1955년)과 같은 저작을 저술한 헤르베르트 마르쿠제(1898~1979년)는 프로이트가 양지로 꺼내 놓은 억압을 문명의 근원으로 간주하면서도 바야흐로 억압을 자세하게 살펴봄으로써 억압 없는 문명을 구상하여 일찍이 신좌파 운동에 큰 영향을 주었다. 즉 정신분석을 사회혁명과 결부시켜 새로운 해방 사상을 만들려고 했던 시도에는 전례가 없지는 않았다. 들뢰즈·가타리는 그중에서도 라이히에게 찬사를 아끼지 않았지만 그들은 라이히가 철저하지 못했음도 또한 지적했다.

라이히는 욕망과 사회 영역의 관계라는 문제를 최초로 제기한 사람이었다(그는 마르쿠제보다 더 앞서 나아갔다. 마르쿠제는 이 문제를 경시했다). 라이히는 유물론적 정신의학의 참된 창립자다. 욕망이라는 용어로 문제를 제기하면서 대중은 속고 있고 놀아나고 있다고 너무나도 성급하게 이야기한 조잡한 마르크스주의자의 설명을 거부한 최초의 사람이다. 그러나 라이히는 욕망적 생산의 개념을 충분히 형성하지 않았기 때문에 경제적 하부구조 그 자체 속에 욕망이 개입하는 것, 또 사회적 생산 속에 욕동이 개입하는 것을 규정하는 데까지 이르지는 못했다. (AO, p.141 / (上), pp.227~228.)

"왜 대중은 파시즘을 원했는가"라고 물은 라이히는 어떤 사회운동도 '이데올로기'나 '의식'에 의해 실현되는 것이 아니라 오히려 욕망에 의해 실현됨을 통찰했다. 파시즘이 한 이데올로기나 속아 넘어간 대중의 의식에서 기인했다고 생각한다면 다른 이데올로기나 의식을 주입하면 그것에 대항하기에 충분했다는 말이 된다. 그러나 현실은 결코 그렇게 진행되지는 않았다. 파시즘은 이데올로기 투쟁에 승리한 것이 아니라 욕망의 흐름을 유도하는 데 성공했다. 그것도 결코 합리적인 계산에 기반해서 유도한 것이 아니었다.

　　욕망과 사회 영역은 실로 직접적으로 관계하고 서로가 서로의 안에 편입되어 있다. 몇몇 숨겨진 중심이 서로 공진하고 욕망과 사회 영역을 관통하며 나치즘이라는 지옥의 기계를 발동시킨 것이다. 그렇지만 라이히에게는 아직 모호함이 남아 있어서 욕망을 '주관적인 것'으로 간주하는 한편, 사회적 지평을 '객관적인 것'으로 간주하는 이분법을 유지했다. 그 때문에 그는 "어떤 식으로 욕망이 하부구조의 부분을 형성하고 있는가", 욕망이 어떻게 '객관적인 것'마저도 형성하는가 하는 점까지 생각하지 못했다고 들뢰즈·가타리는 말하는 것이다(AO, p.413 / (下), p.239).

　　들뢰즈는 「정신분석을 둘러싼 네 가지 명제」라는 텍스트에서 프로이트와 마르크스를 통합하려고 하는 몇 가지 시도에 대해 이들은 "리비도 경제학과 보통 경제학의 융화를 목적으로 한다"고 기술하면서도 선을 긋고는 "역으로 우리의 시점으로 보면 오직 하나의 경제학밖에 존재하지 않으며 진정으로 반정신분석적 분석의 과제는 이 경제학 전체의 형태들을 무의식의 욕망이 어떻게 투자[독일어로 bezetzung. 일상적으로는 '자리를 잡게 만듦'으로 직역할 수 있고, 프로이트는 무의식이 억압된 기억이나 표상을 의식의 영역에 자리 잡게, 즉 (그가 성적 에너지의 경제인 리비도 개념을 정립한 것을 고려한다면) 의식에 '투여'하거나 '투자'하는 행위라고 보았다. 영어로는 투자(investment)나 정신 에너지의 집중을 의미하는 카텍시스(cathexis)로, 일본어로는 '비급'(備給), '집중' 등으로 번역된다]하는가를 증명하는 것입니다"(「정신분석을 둘러싼 네 가지 명제」,[4] DRF, p.79 / (上), p.118)라고 말한다.

그렇다면 『안티-오이디푸스』는 대체 어떠한 '욕망 경제학'을 구상한 것인가? 경제학을 모델로 하여 다양한 대상을 향한 성적 욕망(리비도)을 순수한 양으로서 파악하고 그 교환이나 배분이나 유통, 생산과 소비 과정으로서 세계를 일원적으로 파악하는 것이 문제가 되지는 않는다. 욕망을 기계로서 파악하는 관점은 욕망 그 자체를 일정한 범주로 환원하는 것이 아니라 철저하게 다양성, 다형성 속에서 파악하는 것을 원칙으로 한다. 그럼에도 불구하고 오직 "하나의 경제학밖에 존재하지 않는다"라고 말하며 그것을 '유물론적 정신의학'으로서 제창하는 발상은 대체 어떤 이론을 지향하는 것일까?

욕망은 모든 것에게 열린 연결(기계)이다. 욕망을 가족의 표상에서 이탈시켜 세계 경제를 도처에서 작용하는 욕망 측에서부터 분석함으로

---

4 일역은 일찍이 「정신분석에 관한 네 가지 제언」(「精神分析に関する四つの提言」, 宮林寛 訳, 『現代思想』, 臨時増刊 '総特集 ドゥルーズ = ガタリ', 1984. 9.)이라는 표제로 간행되었지만 나중에 「정신분석을 둘러싼 네 가지 명제」(「精神分析をめぐる四つの命題」, 宮林寛 訳, 『狂人の二つの体制 1975-1982』, 宇野邦一 監修, 河出書房新社, 2004)로 간행되었다.

써 이미 『안티-오이디푸스』는 거대한 혼돈으로서의 세계를 제안한다. 욕망은 주관으로도 객관으로도 분할할 수 없다고 할 때 들뢰즈·가타리는 확실히 이 혼돈을 관통하는 한 공통의 면 같은 것을 생각한다. 그것은 무수한 미립자와 끊임없는 촉발 관계로 이루어진 세계를 보았지만 그것을 관통하는 '일의성'의 면을 스피노자가 손에서 놓지 않았던 것과 닮았다.

우리들의 경제를 구성하는 자본, 화폐, 상품, 노동 각자에 경제 바깥의 다양한 요인들(factors)(정치적, 법적, 문화적, 교육적, 성적 등등)이 침투되어 있음과 동시에 어떤 경제적 요인도 욕망과 연결되어 있다. 욕망은 이성 또는 의식으로 규정되는 경우도 있고 단지 무의식이나 정념으로 운동하게 되는 경우도 있을 것이다. 화폐는 바로 이러한 사회적 구성 요소의 배후에 있는 욕망을 하나의 단위 아래에서 한결같이 교환하고 순환시키는 기적적인 장치다. 우리들은 화폐로 욕망을 교환한다고 해도 좋다. 거기서 교환되고 있는 것(욕망 또는 욕망의 대상)은 결코 본래는 등가가 아니지만 등가적인 단위로 변환되지 않으면 교환되지 않는다.

그리고 또 욕망은 많은 경우 교환을 전제로 하며 마치 미리 교환 그 자체를 욕망하고 있는 양 존재한다. 교환되는 것, 등가인 것조차도 욕망의 대상이 되며 욕망의 조건이 되는 양. 이것은 교환 바깥에 있어서 교환을 거부하는 욕망 또한 있을 수 있다는 것이다. "두 형태의 환상이, 혹은 오히려 두 체제가 구별된다. 하나는 '재화'의 사회적 생산이 그 규칙을 '나'를 통해 욕망에 밀어붙이는 길이며 '내'가 갖고 있는 듯 보이는 통일성은 재화 그 자체에 의해 보증된다. 또 하나는 여러 정동의 욕망적 생산이 스스로의 규칙을 제도에 강요하는 길로, 제도를 구성하는 요소는 더 이상 욕동 이외의 것이 아니다"(AO, p.75 / (上), p.123).

서구 세계는 자본주의를 확장하여 보편화하는 데 거의 병행하여 그것과 반대 방향의 발상도 발전시켜 왔다. 자본주의가 촉진시키는 욕망경제의 갈등이나 부조리를 극복하기 위해서는 계획경제와 같은 합리성(즉 공산주의)을 도입할 수밖에 없다는 발상도 강화해 온 것이다. 그러나 합리성의 한계나 합리성이 결과적으로 야기하는 기능부전이나 경직을 다양한 형태로 경험한 뒤 많은 부조리가 함께했다 해도, 역시 자본주의 쪽이 그것을 헤쳐 나가 살아남아 결국 현대세계를 인도해 온 것이다.

자본주의가 욕망의 경제이며 욕망의 교환이라고 한다면 그 교환을 파괴하고 끊임없이 불균형을 야기하는 것도 욕망 그 자체다. 욕망은 확실히 자본주의를 추진하고 또한 끊임없이 위협한다. 욕망은 자본주의의 내부에 있어 그 원동력이 되지만 동시에 자본주의의 외부에, 혹은 경계에 있어 보이지 않는 시스템을 형성한다. 욕망은 끊임없이 교환을 재촉하고 지속시키지만 그래도 아직 교환 같은 것을 모르는, 교환으로 회수되지 않는 꿈틀거림이라는 측면도 갖고 있는 듯하다.

원시토지기계—세계사의 첫 번째 단계

『안티-오이디푸스』의 제3장 「야생인, 야만인, 문명인」에서 들뢰즈·가타리는 세계사의 단계를 세 가지로 나누고 그 각자에 관해 '욕망하는 기계'를 모델화한다.

첫 번째인 '원시토지기계'는 인류학이나 민족학이 대상으로 삼아 온 아프리카적인 부족 조직에 관한 것으로, 여기서는 특히 선조로부터 자손으로 전개되는 '혈연'(filiation)과 혼인관계에 따른 '결연'(alliance)의 상호작용을 문제로 삼는다. 인류학자는 종종 혼인관계의 규칙을 중시하여 이른바 '외가 쪽 교차사촌혼'(남성 쪽에서 보았을 때 어머니의 형제의 딸과 결혼하는 것)이 왜 합리적인지를 설명하려고 한다. 들뢰즈·가타리에게 이렇게 자손의 확보를 목적으로 하여 합리적으로 여성을 교환하는 결연 시스템은 이미 '혈연'을 구성하는 '생물적-우주적인 기억'이 억압되어 친족관계로서 '외연'(外延)되어 있음을 전제로 한다.

결연 규칙은 물론 근친상간 금지와 함께한다. 인류학자는 결연 규칙을 여성의 교환을 규정하는 경제적 규칙으로서 분석하지만 들뢰즈·가타리의 질문은 오히려 결연 규칙과 근친상간 금지가 어떠한 사태를 전제로 하고 어떠한 과정으로서 성립하는가다. 결연 규칙으로서 외연화되는 것은 생물적-우주적인 기억으로서의 '혈연'이며 무릇 혈연이란 인칭도 세대도 모르는 강도의 차원이다. 그것은 단순한 자연상태가 아니고 무질서한 난혼상태도 아니며 인칭이나 세대로서 외연되고 분절되기 이전의 강도의 질서에 속한다.

정신분석은 부족적인 사회의 신화를 종종 오이디푸스 신화의 변형판으로서 해석하고 인류학자는 혼인제도를 여성의 합리적인 교환이라는 관점에서 분석하지만 들뢰즈·가타리는 '원시토지기계'가 내포하는 차이와 강도를 근대적인 오이디푸스 신화로, 혹은 합리적 교환이라는 관점에 서서 제거해 버리는 것을 대단히 경계했다.

혼인제도로서 표상되는 외연적 체계 이전에는 한 자연체계가 있어야만 한다. "자연 시스템에서는 강도들이 분배되고 그중 어떤 것은 상쇄되어 흘러가는 것을 막으며 다른 것은 그 흐름을 통과시킨다"(AO, p.220 / (上), p.353). 그러한 강도의 장으로서 '혈연'의 차원이 존재해야만 한다.

확실히 '결연'은 이미 규칙의 체계이며 코드화의 작용 그 자체이지만, 코드화되는 것은 결코 교환이 아니며 우선 교환 이전의 강도다. 그러한 의미에서 원시사회의 신화는 인칭화된 인물들의 이야기가 아니고 외연된 차원에서 성립하는 교환(경제)의 이야기도 아니며 강도의 질서의 이야기이자 그것을 처음 강도의 질서 바깥으로 전개하는 시도이기도 하다.

그리올이 보고했듯이 자신이 떼어 낸 태반 속에 숨어든 신의 아들 유루구는 어머니의 형제와 같은 것으로 이로써 어머니와 일체화한다. "사실 이 인물은 영양을 공급하는 태반의 일부, 즉 자기 자신의 어머니의 일부를 지니고 공간 속으로 나왔다. 그는 또한 이 기관이 본래 자신에게 속하는 것이며 자신이라는 인물의 부분을 이루는 것이라고 간주했다. 따라서 그는 자신을 낳은 어머니와, 이 경우에는 세계의 자궁과 동일화하고 이 어머니와 자신을 동일화하며 **세대라는 점에서는 이 어머니와 같은 위치**에 있다고 생각했다…. 그는 무의식중에 자신이 어머니 세대에 상징적으로 소속하고 있고, 자신이 구성원인 실제 세대로부터는 분리되어 있다고 느낀다. 그에 따르면 그는 **자신의 어머니와 같은 본질, 같은 세대**에 속하고 있기 때문에 자신을 낳은 어머니와 쌍둥이인 남자와 동일시되고 두 구성원을 쌍으로 하는 신화적 규칙에 따라 이상적인 남편으로서 추천받게 된다. 즉 그는 그를 낳은 어머니의 의사적 형제라는 자격으로 어머니 쪽 삼촌의 입장에 있고 이 여성의 지정된 남편인 것이다." 이 차원에서 등장인물들인 어머니, 아버지, 아들, 어머니족 형제, 아들의 자매는 이미 나타나 있다. 그렇지만 이들이 인물이 아니라는 것은 명백하며 또한 놀랄 만하다. 그들의 이름이 나타내고 있는 것은 인물이 아니라 '한 진동하는 나선운동'의 강도적 변화이고 여러 포함적 이접이며 필연적으로 쌍둥이적이면서 남녀양성적[bisexués]인 상태에 있어 여기서는 한 주체가 우주적 알 위를 이동해가는 것이다. 모든 것을 강도로서 해석해야만 한다. (AO, pp.185~186 / (上), pp.296~297.)

여기서 '포함적 이접'이라 하는 것은 들뢰즈가 다른 저작에서도 반복하는 기묘한 논리를 말한다. '이접적 개념'은 '선언(選言)적 개념'이라고도 불리며 개념의 외연이 겹치는 일 없이 완전히 분리되는, A인가 B인가, 삶인가 죽음인가, 남성인가 여성인가, 겉인가 속인가 하는, 보통 양립하지 않는다고 간주되는 개념의 조합을 말한다. 그러므로 '이접'은 필연적으로 배타적일 수밖에 없지만, 들뢰즈·가타리는 분열증 환자에게는 '산 자 혹은 죽은 자이며, 동시에 양자이지는 않다'라는 상황 또는 논리가 성립한다는 데 주목했다.

바슬라프 니진스키(1890~1950년)는 수기에 "나는 신이다, 나는 신이 아니었다, 나는 신의 어릿광대다"라고 썼다. 사뮈엘 베케트 (1906~89년)의 소설에는 "한밤중이다, 비가 창 유리를 때리고 있다. 한 밤중이 아니었다. 비는 내리고 있지 않았다"라는 기묘한 문장이 출현한다. 이것은 배타적이 아니며 '포함적인' 이접이다. 『안티-오이디푸스』가 인용하는 도곤족 신화의, 나는 어머니의 자식이며 형제이고 남편이다 라는 환상적 상황도 역시 이러한 '이접'에 해당한다. 이것은 결코 모순을 종합하려는 변증법적인 논리가 아니다.

> 분열증 환자는 이접적 종합을 모순의 종합으로 대신하지 않는다. 그런
> 것이 아니라 이접적 종합의 배타적, 제한적 사용을 그 긍정적 사용으
> 로 대신하는 것이다. 그는 변함없이 이접 속에 있고 거기에 머물러 있
> 다. 그는 갖가지 모순을 심화함으로써 이것들을 동일화하고 이접 작용
> 을 소멸시키지 않는다. 반대로 그는 불가분한 거리를 날아서 옮겨 다
> 니면서 이접 작용을 긍정하는 것이다. 그는 단순히 '남녀양성'도 아니
> 고 남성과 여성 사이에 존재하는 것도 아니며 또한 '간성'[intersexué]도
> 아닌 횡단적 성[trans-sexué]인 것이다. (AO, p.91 / (上), pp.149~150.)

분할 불가능한 거리를 끊임없이 날아 옮겨 다니며 "한 주체가 일
체의 가능한 술어를 편력하는" 이 환상적인 논리는 강도의 질서에 대응
하는 '진동하는 나선운동' 그 자체와 다름이 없다. 이것은 양식(良識)의
논리로는 모순일 뿐이며 환상이나 착란일 뿐이다. 강도의 차원을 이미
외연한 곳에서 지각되는 양과 질만을 기준으로 하여 세계를 파악하려
한다면 '이접적 종합' 같은 것은 있을 수 없을 것이다. 이러한 논리를 들
뢰즈·가타리는 근친상간이 금지되기 이전 원시사회의 신화적 표상, 또
한 현대의 분열증을 관통하는 것으로서 완전히 긍정적으로 파악한다.

전제군주기계—세계사의 두 번째 단계
'원시토지기계' 뒤에 나타나는 것은 '야만적인 전제군주기계'다. 대지에
달라붙어 있는 부족적인 사회에 제국 혹은 국가가 찾아온다. '야만적'이

라는 말은 고대 그리스에서 사용했던 바르바로이(이민족)라는 뉘앙스에 가깝다. 전제군주는 바깥에서 다가오는 도착적 인간(손님)이다.

들뢰즈·가타리는 니체가 국가에 관해 썼던 대목을 인용한다(『도덕의 계보』(1887년)). "그들은 운명처럼 원인도 근거도 고려도 구실도 없이 도래한다. 그들은 번개같이 재빠른 속도로 거기에 존재한다. 너무나도 무섭고 너무나도 당돌하며, 너무나도 설득력 있고 너무나도 다르기 때문에 증오의 대상조차 되지 않을 정도다. 그들의 과업은 본능적으로 갖가지 형식을 창조하는 것이며 갖가지 각인을 새기는 것이다"(AO, p.226 / (上), pp.361~362).

마르크스주의는 무엇보다도 우선 경제적인 축적(stock)을 충분히 갖게 된 사회야말로 지배계급을 낳고 국가를 확립하게 된다고 진화론적 도식에 따라 생각한다. 니체와 공명하는 들뢰즈·가타리는 국가가 흡사 부족사회의 바깥에서 '번개'처럼 도래한다고 생각한다. 경제적인 축적이 국가를 출현시키기는 것이 아니라 국가가 출현한 곳에 경제적인 축적이 발생된다. 그리고 국가 쪽은 항상 돌연 아무런 전제도 없이 당돌하게 도래한다. 그 결과 스톡에 관해, 토지의 소유에 관해, 생산, 등록, 소비에 관해 완전히 다른 조직형태가 생겨난다. 전제군주기계는 국가, 관료제, 문자 권력, 그리고 역사를 야기하게 된다. 이것은 머지않아 새로운 기계로 대체될 것인가? 그러나 결코 소멸하지는 않는다. 오히려 새로운 기계와 조우함으로써 불멸의 기계가 된다고도 말할 수 있다.

'전제군주기계' 뒤에는 '문명자본주의기계'가 도래하지만 결코 제국적인 것, 국가적인 것이 전면적으로 자본에 삼켜져 버리는 것은 아니다. 오히려 자본 순환의 어떤 측면에 국가는 단단히 뿌리를 내리고 있

다. 힘도 형태도 산일(散逸)해 버리는 듯 보이면 보일수록 국가는 손댈
수 없는 위협과 봉쇄의 역능을 발휘하게 되는 것은 아닐까.

들뢰즈는 가타리와 한 공동작업에서 국가에 관한 사유를 비약적
으로 발전시켰지만 원래부터 사고와 신체 속에 뿌리를 뻗고 있는 국가
적인 것의 위협에 관해 극히 민감했다. 20세 무렵에 썼던 「그리스도에
서 부르주아지로」라는 텍스트도 영혼과 내면으로까지 침투한 국가에
대한 비판을 주제로 한 것이었다. "이리하여 사적(私的) 주체는 국가에
의해 비개인적으로 규정되고 움푹 패인 곳으로서 부정적으로, 국가로
부터 달아나는 것으로서, 그럼에도 국가가 **통제하는** 것으로서 규정된
다"(LAT, p.273 / p.346).

20세 청년 들뢰즈의 이러한 국가에 대한 예리한 시선은 나중에도
점점 강화되어 간다. 『천 개의 고원』은 '국가장치'에 관한 하나의 긴 장
을 포함하며 더욱더 집중적으로 국가론을 전개한다. 『안티-오이디푸
스』는 국가조차 일종의 '기관 없는 신체'로서 설명한다.

> '국가'는 상대적으로 고립되고 따로따로 작동하는 갖가지 하위집합을
> 통합하는 초월적인 상위 통일체이며, 이 하부집합들을 벽돌 모양으로
> 전개하고 단편으로 구축하는 작업을 할당한다. 산일한 부분대상을 기
> 관 없는 신체 위에 부착시키는 것이라고 해도 좋다. (AO, p.235 / (上),
> p.375.)

'국가'는 온갖 '벽돌'에 형식적 통일성을 부여하는 법률을 갖고 신
민들에게는 무한한 부채를 짊어지게 하며 대규모 토목공사에 징용하고

입법, 관료제, 회계, 징세 등에 종사하며 문자(서기)를 사용하는 한 거대한 계급을 수반한다. 이러한 변화 전체가 한 군주의 초월적 신체에 등록된다. '국가'는 완전히 독자적인 '기관 없는 신체'를 갖고 있는 것이다.

로마 황제들이 종종 근친상간을 행한 것은 결코 권력의 남용이나 권력을 등에 업고 행한 침범 등이 아니었다. 오히려 근친상간은 군주의 혈연을 신에게서 직접 유래하는 것으로 만들며 부족사회의 결연 원리를 무화해 이른바 부족사회의 바깥에 새로운 결연의 기초를 놓는 계기(契機)였다. 이것은 전제군주를 초월적인 존재로 만들기 위한 창조적이기까지 한 행위였다.

이러한 계기와 몇몇 장치(대공사, 문자, 관료제, 세제 등등)를 통해 군주의 신체는 부족사회 수장들의 권위와는 완전히 다른 역능을 획득하게 되는 것이다. 원시사회의 온갖 규칙 체계(코드)를 더욱 상위에서 통합하는 초코드화가 실현된다. 전제군주는 외부로부터 도래하여 종종 황야나 사막에서 시련을 거쳐 이윽고 한 세계를 철저하게 내부로서 질서정연하게 정립하고 폐쇄하는 존재이며, 이런 의미에서도 '도착적'인 존재이다.

들뢰즈·가타리는 이 도착을 편집증(paranoia)이라 부르며 자본주의의 근간에 있는 분열증(schizophrenia)과 대비시킨다. 그리고 전제군주의 편집증은 결코 자본주의의 도래와 함께 사라지지 않고 자본주의의 운동을 결정하는 또 한 극(極)으로서 살아남는다. 자본주의에 내재하는 편집증은 확실히 이미 같은 편집증, 같은 국가장치가 아닐 것이다. 그러나 "너무나도 무섭고 너무나도 당돌하며, 너무나도 설득력 있고 너무나도 다르다"고 니체가 형용한 국가의 특징은 반복해서 망령처럼 되살아나고, 망령과 같기 때문에 더욱더 효과적으로 현실 세계에 작용할지도 모른다.

4. 욕망과 자본주의

자유롭고 아무것도 갖지 않은 노동자의 노동력도, 자유자재로 유통되는 화폐(자본)도 제각기 다양한 사회에 여러 형태로 존재할 수 있었는데도 이 둘이 결부되어 자본주의를 형성했던 일은 일찍이 없었다. 서구 근대에서 처음으로 이 둘이 결부되어 노동력 가치의 끊임없는 변화와 자본의 끊임없는 유동이 불가분한 형태로 결합해 유동과 변화와 경쟁을 원리로 하는 완전히 새로운 사회 시스템이 형성되었다. 온갖 물질, 에너지, 자연, 코드, 기호, 관념 그리고 욕망이 이 '유동' 시스템 속으로 휩쓸려 들어갔다.

코드(규칙)라는 관점에서 보면 '원시토지기계'는 특히 친족구조(그리고 토테미즘)로서 나타난 코드화 체계에 의해 규정되었다. '전제군주기계'는 다양한 코드(도덕, 법, 관료제, 세제, 회계, 기술 등등)의 상위에 서서 코드를 도맡는 초코드화의 체계였다. 이렇게 다양한 수준에서 세계를 결정했던 코드는 끊임없이 순환하는 자본을 통해 인도되고, 유동성을 원칙으로 하는 사회 속에서 완전히 다른 체계 속으로 들어간다.

코드는 결코 소멸하지 않지만 이제는 경제적 활동을 상위에서 결정하는 것이 아니라 역으로 온갖 코드를 변화상태로 유도하는 자본의 운동에 의해 규정되며 끊임없이 변경된다. 자본주의 이전의 사회체제는 이러한 격변을 미리 피하고자 하려던 것처럼, 종종 화폐의 증식을 억제하고 상업과 금융 세력에 대해서도 경계했으며 그것을 금지까지는 하지 않더라도 제한하고 국지화하려는 양 행동했다.

들뢰즈·가타리는 마르크스의 분석에 상당히 충실하게 이미 신화나 토템에게도, 폭군이나 제국에게도 지배받지 않고 단지 상품의 순환과 유동을 원칙으로 하는, 어디까지나 내재적인 시스템으로서 자본주의를 정의했다.『자본』은 마르크스주의의 관점에서 보면 공산주의를 실현해야 할 혁명의 필요성과 필연성을 증명하기 위해 자본주의가 어떠한 모순을 품고 있고 어떠한 '물신화'의 장치인지를 통찰한 저작일 것이다. 이것이 물신화라고 하는 것은 자본주의는 인간이 협동하여 사물을 생산하고 사용하며 교환하는 과정을 한결같이 상품과 화폐라는 '사물의 관계'로 번역해 버리기 때문이다.

이러한 입장에 동의하지 않고 자본주의가 무엇인지를 묻지 않으며 그 이외의 어떠한 시스템이 가능한가도 묻지 않는다고 한다면, 경제학은 노동하여 수입을 얻는 노동자가 있고 이윤을 낳는 자본이 있으며 이것들을 매개하여 경쟁시키는 시장이 있음을 당연한 전제로 해서 그 법칙이나 경향을 구체적으로 분석하려고 할 것이다. 역사와 함께 달성된 이 경제 시스템은 경제인 이상 철저하게 사물의 유통, 교환 시스템이지만 이 시스템은 인간과 사물, 인간과 자연 사이에 있는 관계, 그리고 인간과 인간의 관계를 전제로 한 사물의 관계다.

이러한 의미에서『자본』은 혁명 이론인 이상으로 자본주의 경제를 들여다보며 인간과 인간, 인간과 사물의 관계가 어떻게 자본주의적 경제로서, 또한 내재적인 교환 시스템으로서 현상하는가를 응시하고자 한 저작이며 또한 그러한 시각의 기초를 지은 철학적 시도라고 할 수 있다. 바로 그렇기 때문에 사망 수년 전까지도 『마르크스의 위대함』이라는 마지막 저작을 구상했던 들뢰즈는 임종 시까지 마르크스에 대한 강한 관심을 잃어버리지 않았던 것이다.

들뢰즈·가타리의 자본주의론은 자본주의를 한 '구조'로서 파악하려고 한 루이 알튀세르나, 자본주의가 어떠한 내재적인 '기계'인지를 현대 금융자본의 특징을 염두에 두고 분석한 경제학자들(특히 베르나르 슈미트)의 성과에 힘입은 바가 적지 않다. 노동력의 미세한 변화 dy와 자본의 미세한 변화 dx가 상호관계하여 자본의 운동을 결정한다(dy/dx). 미분법에 따르면 dx도 dy도 그 자체로는 규정할 수 없고 오로지 상호관계함으로써만 규정되는 양이다.

그렇지만 『안티-오이디푸스』는 자본과 노동의 분석에만 머물 수는 없었다. 들뢰즈·가타리에게 역시 문제였던 것은 이러한 시스템과 '욕망'의 관계였다. 이 시스템은 어떤 욕망에 의해, 욕망의 어떤 운동에 의해 규정되는가? 또한 욕망 쪽은 이 시스템에 의해 어떻게 규정되는가? 다양한 욕망의 미분(dx)이 다양한 관계에 들어가 그 관계가 욕망의 미분에 작동하여 다시금 관계의 연쇄를 증식시켜 간다. 욕망과 자본주의는 끊임없이 상호작용한다. 그렇다면 자본주의와 함께 욕망은 대체 어떤 변화를 이루었고 또 이루고 있는가? 이것을 통찰하지 않고 자본주의를 변화시키는 것을 발상하기는 어려울 것이다.

문명자본기계—세계사의 세 번째 단계

온갖 사물이나 관념을 무차별적으로 끌어들여 경계를 없애고 온갖 질을 화폐라는 양으로 환원하며, 더욱이 그 양의 기준 그 자체를 끊임없이 부유시키는 자본주의는 이런 의미에서 실로 기관을 잃어버린 신체, 즉 '기관 없는 신체' 상태에 매우 가깝다.

옛날에는 대지라는 신체가, 다음으로는 전제군주의 신체가 온갖 사상(事象)을 차별 없이 스스로의 신체에 등록하고 있었기 때문에 그들도 역시 독자적으로 '기관 없는 신체'로서 작용하고 있었다고 말할 수 있다. 그렇지만 그들은 자본주의가 모든 것을 끌어들여 그 교환, 월경(越境), 유동을 온갖 사물, 신체, 성(性), 언어, 그리고 대지와 대기에 이르기까지 전파시켜 가는 강도와 속도에는 훨씬 미치지 못했다.

『안티-오이디푸스』는 아직 소비에트 연방이 강고하게 존재했고 자본주의 국가들에서도 공산주의 혁명의 구상과 몽상이 존재했으며 사회주의 정당이나 노동조합이 자본주의에 저항하고 경우에 따라서는 그것을 수정하고 조정하는 존재감을 확실히 갖고 있던 시대에 쓰였다. 이것은 또한 좌익 정당이나 혁명운동의 경직과 교조주의에 대한 비판이 사회주의 국가의 강권과 탄압에 대한 저항과 함께 첨예하게 나타나게 된 시기이기도 했다.

동시에 자본주의에서도 기성 사회주의에서도 희망을 발견할 수 없었던 다른 '혁명'이 논의 대상이 되었고 다시 도처에서 국지적으로 표현되어 실천되기도 했다. 결코 정치만을 혁명하는 것이 아니라 욕망을 혁명하는 것이 처음으로 정치적 과제가 되었다고 환언해도 좋다. 1968년 5월은 실로 그러한 '혁명'을 집중적으로 표현하는 '사건'이었다.

욕망의 혁명은 성의 해방이라는 과제와 결코 무관하지 않으며 오히려 밀접하게 결부되어 있었다. 그렇지만 앞에서 언급했듯이 라이히와 마르쿠제가 주장한 혁명과 반드시 전면적으로 협조하지는 않은 들

들뢰즈·가타리는 욕망을 성과 성욕의 차원보다도 보다 광대한, 인간과 자연을 관통하는 하부구조와 같은 것으로서 생각했다. 그러므로 성의 해방이라는 과제도 그러한 욕망의 확장 속에서 파악했다.

욕망의 혁명이란 욕망을 혁명하는 것이며, 또한 욕망이 무엇인지를 혁명하는 것일 테다. 여기서는 어디까지나 다형적이고 생산적이며 오이디푸스적인 표상과 관계의 바깥에서 유동하는 욕망이 문제가 된다. 이 사회에서는 다양한 질과 양의 욕망이 끊임없이 교착하고 충돌하고 있다. 여기에는 또한 욕망의 '표상'이 끊임없이 개입하고 있다. 자본주의기계라는 거대한 '기관 없는 신체' 위에서 욕망이 유동하고 충돌하며 교착하고 끊임없이 가면을 쓰고 표상을 갱신하고 있다.

자본주의 시스템은 확실히 욕망의 흐름을 조정하고 스스로를 뭔가 대규모의 파괴나 충돌로부터 지키려고 하는 듯 보인다. 이 조정은 끊임없이 배제, 폐쇄, 억제를 동반한다. 이것이 인간 사회를 방어하는 것으로도 이어진다고 생각되어 왔다. 그렇지만 이것은 "인간은 힘을 욕망하면서 동시에 자기 자신의 무력(無力)조차도 욕망하는 사태에 이르렀는가"(AO, p.284 / (下), p.49)라고 물어야만 할 것 같은 냉소적인 상황을 낳고 있기도 하다. 그리고 무력 정도가 아니라 한편으로는 전쟁과 환경 파괴조차 필요한 폭력인 양 계속 확대해서 자본 시스템 속에 편입시켜 온 것이다.

오이디푸스의 표상조차도 이 시스템 속에서 역시 조정 역할을 맡아서 가족 규범을 둘러싼 신경증적 상황(파더 콤플렉스, 마더 콤플렉스) 속에 욕망을 가두어 왔다. '성욕'이라는 표상 그 자체조차도 욕망을 조작하고 제한하며 획일적인 흐름으로 만들도록 작용할 수 있는 것이다.

스피노자주의를 배경으로 한 들뢰즈·가타리의 욕망론은 당연하지만 "인간의 신체가 많은 방식으로 자극될 수 있도록 하는 것, 혹은 신체가 외부의 물체로까지 다양한 방식으로 자극을 미칠 수 있도록 만드는 것은 인간에게 유익하다"(『에티카』, 제4부 정리 38; 일역 スピノザ 2007, p.353)며 긍정적인 촉발(기쁨의 정동)과 함께 욕망을 사유하고자 할 것이다. 성욕은 확실히 생식 본능과 분리할 수는 없다고 해도 성욕의 현실은 가족과 사회와 자연과의 관계 속에서 일어나는 다양한 '촉발'과 함께하며 촉발을 통해 형성되는 것이다.

새로운 『자본』

자본과 욕망 사이에는 확실히 다의적인 관계가 있을 수 있다. 자본주의는 완전히 획일적으로 금전에 대한 욕망에 의해 움직이고 있는 듯 보인다. 그러나 그 금전도 다양한 다른 필요와 욕망을 만족하기 위한 수단일 수 있기 때문에 획일적인 욕망의 대상이 되는 것이다. 그리고 금전을 얻기 위해 인간은 많은 경우 자기 욕망의 실현을 연기해서 노동한다. 물론 인간은 노동조차도 욕망의 대상으로 만들 수 있다. 많은 경우 노동은 욕망을 실현하기 위한 수단이긴 해도 욕망의 대상은 아니지만, 그 노동의 장에서조차도 '자기실현', '타자에 의한 승인', '보수', '인간관계'와 같은 형태로 욕망의 회로가 펼쳐져 있다.

자본주의는 한없는 욕망에 의해 움직여지고, 욕망을 자극하고 다양하게 만들어 가지만 한편으로는 어디까지나 욕망의 실현을 지연하고 배제한다는 점에서 매우 냉소적인 시스템이다. 이 체제는 욕망에 의해 확장되고 거대화하며 가속되지만 한편으로는 욕망을 변질시키고 피폐하게 만들며 배제하고 비참한 것으로 만들어 간다.

왜냐하면 첫 번째로 명백한 것은 욕망은 인물이나 사물을 대상으로 할
뿐만 아니라 스스로가 편력하는 환경 전체, 스스로가 합체하는 온갖
성질의 진동과 흐름을 대상으로 하며 그것들을 절단하고 혹은 포획한
다. 이것은 항상 방랑하고 이주하는 욕망이며 우선 '거인증'[이상발육,
gigantisme]의 특질을 갖고 있다. 샤를 푸리에만큼 이것을 적절하게 보
여 주었던 자는 없다. 요컨대 생물학적 환경과 마찬가지로 사회적 환
경은 함께 무의식의 투자 대상이고 이 투자는 필연적으로 욕망하는 것
이며 또는 리비도적으로 욕구나 이익의 전의식적 투자들에 대립한다.
성적 에너지로서의 리비도는 직접적으로 대중이나 큰 집단의, 즉 유기
적이고 사회적인 영역의 투자다. (…) 실제로는 성애[la sexualité]는 도처
에 존재한다. 관료가 자기 서류를 쓰다듬는 태도 속에, 재판관이 판결
을 내리는 태도 속에, 실업가가 돈을 사용하는 태도 속에, 부르주아가
프롤레타리아를 비역질하는 태도 속에 등등. 은유에 호소할 필요는 조
금도 없으며 리비도가 변모할 필요도 없다. 히틀러는 파시스트들을 발
기시켰다. (AO, p.348 / (下), pp.146~147.)

도처에서 욕망의 연결과 절단을 보는 것, 가족의 이미지에 리비도
를 가두지 않는 것. 이 발상은 성욕과 성도착을 사회를 조화롭게 구성하
기 위한 긍정적 요소로 간주한 샤를 푸리에(1772~1837년)의 발상의 연
장선상에 있다. 이것은 또한 '공상적 사회주의자'라 불린 푸리에의 사상
을 결코 '공상'으로 간주하지 않고 경제의 근간에 있으며 경제를 규정하

는 다형적인 요소로서 욕망을 재발견하려고 하는 것이다.

경제는 끊임없이 욕망을 은폐하고 배제하며 변형하지만 그럼에도 불구하고 욕망이야말로 경제를 움직이고 경제의 목표가 되기도 한다. 욕망이야말로 경제보다도 근원적이다. 그러나 욕망은 확실히 한 전개의 경로로서 경제라는 차원을 구성한다. 새로운『자본』을 쓰는 것을 하나의 목표로 삼은『안티-오이디푸스』는 실로 이것을 본질적으로 다시 생각하려 한 것이다.

들뢰즈와 서로 영향을 주고받았으며 기묘할 정도로 푸리에 충실한 사상과 이야기를 전개해 온 피에르 클로소프스키(1905~2001년)는 이렇게 썼다. "경제적 규범들 또한 정동의 부차적 구조를 형성할 뿐이며, 최종적 하부구조를 형성하는 것은 아니지 않은가. 그리고 설령 최종적 하부구조라는 것이 존재한다고 한다면 그것은 여러 정동들과 충동들의 운동으로 구성되어 있는 것은 아닌가"(일역 クロソウスキー 2000『살아 있는 화폐』, p.22).

경제란 욕망의 경제이며 자본주의란 욕망의 자본주의임에 틀림없지만 자본주의 경제는 화폐의 형태와 그것에 철저하게 종속되는 노동의 형태를 통해 욕망을 변형하고 굴절시킨다. 가족도 성애도 그러한 욕망의 경제 속에 편입된다. 욕망은 이러한 경제의 외부로부터 경제를 끊임없이 움직이게 만들고 있는데도 이 경제는 철저하게 스스로의 내부에 이 욕망을 굴절시켜 가두고 종종 욕망의 표상만을 유통시킨다.

들뢰즈·가타리에게 분열증이란 바로 이러한 욕망의 외부성이 내부로 향해 뭉개져 버리는 곳에서 나타나는 '질병'이다. 분열증은 욕망의 외부성의 기호다. 자본주의는 욕망을 내부 영역으로서 구성하는(내부화하는) 기계이며 그러한 기계로서 성립한다. 들뢰즈·가타리는 자본주의의 이러한 측면을 '공리계'라 부른다.

자본주의는 끊임없이 분열증이라는 극한(외부성의 기호)을 향해 걸어가면서 스스로 독자적인 '공리계'를 통해 분열증을 배제한다. 욕망 그 자체는 조금도 병이 아니다. 병은 욕망을 변형하려고 하는 장치의 효과, 그 변형의 효과로서 나타날 뿐이다.

이 세계에서 생기하는 모든 것을 분열증을 기준으로 하여 바라보는 것은 욕망의 외부성을 끊임없이 시야에 두고 이 사회의 외부와 내부의 경계상에서 온갖 사상을 바라보는 것이다. 분열증은 분석 대상이나 증례가 아니라 분석의 원리가 되며 방법이 된다. 그렇기 때문에 들뢰즈·가타리는 『안티-오이디푸스』 후반부에서 '정신분석'이 아닌 '분열(schizo)분석'을 주장한다.

'분열분석'의 제1과제란 욕망 그 자체의 실재성(reality)을 발견하고 욕망의 면과 과정을 발견하는 것이다. 리비도 경제학은 결코 리비도의 생산, 등록, 소비 시스템을 생각하거나 그 유통을 계량화하거나 하는 것을 지향하지 않는다. 오히려 경제와 욕망이 겹쳤다가 일탈하고, 서로 자극하다가 대항하는 과정을 세밀하게 바라보고 욕망의 다양한 강도와 그 변질, 그 외부성, 그 주름을 검출하려고 한다. 정신분석은 바로 욕망과 경제가 자아내는 이러한 주름을 감지하면서 그것을 내부로 접어 넣으려 해왔다. 분열분석은 이 주름을 외부를 향해 펼쳐 또 하나의 리비도 경제학을 시도하는 것이다.

『안티-오이디푸스』에서 인용하는 헨리 밀러의 텍스트는 욕망의 외부성을 응축적으로 표현한다.

그러므로 나는 우리 시대의 분열증적 성격에 관해 이야기하면서 이렇게 말했던 것이다. 과정(process)이 완결되지 않는 한 세계의 배[腹]가 제3의 눈일 것이라고 말이다. 나는 이것으로 무엇을 말하려 했던 것인가. 우리들이 허우적거리고 있는 이 관념의 세계에서 새로운 세계가 생겨나야만 한다는 것뿐이다. 그렇지만 이 새로운 세계는 그것이 수태되어야만 출현한다. 그리고 수태하기 위해서는 우선 욕망해야만 한다. (…) 욕망은 본능적이고 성스러운 것이다. 우리들이 무염시태를 실현하기 위해서는 욕망에 의할 수밖에 없다. (AO, p.355 / (下), p.157.)

들뢰즈·가타리는 욕망은 성스러운 것이라고 하며, 혹은 혁명적이라고 하며 욕망의 유토피아와 같은 것을 만들어 버렸다고 종종 비난받아 왔다. 그들은 분열증자들을 거의 위대한 모험가처럼 간주했다. 들뢰즈·가타리는 확실히 욕망의 혁명, 욕망에 의한 혁명을 구상했고 현실의 도처에서 그것을 발견하기도 했다. 욕망의 외부성과 긍정성에 관한, 특히 문학자들의 텍스트를 무수히 집어넣어 난류 같은 기술(記述)을 전개했다.

이러한 기술이 욕망이 더듬어 가는 과정에 대한 정치한 분석과 함께였음을 보지 못한다면, 또한 욕망의 외부성과 긍정성에 관해 조금도 감수성을 갖지 않는다면 이 책의 도발과 실험을 받아들이는 것은 어려워질 것이다. 이 책은 실로 도발적이고 실험적이다. 그리고 도발적이고 실험적인 만큼 충분히 많은 오해와 무지, 태만에 노출되어 왔다.

『안티-오이디푸스』는 니체의 '힘', 스피노자의 '정동'같이 세계를 구성하는 철저하게 내재적이고 긍정적인 원리로서 '욕망'을 재정의했다고 해도 좋을지도 모른다. 이것이 힘도 정동도 아닌 욕망이어만 하는 것은 자본주의를 만들어 내는 '무의식'이 문제의 초점이 되기 때문이다. 마르크스가 말하는 생산의 범주와 프로이트가 말하는 무의식을 관통하는 내재적인 차원을 '힘'이나 '정동'의 사유에 비추어서 현대에 재고하려고 했기 때문이다.

욕망을 긍정하기만 하면 사회가 엉망으로 흐트러져 버린다는 일견 도덕적 발상은 욕망을 미리 통속적인 기지의 이미지에 가둔다. 가부장, 관료, 교육자, 경영자, 정치가, '실업자'들의 권력과 일체가 된 욕망과 그 표상이 끊임없이 옛 도덕을 불러들여 욕망에 빈약한, 한심한 옷을 입혀 버린다. 그들 자신의 사적 경우의 욕망이 실로 그러한 넝마조각을 걸치고 있는 것이다. 지배욕과 일체인 그러한 도덕과 경건함, '국민으로서의 의무' 등등의 이 '신성동맹'은 이 책에서는 철저하게 비판받으며 큰 웃음의 대상이 되었다. 따라서 이 책은 열광적으로 환영받음과 동시에 역으로 소란스러운 '비판'의 표적이 되기도 했다. 설령 학문적인 비판의 형태를 취했다 해도 이 비판 대다수는 완전히 고색창연한 도덕적 성격을 갖고 있었다.

『안티-오이디푸스』는 정신분석 욕망론의 '팔루스', '거세', '실재계', '상상계', '상징계'를 대신하는 도식을 제시하지는 않았다. 분열분석이 주목하는 것은 오히려 천 개의 욕망의 표출이며 '사회적 생산'도 예술작품도 무의식의 도식에 따라 해독되지 않고 천 개의 타입의 욕망 혹은 욕망의 연결로서 해독된다. 이것들은 천 개의 욕망기계의 표현, 즉 실현이기도 하다. 이윽고 이것들은 '천 개의 고원'으로 환원된다. 이 분석은 정신분석보다도 때마침 지니고 있는 수단을 동원하는 어지러운 브리콜라주와 닮았지만 들뢰즈와 가타리는 스피노자주의적인 체계의 사유를 결코 방기하지 않았다.

제4장 미립자의 철학: 『천 개의 고원』을 독해하다

1. 질문의 전환
『안티-오이디푸스』에서 『천 개의 고원』으로

들뢰즈와 가타리가 『안티-오이디푸스』의 속편으로서 『천 개의 고원』을 발표한 것은 8년 뒤인 1980년이었다. 이 시기부터 들뢰즈는 외출도 여행도 줄어들었고 미디어에 등장하는 일도 드물어졌다. '노마드란 움직이지 않는 것이다'라는 역설적인 발언을 반복했다.

1976년부터 파리 제8대학에서 공부하기 시작했던 나는 바로 이 시기에 들뢰즈의 강의에 나가기 시작했다. 『안티-오이디푸스』도 『차이와 반복』도 아직 윤곽을 잘 파악하지 못했다. 그러나 들뢰즈 사상의 모티브와 정동 같은 것에는 돌연 강하게 촉발되었다. 그의 강의에 참석하는 것은 그의 사유가 직면하고 있는 카오스를 어느 정도 공유하고 카오스를 앞에 둔 시행착오의 현장에 참가하는 것이었다. 어떤 철학자의 강의를 청강한다는 체험에 지나지 않던 것이 어느새 뭔가 이상한 시간이 되었다. 때때로 들뢰즈의 교실에 아직 젊었던 가타리가 모습을 드러냈고 그의 발언도 들을 수 있었다.

들뢰즈·가타리의 공동작업은 이미 10년 이상에 이르고 있었다. 들뢰즈는 이 공동작업이 어떤 것이었는가를 설명하면서 "우리들은 완전히 익숙해져 버려서 상대가 어디로 가려고 하는지 바로 알게 되었다. 우리들의 대화는 점점 생략이 가능하게 되었고 우리들 두 사람 사이라기보다도 우리들이 횡단해 가는 영역들 사이에 온갖 공진을 일으키게 할 수 있게 되었다"(「우노에게 보낸 편지」, DRF, p.220 / (下), p.60)라고 술회했다.

두 사람의 공저는 단순히 두 사람 사상의 총합 이상의 의미를 갖고 있었다. "우리들은 『안티-오이디푸스』를 둘이서 썼다. 두 사람 각자가 여럿이었기 때문에 이미 많은 사람들이 있었던 셈이다"(MP, p.9 / (上), p.15)라는 『천 개의 고원』 서두가 보여 주듯이 이 공저는 두 사람의 인칭 이상의 복수성, 다수성, 집단성 속에서 쓰였다.

실제로 이 책에는 수많은 서적이나 논문은 물론 친구와 청강자들이 보낸 미발표 논문과 익명의 문서가 종종 다수 인용되었다. 쓰기와 저자, 사고와 인칭성의 관계를 해체하고 뭔가 다른 것으로 만드는 움직임이 이 책의 주제와 스타일에까지 침투해 있었다.

둘이서 쓰는 일은 두 사람 이상의 '무리'에게 사고를 열고 '무리'의 사고를 검출하며 '무리'로서 사고를 실현하는 것이다. 이미 실현된 공저 『안티-오이디푸스』가 실로 그러한 효과를 낳았고 '무리'의 사고를 증폭시키고 있었음에 틀림없다. 그러나 이것이 다시금 『천 개의 고원』에 흘러들었을 때 명백하게 새로운 차원이 부가되었다. "이 책은 나를 행복하게 하고 나에게 퍼내고 퍼내도 끝이 없는 것이 되었다"(「우노에게 보낸 편지」, DRF, p.220 / (下), p.60)라고 들뢰즈 자신이 나중에 표명했다.

『천 개의 고원』의 표지에는 『안티-오이디푸스』와 마찬가지로 부제라 생각되는 '자본주의와 분열증'이라는 타이틀이 작은 글자로 인쇄되어 있다. 그러므로 두 책은 명백하게 연속되고 있지만 결코 같은 연구의 두 파트를 구성하는 방식은 아니다. 스타일과 리듬 측면에서도 미묘한 변화를 볼 수 있다. 『안티-오이디푸스』가 확실히 '자본주의'와 '분열증'을 사유의 주제로 삼은 동시에 정신분석 비판을 이것과 불가분한 과제로 삼았던 데 비하면 『천 개의 고원』은 자본주의 이외의 실로 다양한 문제를 다루며 더 이상 분열증을 중심 주제로 삼지는 않았다. 정신분석 비판은 특히 제2장 「1914년: 늑대는 한 마리인가 여러 마리인가?」에서 다시 한번 전개된다. 그러나 이 장의 사유도 '무리'의 이론을 향해 개방되어 있다. 전체적으로 이 책의 비판적 사유는 훨씬 넓은 범위에 이르게 되었다. '욕망'과 '기계' 개념도 다시금 다양한 개념과 관계를 향해 해체되고 확장되었다.

자본주의의 양의성—분열증과 공리계

『천 개의 고원』에 나오는 대부분의 개념들은 새롭게 자율적으로 정의되었고 여러 문제제기도 『안티-오이디푸스』에 입각하면서 다른 틀로 행해졌다. 즉 『천 개의 고원』은 『안티-오이디푸스』의 여러 성과와 한계에 엄밀하게 입각하면서, 거기서부터 새롭게 도약력과 가속도를 얻어 쓴 저작인 것이다. 『안티-오이디푸스』에서는 한 거대한 알처럼('알'은 '기관 없는 신체'의 모델이다), 힘차게 물결치며 순환하던 액상의 뜨거운 사고가 대기와 대기권 바깥으로까지 발산되어 여기저기 오로라와 성운을 그려내는 느낌이 되었다.

다시 한번 『안티-오이디푸스』의 비판적 문체를 되돌아보자.

정신분석 전체가 거대한 도착이자 마약이며, 먼저 욕망의 실재와의 단절로부터 출발한 실재와의 근원적 단절이고 나르시시즘이며 끔찍한 자폐증이다. 즉 자본기계에 특유한 자폐증이며 자본기계에 내속하는 도착인 것이다. 결국 정신분석은 어떠한 실재와 직면하지도 않고 어떠한 외부로도 열려 있지 않으며 자기 자신이 실재의 시금석이 되고 나아가 자기 자신이 그 시금석의 증인이 된다. 이것은 결여로서의 실재이며 바깥도 안도 시작도 끝도 전부 이것으로 되돌아온다. (AO, p.373 / (下), p.181.)

들뢰즈·가타리가 이 정도로 격렬하게 정신분석을 비판한 것은 이것을 '자본기계의 본질을 이루는 내적 도착'으로 파악했기 때문이다. 이리하여 그들의 정신분석 비판은 동시에 새로운 『자본』을 쓰는 시도가 되었다. 자본주의가 터무니없는 시스템임은 그것이 과거의 다양한 시스템을 파괴함과 동시에 거기서부터 일탈하는 온갖 요소와 운동을 긴밀하게 결합하여 성립한 시스템이기 때문이다. 사적인 욕망을 한없이 추구한다는 자본주의의 원심적 경향은 일견 시스템의 구성에 반하는 듯 보이지만, 거기에서는 시스템에서부터 벗어나는 운동이 오히려 시스템을 떠받치는 힘이 되는 것이다.

『안티-오이디푸스』는 자본주의의 근본적 경향을 '분열증'(schizo-phrenia)으로서 정의했지만 그것은 하나의 극이며 또 하나의 극에는 온갖 욕망을 정류(整流)하고 시스템 속으로 환원시키는 '공리계'(paranoia)

가 있다고 한다. 자본주의는 이리하여 터무니없는 양의적 장치가 된다.

요소 하나하나의 다양한 움직임이 양가적으로 작동하고 구속과 자유, 폐쇄와 개방, 이탈과 귀속을 동시에 야기한다. 그리고 정신분석이 비판받은 것은 이 이론이 자본주의에 고유한 '도착'을 판별하면서도 욕망과 신체에서 진행하는 끊임없는 생산과 소비와 교환을 은폐하며 '공리계'의 역할을 '퇴보적으로' 담당하고 있었기 때문이다. '퇴보적'이라고 말해야만 하는 것은 정신분석은 신화나 언어학, 위상기하학조차도 모델로 삼으면서 욕망으로서 생동하고 있는 현실을 집단적, 사회적인 착종을 향해 여는 것이 아니라 오로지 가족 이미지로 환원하고 뭉개버리기 때문이다. 정신분석은 새로운 관념론이 되고 우리들을 자본주의의 사막에 순치시키는 장치의 하나가 되었다. 실은 정신분석만이 아니라 심리학 일반이 이러한 역할을 갖고 자본주의의 실재를 실로 '심리'의 실재로서, 무의식의 구조로서 취급하여 자본주의에 영리하게 적응하는 것을 장려해 왔다. 심리학은 이 방향에서는 확실히 철학보다 '도움이 되어' 온 것이다.

『안티-오이디푸스』는 일관되게 '정신분석' 대 '욕망'이 펼치는 사유의 전장이라는 양상을 띠고 있지만 결국 '정신분석'은 자본주의에 고유한 '도착'의 표현으로서만 비판할 만했다. 이 도착은 욕망의 실재를 끊임없이 배반하고 욕망을 오이디푸스 신화에, 가족에, 인칭에, 또한 성욕과 성차에 가둔다. 욕망의 생산성, 다형성은 현실에서는 자본주의를 움직이며 끊임없이 역사를 움직이게 만들고 있는데도 그 현실의 움직임은 인식에서 배척된다.

이 책에서 들뢰즈·가타리는 리비도와 무의식이라는 정신분석 용어를 버리지 않고 자본주의의 터무니없는 양의성과 대결하려 했다. 공포와 희망이 서로 침투해 있는 자본주의의 양의적 양상을 그려 내기 위해 정신분석을 해체하려고 하는 것이 아니라 철저하게 정신분석의 가능성을 극한까지 파고들어 개방하는 길을 걸었다고도 말할 수 있다.

『안티-오이디푸스』는 격렬한 비판과 저항의 저작이며 비판, 저항의 저작인 만큼 강한 부정으로 가득 차 있다. 물론 그 부정은 욕망 그 자체의 본질적인 긍정성을 근거로 삼았다. 정신분석에 의해 아무리 내부화되고 분쇄된다 해도 욕망은 실로 정신분석의 외부에 실재하고, 욕망하는 욕망으로서, 온갖 생산을 불러일으키는 욕망으로서 자본주의조차도 떠받치고 움직이며 변용시키고 있다.

그러나 욕망의 긍정성은 종종 헨리 밀러나 D. H. 로렌스나 앙토냉 아르토, 그리고 다수의 예술가와 같이 분열증과 관련해 표현하는 자들을 통해 확인될 수밖에 없었다. 아마도 욕망의 긍정성은 다시금 욕망을 구성하는 다양한 미립자, 관계, 촉발, 차이, 동적 편성 속으로 개방되어 비로소 진정으로 긍정되어야만 했으리라.

『안티-오이디푸스』는 결코 자본주의만을 사유하지 않았으며 그 전사로서 적어도 '원시토지기계'와 '야만적 전제군주기계'에 관해 논했다. 그 끝에서 자본주의는 대체 어떠한 변화, 이탈, 연결을 야기했는가, 무엇 때문에 자본주의는 항상 그 자체의 시스템의 극한을 향하면서 끊임없이 극한을 멀리하는 듯한 운동을 원리로 삼는가를 선명하게 부각시키려고 했다.

이러한 '역사'의 시도는 『천 개의 고원』에서 더욱 확장된다. 각각에 연호를 갖는 각 장의 타이틀이 보여 주듯이 보다 광대한 범위로 다양한 주제(진화, 언어, 기호, 신체, 과학, 기술, 전쟁, 자본, 국가 등등)에 걸쳐 종종 환상적인 지질학과 고고학의 체제를 취한다. '자본주의와 분열증'이라는 주제는 이 책에서도 명백하게 지속되고 있지만 이것은 더 깊은 문제를 더 큰 스케일로 묻기 위한 기회에 지나지 않는다. 질문은 훨씬 확장되고 구체화와 추상화 양방향으로 심화된다. 자본주의에 고유한 병으로서의 분열증과 어디까지나 분열증적인 것으로서의 자본주의는 다양한 배치, 기계, 장치를 연결하는 최종적인 형태로서 새로운 빛으로 조명된다. 욕망은 더 이상 최종적인 범주가 아니며 욕망 자체를 구성하는 다양한 미립자의 진동이나 흐름이 그려 내는 것이 된다.

리좀이란 무엇인가

원서로 약 70페이지에 달하는 『리좀』이라는 작은 저작이 1976년에 간행되었고 일본어로도 도요사키 고이치(豊崎光一)의 번역으로 널리 읽히게 되었다.[1] 일본에서 들뢰즈·가타리에 대한 관심은 이로써 급속하게 증가했다. 이 텍스트는 약간의 변경을 거쳐 『천 개의 고원』의 서문이 되었다. '리좀'(뿌리줄기)이란 대나무나 연이나 머위처럼 옆으로 뻗은 뿌리처럼 보이는 줄기, 땅속줄기를 말한다. 그들은 '리좀'은 '수목'과 대립한다고 말한다.

'수목'은 우리들이 보통 질서라 부르는 온갖 특징들을 갖추고 있다. 여기에는 하나의 줄기, 혹은 중심이 있다. 이것을 지탱하는 뿌리, 줄

---

1 G・ドゥルーズ・F・ガタリ, 『リゾーム』(『エピステーメー』臨時増刊号), 豊崎光一 翻訳・編集, 朝日出版社, 1977(재간 『リゾーム…序』, 豊崎光一 訳・編, 朝日出版社, 1987).

기에서 퍼지는 가지는 대칭적으로 퍼져 있다. 중심(줄기)에서부터의 거리에 따라 정해지는 서열이 있고 규칙적(대칭적)으로 줄기에서 가지, 가지에서 다시 잔가지로 같은 형태의 분기가 중심에서 말단을 향해 반복된다.

이에 비해 '리좀'에는 전체를 통합하는 중심도 계층도 없고 이항대립이나 대칭성의 규칙도, 동형의 반복도 없으며 그저 한없이 연결되고 비약하며 일탈하고 횡단하는 요소의 연쇄가 있을 뿐이다.

들뢰즈·가타리는 '리좀'이라는 말로 수목을 모델로 하는 질서의 정의에 들어맞지 않는 것이 결코 단순한 혼돈이나 혼란, 즉 무질서가 아니라는 것, 그것이 이질적 규칙과 배열과 운동에 의해 정의되는 다른 질서(다양체)일 수 있음을 강력하게 보여 준 것이다. 이 70쪽 정도의 자그마한 저작은 당시 이것만으로도 읽는 자를 뒤흔드는 충격을 품고 있었다.

한 질서가 있고 그 외부나 측면에 혼돈과 혼란이 있을 때 설령 아나키 등으로 불리며 긍정적으로 보이는 일은 있다 해도, 혼돈이나 혼란은 무질서와 다름이 없다. 무질서는 질서를 활성화시키고 새로운 질서를 낳는 기회가 된다고 종종 지적되곤 했다(예컨대 문화인류학에서 '주변'(periphery)은 그러한 의미를 갖는다). 그러나 결국 그것은 질서의 결여이며 부정적 상태에 지나지 않는다. 질서가 회복될 때 비로소 질서 쪽에서부터 긍정적으로 파악되는 부정적 계기(契機)에 불과하다.

들뢰즈·가타리는 그렇게 보지 않고 적어도 두 질서의 가능성이 있으며 또 하나의 질서(리좀)에 고유한 특성이 있음을 문학, 예술, 사회학, 역사학을 모델로 삼고 나아가 식물, 뇌, 유전에 관한 학문까지 인용하며 종횡무진 논했다. 물론 그런 식으로 다양한 모델이 이미 존재했었기 때문에 리좀은 결코 미지의 질서라고 말할 수는 없었다. 그들이 시도한 것은 다양한 영역에서 공통적으로 나타나 있던 '이질적 질서'를 횡단하면서 그것을 한 연속체로서 배열하고 리좀이라는 개념으로 결합시켜 그 연속체를 눈에 확실히 보이는 것으로 만드는 것이었다. 이 개념은 과학에서는 머지 않아 카오스 이론, 복잡계와 같은 형태로 문제화되었고 인문학에서도 널리 의식하게 되는 발상과 결코 무관하지 않았다. 인터넷이 보급된 오늘날 리좀은 인터넷의 커뮤니케이션 형태를 예지했던 것처럼 보이기도 한다.

『안티-오이디푸스』는 격심한 혼란으로 보이는 분열증이라는 증례가 자본주의가 포함하는 가장 긍정적인 개방 가능성의 극(極)임을 보여주려 했다. 마찬가지로 『천 개의 고원』은 처음에 '리좀'이라고 임시로 명명한 이종의 질서를 온갖 시공에서 발견하며 일견 무질서, 혼란, 일탈로 보이는 사건에서 긍정적인 가능성을 읽으려 했다. 그리고 가장 긍정적인 가능성이 포함하는 공포, 파괴, 죽음의 가능성도 거기에서 동시에 읽어 내야만 했다.

우리들은 '리좀'이라는 말이 열어젖히는 문제의 소용돌이를 자신의 사고에 끌어들여 실험하는 기회로 삼지 않고 그저 냉소적으로 피할 수도 있다. 예컨대 중심도 줄기도 토대도 없는 정체불명의 조직, 누가 맡고 있는지도 모르는 불가시한 장치로서 일본의 '천황제'를 연상할 수도 있다. 미지의 질서를 향해 실험적으로 사고하는 대신 재빨리 기지의 무언가로 미지를 환원해 버릴 수도 있다. 시니시즘과 자기방어와 질서 유지의 본능은 일체다.

들뢰즈·가타리 자신이 "리좀과 내재성으로 이루어진 동양(東洋)을 제시하는 것은 너무나도 안이하다"(MP, p.30 / (上), p.49)라고 썼고 "리좀 역시도 고유한 전제주의, 고유한 서열, 이들의 더욱 엄격한 형태를 갖고 있다"(MP, p.30 / (上), p.50)라고 지적한 것은 종종 간과되어 버린다. 확실히 리좀에는 뭔가 감당할 수 없는 경계해야 할 면도 있다.

현실이야말로 언제나 양의적이다

그들은 또 리좀과 수목 사이에 또 하나의 모델로서 곁뿌리(또는 수염뿌리) 시스템을 지적하며 이것은 중심을 갖지 않는 듯 보이지만 실은 수목보다 '더욱 포괄적인 은밀한 통일'(MP, p.12 / (上), p.20)을 만들어 낼 수 있다고 썼다. 일견 오래돼고 무거운 질서를 버린 듯 보이는 경쾌하고 약삭빠른 몸짓이 더욱 질이 나쁜 통합적인 기능을 지속시킨다. 이런 예는 이 세계에 넘쳐 난다.

들뢰즈·가타리는 이항대립을 통한 사고를 부정하면서 리좀과 수목형이라는 이항대립을 다시 제시한다…는 것도 자주 듣는 비판이다. 그렇지만 "우리가 모델의 이원론을 사용하는 것은 그저 모든 모델을 거부하는 과정에 도달하기 위해서다"(MP, p.31 / (上), p.51)라고 「리좀」에 쓴 것은 간과한 것이다.

이 책은 리좀-수목이라는 짝에서 시작하여 탈영토화-재영토화, 지도-사본, 무리-군집, 분자상-몰상, 소수자-다수자, 유목성-정주성, 전쟁기계-국가장치, 매끈한 공간-홈 패인 공간과 같은 다양한 대개념을 제안했다. 그리고 리좀은 탈영토화, 지도, 무리, 분자상, 소수자, 유목성, 전쟁기계, 매끈한 공간 등과 명백하게 겹치고 강한 관련을 갖는다. 그러나 결코 같은 개념을 환언한 것은 아니다. 이들 사이의 변이

(variation)에 주의를 기울여야만 한다. 이 대개념들이 서로 침투하며 역전되는 일도 종종 일어난다. 짝을 구성하는 두 개념은 현실적으로는 서로 혼성을 이루고 있다. 혹은 뫼비우스의 띠의 겉과 속처럼 뒤틀리면서 연결되어 한 면을 형성하고 있다.

인간의 뇌에는 하나의 '수목'적 구조가 확실히 심어져 있는 듯하지만 뇌는 마치 '잡초'(리좀)처럼 불확정적인 배치를 포함하고 있기 때문에 새로운 사태에 대응하고 새로운 사고를 만들어 낸다. 머지 않아 '퍼지'(fuzzy)한 논리, 사고라 불리게 되는 이 발상을 들뢰즈와 가타리는 재빨리 개념화했다고도 말할 수 있다. 언어 역시도 촘스키의 '생성문법' 도식이 단적으로 보여 주듯이 수목상의 계층구조로서 파악할 수도 있지만 다양한 언어(국어, 방언, 미지의 언어, 동식물의 언어…)의 교점에 선 시인에게 그러하듯이 리좀 상태를 보여 주는 경우가 있을 수 있다. 시인과 예술가에게 리좀을 따르고 리좀을 재발견하는 것은 어느 시대에도 과제였다고 말할 수 있다.

들뢰즈는 첫 논문인 「그리스도에서 부르주아지로」(1946년)에서 이미 '내부성과 외부성'이라는 양의적인 표현을 사용했고 이것을 만년의 저작까지 답습했다. 안과 밖은 어디까지나 연속이며 끊임없이 서로 침투하고 서로 반전한다. 마찬가지로 리좀의 수목성이나 수목의 리좀성도 가능한 것이다("리좀에는 수목상 조직인 결절점이 있고, 뿌리에는 리좀상의 발아가 있다"(MP, p.30 / (上), p.50)).

들뢰즈·가타리의 사유에서는 항상 리좀 계열 쪽에 창조적, 긍정적인 가치가 부여되었음은 확실하며 물론 그 때문에 리좀에 관해 이야기한 것이다. 그러나 그들은 그 위험과 공포를 지적하는 것도 결코 잊지 않았다. 한 영역이나 질서로부터 가장 멀리 일탈한 것(탈영토화한 것)이 변질된 새로운 질서를 가장 잘 지배하는(재영토화하는) 경우가 있을 수 있기 때문이다. 현대의 권력은 점점 더 리좀과 닮은 것이 되고 있다.

'리좀'이라는 작은 책의 표지에는 'RHIZOME', 그리고 그 아래에 작은 문자로 'INTRODUCTION'이라고 기입되어 있다. 무엇에 대한 인트로덕션인가는 쓰여 있지 않다. 『천 개의 고원』이라는 대저작에 관해서는 아직 거기에 쓰여 있지 않았다. 이것은 확실히 신기한 개념의 제안에 머물지 않고 뭔가 엄청난 사유를 위한 선언(manifesto)이었던 것이다.

『천 개의 고원』에서는 어떤 개념과 운동도 양의적이다. 그러나 무엇보다도 우선 현실 쪽이 양의적인 것이다. 현실의 감당할 수 없는 양의성(혹은 토폴로지)과 마주하고 사고하며 실천하기 위해서 개념은 다시금 다른 양의성을 만들어 내야만 했다(머지 않아 "리좀 같은 건 이미 낡았다, 반동적이다", "리좀적 연결이 아니라 오히려 단절이야말로 중요하다" 등으로 말하는 비판적 제안도 나타나게 되었다(일역 カルプ 2016[컬프, 『다크 들뢰즈』]). 결코 들뢰즈·가타리를 매장하려는 것이 아니라 널리 알려지게 되어 퇴색한 듯 보이기 시작한 개념을 가지치기하고 급진적인 혁명성만을 첨예하게 추출하려고 하는 것이다. Why not?).

2. 열다섯 개의 고원

'고원'이라는 말에는 명확한 정의가 부여되어 있다. 『정신의 생태학』 (1972년)의 그레고리 베이트슨(1904~80년)은 발리섬의 문화를 연구하면서 거기서는 모자간의 성적인 유희나 남자끼리 하는 싸움에서 '기묘한 강도의 안정'이 보임을 지적했다. "일종의 연속된 강도의 고원이 오르가즘을 대신한다."

한 점에 집중하는 돌출된 쾌락이나 폭력이 아니라 긴장된 지속적 상태(고원)만이 있고 그것은 정점을 갖지 않고 어떠한 목표나 종국도 갖지 않는 듯하다. 이것은 "다양한 강도가 연속되는 지대, 자신의 위에서 떨면서 뭔가 어떤 정점 혹은 외재적 목표로 향하는 모든 방향을 정하는 것을 계속 회피하면서 전개되는 지대다"(MP, p.32 / (上), p.53).

『천 개의 고원』은 다양한 고원에 관해 이야기하지만 동시에 그 자신이 고원으로서 쓰였다. 혹은 고원으로 구성되는 책, 다양한 고원을 실현하는 책이다.

예컨대 한 권의 책은 장으로 구성되는 한 그 나름의 정점, 그 나름의 종착점을 갖추고 있다. 역으로 뇌에서 그러하듯이 미세 균열들을 가로지르며 서로 소통하는 여러 고원으로 이루어진 책의 경우는 어떠한 일이 일어날까? 우리는 하나의 리좀을 만들고 확장하고자 하며 표층적 땅속줄기로 다른 다양체와 연결할 수 있는 모든 다양체를 고원이라 부른다. 우리는 이 책을 리좀처럼 썼고 그것을 다양한 고원으로 구성했다. 오직 웃음을 위해 그것에 순환적인 형식을 부여했다. 매일 아침 일어나서 우리는 각각 어떤 고원을 채택할 것인지 자문했다. 여기에 다섯 줄, 저기에 열 줄 쓰면서. 우리는 환각적인 체험을 했다. 여러 선이 마치 작은 개미의 대열같이 한 고원을 벗어나 다른 고원으로 이동하는 것을 목격한 것이다. (MP, pp.32~33 / (上), pp.53~54.)

열다섯 개의 장은 주요한 개념을 제안하고 전개하며 대동맥을 형성하는 '메이저한' 장과 오히려 이것들을 응용하고 다양한 구체적 예를 제안하면서 개념에 세밀한 뉘앙스를 부여하는 비교적 짧은 '마이너한' 장으로 나뉜다. 결코 '마이너한' 장이 중요함에 있어서 뒤떨어지지 않으며 오히려 '메이저한' 장에서 제안된 추상도가 높은 개념을 구체적인 차원으로 옮겨 살을 붙이고 채색하거나 작동시키고 테스트하는 느낌이다.

물론 '마이너한' 장은 결코 어떤 특정한 '메이저한' 장에 부속되는 형태로 쓰인 것이 아니며 몇몇 기본적 개념의 교점에서 그 자체로 또한 다소 이질적인 개념을 생성하고 변주하게 된다. 또 「기관 없는 신체는 어떻게 만들어지는가」와 같은 장은 기관 없는 신체의 다양한 사례를 보여 주며 이 책의 주요 개념을 테스트하면서 동시에 이 책의 핵심을 압축적으로 보여 준다.

처음에 저자들은 이 책의 각 장은 하나하나 독립된 고원으로서 읽을 수 있다고 미리 언급한다. 특히 「1914년: 늑대는 한 마리인가 여러 마리인가?」(제2장), 「기관 없는 신체는 어떻게 만들어지는가」(제6장), 「세 개의 단편소설, 또는 "무슨 일이 일어났는가?"」(제8장), 「매끈한 것과 홈이 패인 것」(제14장)과 같은 장은 확실히 독립적으로 읽을 수 있고 어느 것이나 이 책 전체와 관련되는 도식을 보여 주며, 고원으로서 실천되는 사고의 특징과 스타일을 충분히 느끼게 해준다. 그리고 이 밖에는 어느 것이나 책 한 권에 상당할 정도의 양을 가진 '메이저한' 장이 있어 다양한 질문에 관해 근본적인 발상의 전환을 촉구한다.

각각의 장(고원)은 『안티-오이디푸스』의 사색을 보다 깊고 널리 압축적으로 전개하고자 한다. 그리고『안티-오이디푸스』와 함께 미래에 비교해 보고 긴 시간 속에서 재고하고 테스트해야 할 개념을 제안했다. 그것은 1970년 전후의 반체제 운동이나 1980년대의 포스트모던이라는 문맥을 훨씬 뛰어넘어 읽혀야 할 사유이며 또한 그러한 조망과 스케일 속에서 읽지 않으면 이해하기 어려운 발상으로 가득 차 있다. 정신분석과 마르크스주의(『자본』)를 비판적으로 재검토한다는 과제를 들었던 『안티-오이디푸스』는 아무래도 동시대에 초점을 맞춘 현실적인(actual) 사색으로 간주되어 충격(impact)을 주기 쉬웠지만,『천 개의 고원』에 대한 독자의 반응은 좀 더 완만했다. 그리고 두 권이 동시대의 질문을 훨씬 뛰어넘는 범위를 갖고 있었음은 약 반세기가 지난 지금에는 더 잘 확인할 수 있게 되었다.

도덕의 지질학—핵심 개념으로서의 '이중분절'

「도덕의 지질학」(제3장)은 이 책의 골격을 이루는 개념을 제안한다. 꽤 이상한 형태로 쓰여 있지만 건너뛰고 읽는 것은 권하지 않는다. 우선 지질학적 차원의 이중분절(퇴적작용과 습곡작용)을 물질, 생명에서 인간 차원까지 관통하는 이중분절로까지 확장하여 생각하고 있다. 이러한 이중분절은 분자상과 몰상, 단백질 섬유의 형성과 이 섬유의 (꺾어)-접힘이라는 생물학이나 화학 차원에서부터 내용과 표현(언어)이라는 인간적 차원까지 관통하는 장대한 스케일로 생각되고 있다.

이 장은 아서 코난 도일(1859~1930년)의 소설 속 인물인 챌린저 교수의 강연이라는 기발한 방식으로 이야기된다. 생물의 분류와 진화를 둘러싼 역사적 논쟁이 인형극으로서 연출되고 챌린저의 강연은 점점 이상한 전개를 보인다. 온갖 생물종의 형태는 '(꺾어)-접힘'을 통해 서로 자유자재로 변환할 수 있다는, 즉 같은 것을 어떻게 '접는가'로서 결정될 뿐이라는 에티엔 조프루아 생틸레르(1772~1844년)의 입장이 있다.

한편 생물학상의 타입은 각자 결코 환원할 수 없는 본질을 갖는다는 조르주 퀴비에(1769~1832년)의 입장이 이것에 대립한다. 조프루아 생틸레르와 퀴비에 모두 19세기 해부학과 생물학 전개에 초석을 놓은 프랑스 학자들이다.

지층의 형성에서 생물 발생, 언어의 출현에 이르는 과정까지를 '이 중분절'로서 파악하는 들뢰즈·가타리는 조프루아 생틸레르를 지지하며 온갖 발생의 장으로서 오직 하나의 실체, '전(前)-생명적 수프', 오직 하나의 '추상적 동물'이라는 것을 상정한다. 개체의 형태를 규정하는 기관이 출현하기 이전의 '기관 없는 신체'가 공통 소재로서 존재하고 모든 개체가 이 공통 소재를 다양하게 '(꺾어)-접음'으로서 출현한다고 생각하는 것이다. 여기서도 온갖 차이를 관통하는 하나의 '면'이라는 들뢰즈의 생각이 지속되고 있다. 이것은 모든 사물, 정신이 신이자 자연인 한 실체를 표현하는 양태로서 성립한다는 스피노자주의와도 직결된다.

생명과 물질은 다양한 접힘과 영토화를 진척시키고, 영토화는 다시금 탈영토화와 재영토화를 반복한다. 언어 역시도 그러한 반복 끝에 출현한다. "얼마나 기묘한 탈영토화인가. 자신의 입을 먹을 것과 웅성거리는 소리가 아니라 말로 채우다니"(MP, p.80 / (上), p.137). '인간'과 '언어'는 확실히 분리할 수 없지만 '인간'도 '언어'도 생명과 물질의 다양한 전개나 접힘의 주름에 지나지 않으며, 결코 생명과 물질로부터 결정적으로 분리되어 있지는 않다.

들뢰즈·가타리는 아마도 미셸 푸코의 『말과 사물』(1966년)에서 제시된 저 도발적인 정의("일찍이 인간은 언어의 두 존재 양태 사이에서 한 형상(形象)에 지나지 않았다")에 입각하면서 '인간'과 '언어'의 인식을 지질학이나 생물학과 연속되는 지평으로 이끄는 것이리라.

'도덕의 지질학'은 푸코의 역사학적, 문헌학적 엄밀함과는 대조적으로 철저하게 황당무계하게 보이는 사고로서 드라마와 픽션을 섞어서 제시된다. 그리고 이 '지질학'은 어디까지나 인간을 '탈영토화'하려는 시도다. "인간은 오직 비인간성으로만 만들어진다. 단 이 비인간성들은 서로 대단히 다른 것이며 각자 성격을 달리하고 완전히 다른 속도를 갖는다"(MP, p.233 / (中), p.58). 그래서 인간을 구성하고 인간 속을 관통하는 비인간성을 정확히 파악하지 않으면 우리들은 인간도, 인간 이외의 것도 매우 잘못 대하게 되어 버릴지도 모른다.

물론 『천 개의 고원』의 사유는 자본주의라는 터무니없는 시스템 한가운데에서 사는 우리의, 현대의 시공으로 항상 돌아온다. 그를 위해 들뢰즈·가타리는 지층과 생명에서부터 인간의 신체와 언어까지 관통하는 '이중분절'로 시선을 돌리고 그러한 원근법 속에서 인간의 문제에 관해 생각하려고 했다. 일상의 구석구석까지 침투한 다양한 구속과 권력은 '인간적인 가치'라는 이미지로 우리의 시야를 가리며 그러한 원근법을 배제하고 있기 때문이다. 그렇기 때문에 바로 이 기상천외한 장은 '지질학적'인 전망으로 결국은 현대를 사는 인간의 '도덕'을 바라보려 하고 있는 것이다.

언어학 · 기호론에 내미는 제안

「언어학의 공준」(제4장), 「몇 가지 기호체제에 관하여」(제5장), 「얼굴성」(제7장)과 같은 긴 장은 「도덕의 지질학」에서 제기된 '이중분절'(내용과 표현) 중 특히 '표현'의 차원으로 분석을 진행한다. 구조주의적인 경향과 깊이 관련된 언어학과 기호학의 내폐적, 환원적인 경향을 비판하는 것이 이 장들의 중심적 모티브다. 구조주의, 그리고 그 선구자였던 형식주의(formalism)나 언어학의 시도는 언어가 무엇을 의미하고 무엇을 전달하는가가 아니라 언어 그 자체란 무엇인가를 추구함으로써 언어가 인식의 편성 속에서 갖는 작용과 가치를 새로운 빛으로 조명해 왔다. 이러한 방향성은 한때는 20세기 후반의 지식 혁명을 주도한 듯 보였으나, 그것은 역으로 언어와 기호를 그 외부의 현실로부터 단절하여 내폐시키기도 했다. 『천 개의 고원』은 이 장들에서 그러한 언어학, 기호학의 내폐적 경향을 비판하고 언어와 기호를 사회적 배치(arrangement) 속에 자리매김하는 시각을 관철시켰다는 점에서도 획기적이었다.

예컨대 들뢰즈·가타리는 언어학 본체에 속하지 않는 것으로서 보통 사회언어학이나 화용론과 같은 주변 영역으로 배제되어 있는 실용적(실천적) 언어의 차원을 오히려 언어의 본질로 간주했다. 항상적 요소와 규칙의 체계로 언어를 보는 것이 아니라 오히려 언어를 끊임없이 변화시키고 변형시키는 벡터 그 자체에서 언어의 본질을 발견하려고 했다. 먼저 문법과 같은 규칙이 만들어지고 언어가 출현한 것이 아니다. 생물의 진화처럼 무한 수의 반복 속에서는 언어에서도 끊임없이 **예외**가 출현해 왔다(이것은 꼭 **오용**이지는 않다). 아무도 미리 의도해서 예외를 추가하지 않는다. 이리하여 한 언어는 다른 언어의 영향도 받으면서 변화하고, 규칙을 변경하며 세련화된다. 지금도 문법학자는 열심히 상수를 설정해서 합리적인 설명을 시도하려 한다. 그러나 변화하지 않는 부동의 규칙은 없으며 변화하는 것의 변화 규칙이라는 관점에서 언어를 보는 시각이 있어도 좋을 것이다. 변화는 결코 예외가 아니며 변화의 연속으로부터 완전히 다른 규칙이 끄집어내어질 것이다(그리고 '연속변화'[연속적 변이] 방법은 『천 개의 고원』 전체에 걸쳐 있다). '발전이 형식을 종속시키는' 음악의 방식을 들뢰즈·가타리는 그대로 언어의 변화에 관한 인식에 적용하고 있는 것이다.

일반적으로 '스타일'이라 불리는 것도 역시 연속변화의 과정으로서 파악할 수 있다. 연속변화로서의 스타일은 결코 개성의 창의(創意)로 환원되는 것이 아니라 '언표행위의 배치'와 직결되며 '언어 속에서 다른 언어를 만들어 내는' 변용의 시도 그 자체다. 언어는 누가 만든 것도 아니며 한 인간이 한 번에 형성할 수 없다. 인간들 사이에서, 시간 속에서 끊임없이, 한없이 변화한 끝에 어느새인가 쉽게 변화하지 않는 견고한 체계인 듯 언어는 존재한다. 인류사 속의 기적과 같은 것이다.

언어는 끊임없이 한 언어 속에서 다른 언어를 만들어 내는 연속변화의 과정이며 번역이나 오역, 변형이나 오용이 끊임없이 일어나고 있다. 그러한 변화를 불러일으키는 다수의 인간들 사이에서 사용되므로 항상 복수요소의 편성(배치)으로 이루어져 있다. 이것은 동시에 한 개인 속에 끊임없이 다른 개인이나 무리가 삽입되는 과정이기도 하다. 이리하여 언어라는 다양체는 끊임없는 변화와 배치로 파악된다. 이것은 들뢰즈·가타리가 언어 이외의 모든 사상(事象)에도 예외 없이 적용하는 관점이다.

언어를 둘러싼 이러한 실용주의, 변화와 편성의 이론에서 출발하여 들뢰즈·가타리는 '기호체제'에 관한 고찰로 나아간다. 이 책 속에서도 가장 대담하고 철학적인 판타지로 가득 찬 장 중 하나다(이 점에서는 이 장과 「리트로넬로에 관하여」라는 장이 쌍벽을 이룰지도 모른다). 굳이 판타지라고 한 것은 결코 공상적이라는 의미가 아니다. 판타지로 보일 정도로 공상을 전환하고 언어와 기호의 실재성(reality)을 결정하고 있는 보이지 않는 움직임과 작용을 파악하려고 하고 있기 때문이다.

　　구조주의 언어학이 제시한 언어와 시니피앙(의미하는 것)을 중심으로 하는 '기호체제'는 몇몇 기호체제(기호계) 중 하나에 불과하다. 들뢰즈·가타리는 훨씬 광대한 기호의 우주를 구상하고 그것이 어떻게 '주체적인 기호계'와 기묘한 결합을 이루었는가를 설명한다. 시니피앙과 주체성은 도처에서 연동해서 언어, 기호, 신체, 기계에 걸친 다양한 차원에 강제적인 힘을 미치며 재영토화하고 있다.

　　들뢰즈와 가타리는 기호가 한없이 다른 기호와 관련되어 '원환적 조직망'을 형성하는 체제를 전제적, 시니피앙적 체제라 정의한다. 이것은 물론 『안티-오이디푸스』의 '야만적인 전제군주기계'의 에크리튀르가 갖고 있던 초코드화의 기능과 결부된다. 이어서 두 사람은 이것과는 다른 기호체제로서 '정념적, 포스트 시니피앙적 체제'를 제안했다. 이 체제에서 온갖 것들은 내적으로 되고 '정념'으로서 주체화된다. 그러나 이 정념은 결코 이성과 구별되지 않는다. 이성 또한 내적 형태인 이상 정념의 한 경우에 불과하다.

　　권력의 초월적 중심 같은 것은 이미 필요하지 않으며 오히려 '실재적

인 것'과 일체가 되어 정상화를 통해 진전하는 내재적 권력이 필요해
진다. 기묘한 발명이 거기에 있다. 흡사 이중화된 주체가 그 한 형식에
서는 다양한 언표의 **원인**이 되는 것처럼. 그러나 이 주체는 또 한 형식
에서는 그 자체로 이러한 언표의 일부를 이루고 있는 것이다. 이것은
시니피앙의 전제군주를 대신한 입법자로서의 주체의 패러독스다. 즉
당신이 지배적인 실재의 언표에 따르면 따를수록 당신은 심적인 실재
에서 언표행위의 주체로서 명령하게 된다. 왜냐하면 결국 당신이 예속
하는 것은 당신 이외의 무엇이 아니다. 당신은 당신 자신에게 예속하
는 것이다. 그래도 이성적인 존재로서 명령하는 것은 당신이다. 새로
운 노예제의 형태가 발명되었다. 자기 자신의 노예인 것, 혹은 '순수한'
이성, 코기토. 순수이성만큼 정념적인 것이 있을까? 코기토보다도 차
갑고 극단적이고 사심(私心)으로 가득찬 정념이 있을까? (MP, p.162 /
(上), p.268.)

'주체화'를 본질적인 기능으로 하는 이러한 기호 체계는 시니피앙
이 한없이 다른 시니피앙과 관계되는 기호체제와는 구별된다. 전제적
인 기호체제는 온갖 사건을 시니피앙의 원환 속에서 파악했다. 그러나
들뢰즈·가타리는 시니피앙의 원환으로 이루어진 '의미성'의 체제와는
달리 주체화하는 기호체제가 있다고 말한다. 그리고 그들은 두 체제는
조합되어 최악의 권력을 형성한다고 한다. "어떤 시니피앙은 다른 시니
피앙에게서의 주체를 표상한다"는 정신분석의 정식은 바로 두 기호체
제를 혼성한 것이라고 파악할 수 있다.

물론 주체화의 체제(정념적, 포스트 시니피앙적 체제)는 결코 명백한

노예제와 닮은 체제가 아니며 언제라도 위험한 일탈과 원심적인 운동에서 생겨난다. 복수와 질투와 열애와 배신에서조차 생겨난다. 무릇 이러한 정념적 기호체제가 발생하는 순간을 들뢰즈·가타리는 구약성서의 몇몇 에피소드에서 보았다. 카인, 모세, 요나 등은 신을 배신함으로써 비로소 보다 잘 신의 명령을 실현한다. 그리고 그리스도야말로 "배신의 시스템을 보편성으로까지 끌어올렸다", "유대인의 신을 배신하고 유대인을 배신하며 신에게 배신당하고(왜 당신은 저를 버리셨나이까) 진정한 인간인 유다에게 배신당했다"(MP, p.155 / (上), p.256).

여기서 볼 수 있는 것은 배신을 통해 점점 잘 기능하게 되는 체제다. 신을 배신하고 신으로부터 자기를 구별함으로써 자기는 정념적 주체로서 자기 자신에게 명령하는 자가 된다. 이런 식으로 '주체화된 자기'는 언표행위의 주체(자립적으로 말하는 것)가 되고 자기를 그 언표의 주체(말로서 지시되는 것)로 만든다. 즉 동시에 명령하고 명령받는 자가 된다.

그리고 이 정념적 주체화의 체제는 성서의 세계로부터 데카르트로까지 도약하여 코기토로서 결정화된다. "절대적으로 불가결한 주체화의 점. 그 자신의 용법을 고찰하고 오로지 방법적 회의로 표현되는 탈영토화의 선을 따라서 자기를 인식하는 언표행위의 주체로서의 코기토, 의식, '나는 생각한다'"(MP, p.160 / (上), p.264). 방법적 회의는 한 배신의 형태이며 신의 체제를 배신하면서 자기에게 명령하는 형태와 다름이 없다.

들뢰즈·가타리는 정념적 주체화의 또 한 전형을 19세기의 정신의학이 발견한 '정념적인 착란'에서 발견했다. '호소망상', '보복망상', '색

정광'처럼 편집증(즉 시니피앙의 병)과는 확실히 구별되는 착란의 특징은 신을 배신하는 것이고 방법적 회의로 통하는 정념적인 주체화이며 역시 자기가 자기에게 명령하는 것이다. "정념적 착란은 진정한 코기토다"(MP, p.161 / (上), p.265).

신에 대한 배신이든 방법적 회의이든 정념적 착란이든, 어느 것이나 외부의 어떤 권력(전제)으로부터 달아나고 일탈하며 권력으로부터 자기를 구별하는 미칠 것 같은 충동으로 이루어져 있다. 거기에 '주체화의 점'이 성립하고 이 점은 어떠한 '심적 실재'를 형성한다.

여기서부터 이번에는 자기를 향해 이야기하는 주체(언표행위의 주체=나는 생각한다)가 등장하며 거기서부터 이 언표를 통해 언표되는 것(언표의 주어)이 성립하지만 이 언표는 결코 지배적 실재에 이반(離反)하는 것이 아니며 오히려 합치한다. 신을 벗어난, 전제를 벗어난 이러한 주체화 과정은, 벗어나면서도 보다 잘 신을 따르며 전제를 받아들이는 과정으로서 실현된다(가령 그것이 새로운 신, 새로운 전제라 할지라도). 주체화는 이렇게 가공할 양의적인 작용을 가져온 것이다.

언어학이 말하는 전환사(Shifter. 나, 지금, 여기 등등)는 결코 고정된 지시대상을 갖지 않으며 하나하나의 발화 케이스에서 지시대상을 바꿔가는 요소다. 이런 한에서 전환사는 언표에서 언표행위 주체의 흔적(언어의 주관성)을 보여 주지만 동시에 그것은 언표행위의 주체가 이중화됨도 보여 준다. 생각하는 나, 말하는 나는 결코 그대로 주어, 주체로서의 나가 아니다. 전환사는 언어의 주관적 본성에 관련된다고 해도 그러한 주관화, 주체화는 언어와 주체를 동시에 조작하는 사회적, 정치적인 과정과 관련되는 것이다. 언어는 이런 식으로 자기를 이중화함으로써 지배하는 것을 지배되는 것으로서의 자기 속에 내면화한다.

정념적인 사랑이 코기토라고 하는 것도 무릇 코기토는 이중의 주체를 형성하는 행위이며 본래적으로 커플의 상황을 포함하기 때문이다. "가장 충실한, 감미로운, 혹은 강렬한 사랑은 서로 교환해 마지않는 언표행위의 주체와 언표의 주체를 배분한다. 상대의 입 속에서 자기 자신은 벌거벗은 언표이며 상대는 나 자신의 입에서 벌거벗은 언표행위라는 감미로움에서. 그러나 언제라도 배신자가 숨어 있다. 어떤 사랑이 배신당하지 않게 될 것인가"(MP, p.164 / (上), p.271). 환언하자면 코기토는 사랑을 둘러싼 다양한 착란을 포함하며 정념적인 착란의 한 형태이기도 하다.

그리고 이중화된 주체는 지배자(혹은 지배적 실재)와 예속하는 자, 입법자와 법에 따르는 자의 관계이기도 하며 그런 까닭에 관료제에까지 마침내 도달한다. 유대인의 배신 신화는 프란츠 카프카(1883~1924년)의, 관료제를 둘러싼 기묘한 싸움에까지 다다르는 것이다. 관료제란 바로 "당신이 지배적인 실재의 언표에 따르면 따를수록 당신은 심적인 실재에 있어서 언표행위의 주체로서 명령하게 된다. 왜냐하면 결국 당신이 예속하는 것은 당신 이외의 어떤 것이 아니기 때문이다. 당신은 당신 자신에게 예속하는 것이다"(MP, p.162 / (上), p.268)라고 설명되는 도착적 시스템이 완성된 형태와 다름이 없기 때문이다.

예컨대 카프카 자신은 그것을 이런 식으로 표현했다. "가축이 주인에게서 채찍을 빼앗아 자신이 주인이 되기 위해 자신의 몸을 채찍으로 때리는데, 그는 그것이 단순한 환상임을 모른다. 그것이 주인의 가

죽 채찍의 새로운 매듭에 의해 만들어진 환상이라는 것을"(일역 カフカ 1981[『밀레나에게 쓴 편지』], p.188).

언표행위를 둘러싼 이러한 지배-피지배 메커니즘은 인간의 '얼굴'을 둘러싼 효과나 작용과 분리할 수 없다. 들뢰즈·가타리는 바로 그렇기 때문에 '얼굴성'을 문제 삼는다. '얼굴'은 인간 신체의 일부로서의 '머리'(두부)를 기호의 엄밀한 보완물로 만들어 버리는 기묘한 장치다. 신체 일부가 얼굴이 됨과 동시에 인간을 둘러싼 환경은 풍경이 된다. 서양 회화사에서는 그리스도의 얼굴이 다양하게 변형되었을 때 풍경 또한 변형됨과 동시에 심신과 기호의 다양한 배치에도 변형이 일어났다. 에마뉘엘 레비나스(1906~95년)는 얼굴을 '타자'의 얼굴로서, '타자'의 상처받기 쉬움, 망가지기 쉬움의 징표로서, 요컨대 인간성의 증표로서 자리매김하고 '주체'의 폭력에 저항하는 근거로 삼았다. 『천 개의 고원』은 얼굴에 관해 완전히 다른 것을 말하지는 않았다. 얼굴은 또한 '주체'의 폭력이 이미지가 되고 모델이 되는 징표의 장이기도 하다. '실력자'의 얼굴, 스타의 얼굴, 후안무치한 얼굴 ─ 레비나스가 말하는 것은 인간과 비인간을 분할하려고 하는 폭력에 노출되어 얼굴을 잃어버리기 시작한 얼굴의 정황이다. 얼굴의 소실, 얼굴의 과잉, 얼굴의 극한.

들뢰즈·가타리의 '표현'에 관한 이러한 연구(기호론)는 아직 알려지지 않은 학문에 대한 가설이다. 이것은 확실히 기호에 대한 철학적, 역사학적 시도이지만 종래의 어떤 역사학, 기호학, 언어학, 언어철학과도 닮지 않았다. 미리 완전히 이 학문들 바깥에 나가 철저하게 횡단성, 다양성, 배치 속에서 기호와 언어를 질문하고 있기 때문이다.

왜 신체를 미립자의 집합과 그 강도로서 파악하는가—전쟁과 국가

「미시정치와 절편성」(제9장)으로 들어가면 이 책은 표현의 지층을 까마득히 벗어나 표현과 내용을 관통하는 차원으로 떠나고, 「포획장치」(제13장)에 이르기까지 다양한 시공을 돌아다닌다. 이 기묘한 '사상적 유목'에 대해 몇 가지 방법론상의 주석을 덧붙이면서 그 문제 제기의 특이성을 언급해 두기로 하자.

우선 들뢰즈·가타리는 한 신체(혹은 다양체)를 정의하는 데 역시 스피노자주의를 원용하면서 두 축(경도와 위도)을 설정했다. 경도 쪽은 하나의 신체를 구성하는 온갖 미립자의 집합이며 외연적 부분이다. 이 부분은 미립자 사이의 운동과 정지, 빠름과 느림의 관계로 규정된다. 위도 쪽은 하나의 신체를 촉발하는 다양한 '강도'로 이루어진다. 이러한 촉발(정동)의 총체가 '위도'라 불리며 이것은 일정한 수용 능력에 대응하는 내포적 부분이다.

왜 신체(다양체)를 이런 식으로 경도와 위도로서, 미립자의 집합과 그것을 채우고 있는 강도(정동)로서 파악해야만 하는가?

『천 개의 고원』은 여기서 다시 한번 '강도'에 정의를 부여한다. 이것은 들뢰즈가 『차이와 반복』 이래 결코 방기한 적 없는 개념이다. 강도란 속도나 온도와 같이 분할하는 것이 불가능하며 분할하면 성질을 바꿔 버리는 정도(degree)다. 이것은 등질적인 단위로 분해할 수 없고 오직 영(0)으로부터의 거리에 따라 잴 수 있을 뿐이다. 이것은 다른 다양한 속도나 온도를 포함하거나 혹은 이것들에 포함되어 있는 속도나 온도다. 강도는 어디까지나 이질적인 것들의 집합이며 이미 복합적이고 비등질적이지만 그럼에도 영으로부터의 거리에 따라 계열화되고 확실한 지표를 갖는 하나의 질서인 것이다.

경도와 위도, 미립자의 관계와 강도의 질서를 통해 파악되는 신체는 결코 고정된 부분(기관)과 기능을 갖지 않는다. 앞에서 알의 발생에 관해 지적했듯이 여기에는 형태가 아닌 그저 역[문턱], 구배[기울기], 습곡, 국소적인 이동과 변화가 있을 뿐이다.

필시 이러한 관점은 주체성이나 의미로서 나타나는 영역을 해체하고 '인간성'으로서 고정된 인간의 표상을 뛰어넘어, 더욱 미세한 요소의 멈추지 않는 상호작용(촉발)을 파악하기 위해 불가결한 것이리라. 이런 식으로 파악된 신체는 어떤 때는 '기관 없는 신체'라 불리고 어떤 때는 '매끈한 공간'이라 불리며 또 어떤 때는 '리좀'이라 불리고 또 '유목성'(노마디즘)과 '전쟁기계'로서 자리매김된다.

대체 왜 '전쟁기계'가 긍정적인 개념일 수 있는가? 이것은 확실히 우리들을 당혹스럽게 만드는 관점이다. 전쟁이란 국가가 행하는 것이고 정당화되든 정당화되지 않든 거대한 폭력이며 정당화되지 않으면 악이고 생명을 파괴한다는 의미에서는 어쨌든 악이기 때문이다. 그럼에도 현대정치의 온갖 국면에서 국가와 전쟁은 불가분하다. 그러나 들뢰즈·가타리에게 국가장치와 전쟁기계는 원리적으로 대극에 위치하는 두 모델이다. 전쟁은 "집단의 분산성과 절편성을 유지하는" 한 어디까지나 국가(전체성과 통합성)를 거부하는 경향과 운동을 보여 주기 때문이다.

들뢰즈·가타리는 전쟁이라는 행위는 원래 정주민이 아닌 유목민에 속한다는 것, 유목민이야말로 무기의 발명자였다는 것에 주목한다.

물론 이것은 신화나 고고학 차원의 전쟁에는 잘 들어맞는 개념이지만, 전쟁은 이윽고 국가의 전쟁이 된다. 전쟁기계를 자기 장치의 일부로 귀속시키는 것은 모든 국가의 가장 중요한 과제 중 하나다. 들뢰즈·가타리는 전쟁기계와 전사에 특유의 광기, 기묘함, 배신, 비밀성, 폭력, 정념이라는 것이 있음을 반복해서 지적하며 항상 거기에서 고유의 위험과 국가에 대항할 가능성을 발견한다.

한편 '국가장치'라는 주제에 관해서는, 들뢰즈·가타리가 국가에 관해 생각하면서 '인과율'에 대해 시간의 진전에 따르는 관점을 버리고 있음에 주목해야만 한다. 들뢰즈·가타리는 국가가 일정한 경제적 발전 끝에 일정 수준의 생산력이나 스톡을 전제로 하여 출현한다는 관점을 결코 취하지 않는다. 오히려 스톡을 만들어 내는 경제 형태 쪽이야말로 국가를 전제로 하고 국가에 의해 만들어진다고 한다.

이러한 의미에서는 국가는 언제나 도처에서 신출귀몰하게 출현하는 무언가다. 그러나 신비적인 작용이라는 것은 아니며 오히려 국가는 국가의 출현을 물리치는 어떤 지속적 작용이 없으면 언제든지 즉시 출현하여 온갖 것들을 단번에 '포획'하고 변질시키며 조직하는 장치인 것이다. 들뢰즈·가타리는 역으로 이러한 포획 작용이야말로 스톡, 잉여노동, 지대(地代), 세금을 만들어 낸다고 생각한다.

국가는 아직 존재하지 않아도 물리쳐야 할 한계점으로서 언제나 존재하고 있다. 그러므로 나중에 존재하게 되는 국가가 흡사 그 이전의 '국가 없는 사회'에 작용하는, 시간에 역행하는 듯한 인과율을 보여 주는 일도 있을 수 있다. 그러므로 그러한 국가를 예감하고 미리 물리치는 것을 원리로 삼는 사회조직도 성립할 수 있었던 것이다. 이러한 역방향의 인과율에 따른다면 우리는 일단 돌이킬 수 없을 정도로 강고하게 성립해 버린 국가장치를 물리치는 다양한 흐름에 다시 한번 합류하여 사고하는 것도 가능하다. '전쟁기계'의 온갖 특성들은 종종 그러한 흐름과 직결된다.

지층과 생명과 국가의 발생으로 거슬러 올라가는 들뢰즈·가타리의 사유는 항상 발생을 현재와 동시점에 있는 것으로서 파악한다. 사유에 있어서도, 실천에 있어서도 완전히 진화하여 완성되어 버린 듯 보이는 질서나 형태의 한편에서 우리들은 언제든지 기관 없는 신체와 같은 것, 알과 같이 압축적[compact]이고 미분화적인 차이의 상태, 아니, 미분화인 듯 보이지만 실은 풍부한 차이의 맹아를 포함하는 힘의 스펙트럼을 사고하고 실천하는 것조차 가능한 것은 아닐까.

퇴행과는 확실히 다른 '절화'(折化, involution)라는 개념을 들뢰즈·가타리는 되풀이하여 언급한다. "퇴행한다는 것은 분화의 정도가 가장 낮은 곳을 향하는 운동이다. 그렇지만 절화한다는 것은 주어진 복수의 항 '사이'를 특정 가능한 관계에 따라, 스스로의 선을 따라 도주하는 블록을 형성하는 일이다"(MP, p.292 / (中), p.160). 단순히 '미분화' 상태로 복귀하는 것이 아니라 '미분화'라 불리는 상태의 차이의 대역에 직접 접하도록 하여 새롭게 다시 '분화'하는 '절화'가 있을 수 있다. '되기'란 이런 의미에서 진화도 퇴화도 아니며 흡사 미분화인 듯한 강도의 상태에 밀착하는 분화인 것이다.

동물이 되고 식물이 되고 유목민이 된다는 되기도 이런 의미에서는 결코 '퇴행'이 아닌 '절화'이며 역방향의 인과율을 그 자리에서 재현하는 시도이기도 하다. 들뢰즈·가타리가 '되기'에 관해 쓰는 문장은 종종 이상하게 아름답다. "에이허브 선장은 모비 딕과 함께 저항하기 어려운 '고래'-되기에 휘말린다. 그러나 이와 동시에 모비 딕이라는 동물 또한 참기 어려울 정도로 순수한 흰색으로, 눈부시게 흰 성벽(城壁)으로, 은실이 되어 소녀'처럼' 자라고, 부드러워지고, 채찍처럼 꼬이고, 나아가서는 성채처럼 우뚝 서야만 한다"(MP, p.374 / (中), p.302).

정확하기 위해 필요한 비정확한 표현

"무언가를 정확하게 지시하기 위해서는 아무래도 비정확한 표현이 필요하다. (…) 비정확함은 조금도 근사치 같은 것이 아니며 역으로 일어나고 있는 것의 정확한 경로다"(MP, p.31 / (上), p.51). '부정확'하지 않고 '비정확'하다고 하는 방법이『천 개의 고원』의 사유를 시종일관 뒷받침하고 있다. 아마도 이것에 대한 감수성 여하에 따라 이 저작(그리고 들뢰즈·가타리)을 받아들이는 방식도 크게 달라질 것이다.

들뢰즈·가타리는 후설을 참조하면서 "계량적이고 형상적인 고정된 본질"과 구별되는 **물질적인 데다 모호한**, 즉 유동적이고 비정확하지만 엄밀한 본질의 영역"(MP, p.507 / (下), p.121)에 관해 이야기한다.

감각적인 둥근 것과 '원'[cercle]이라는 관념적 본질의 중간에 '둥근 형태'[Le rond]라는 또 하나의 본질이 존재한다. 둥근 형태는 다양한 도구로 감각적인 사물을 둥글게 만드는 과정의 극한이며 매끄러운 형태를 구하는 정동의 극한으로서만 존재하고 사물과 사고의 철저한 중간에 존재한다. 후설은 이러한 본질을 오히려 칸트의 '도식'에 접근시켰지만, 들뢰즈·가타리는 이 중간적인 비정확한 본질에 사물로도 본질로도 환원할 수 없는 독자적인 지위를 부여하려고 한다.

우리들은 여기서 리좀이라는 '질서가 아닌 것'을 무질서가 아닌 '비질서'라고 재정의하고 다시금 '비정확'한 본질과 결부시켜야 할지도 모른다. 들뢰즈·가타리는 리좀에 관해 생각하면서 사본[tracing]이 아니라 지도[cartography]를 만들어야만 한다고 되풀이해 이야기하지만, 지도는 항상 실천과 실험을 이끄는 극한의 개념으로서, '원'이 아닌 '둥근 형태'처럼 사물과 개념의 중간에 실재하는 본질이라고 해야 할 것이다.

들뢰즈·가타리가 말하는 '공립성의 면'[혼효면, plan de consistance]은 이러한 '비정확한', 중간적 본질이 서로 연결되는 장소와 다름이 없다. "다양체는 건조되어도 여전히 싱싱함을 잃어버리지 않는 압화(押花)처럼 모든 차원을 평탄하게 만들고 더욱이 그 성질을 보존해 둘 수 있을 것인가"(MP, p.308 / (中), p.188). 압화라는 아름다운 비유로 들뢰즈·가타리가 여기서 질문하는 것은 이런 식으로 해서 온갖 비질서, 비정확이 연결되어 공진하며 하나의 무한으로 열린 연결을 형성하는 일이 있을 수 있을까 하는 것이다.

이러한 연결이 일어나는 것은 한 면 위에서여야 한다. 어떤 단순함을 갖춘 한 면이 온갖 비질서와 비정확을 지각할 수 있는 것이어야만 한다. 여기서는 고정된 물질의 형태도, 관념적인 영원의 형상도 아닌 지각할 수 없는 것의 도표만이 지각되고, 중간으로서, 더욱이 극한으로서 실천 하나하나를 이끄는 것이 지각된다.

들뢰즈·가타리는 법을 의미하는 '노모스'라는 말은 본래 성문화되지 않는 관습법을 의미했다고 기술했다(『차이와 반복』에서 노모스는 울타리도 구획도 갖지 않고 단지 일시적으로 거주할 수 있는 토지였다). 이런 까닭으로 노모스는 노마드적(유목적)인 법과 다름이 없으며, 결코 공간을 계량하면서 점하는 것이 아니라 단지 근방을 차례차례로 더듬어 가서 촉각적 공간을 형성하는 법이다. 이것은 비정확과 비질서의 법이다. 그리고 이러한 법은 경계도 좌표도 갖지 않는 사막 같은 공간(매끈한 공간)의 법이다. 이것은 바로 현대 혹은 미래의 유목민-민중에게 '비질서의 법'을 제시하는 것이다.

고대의 제국은 끊임없이 유목민에게 위협을 받았고 제국의 역사 주변부에서는 언제나 그다지 역사로 쓰인 적이 없었던 유목민의 흐름과 파도가 세계사를 형성하는 강고한 반석을 치고 있었다.『천 개의 고원』은 종종 극단적이고 추상적인 개념과 완전히 구체적인 소재 사이를 왕복하는데, 그 추상주의와 구체적 실용주의 사이는 노모스를 통해 항상 결합되어 있다. 노모스는 국가의 이성으로서 존재하려고 하는 철학의 이념적 추상화의 방법과는 완전히 이질적인 지각적 추상화를 보여준다.『천 개의 고원』은 이러한 이질적인 추상화로 유럽의 사유를 그 '바깥'을 향해 섬세하고 대담하게 열어젖히려 한다. 고정된 실체나 체계를 거부하고 주체와 객체의 분할을 부정하며 유동과 혼돈을 따르는 지적 전통이 아시아의 것(불교, 선, 노장사상 등등)이라고 한다면 아시아-되기가 큰 테마가 되고 있다고도 생각할 수 있다. 아시아와 유럽 사이에는 아프리카까지 내포하는 아메리카라는 거대한 '중간항'도 있다. 그러나 『천 개의 고원』의 세계사는 결코 그러한 지리적 구분에 의거하지는 않는다. 그 '바깥'은 이미 아시아조차도 아니고 아시아와 유럽이라는 분할도 허용하지 않는 미지의 면으로서 나타날 수밖에 없다.

『천 개의 고원』은 베스트셀러가 된『안티-오이디푸스』에 비해 훨씬 조용하게 받아들여졌지만 오히려 서서히 다음 세기에 이르기까지 세계에 깊고 널리 영향을 미쳐 왔다. 1968년의 사건으로부터도, 마르크스로부터도, 프로이트로부터도 이 책은 먼 곳으로 이동하여, 길고 깊은 범위로 사유의 전환을 꾀하고 전환을 실현한 책이었다고 말할 수 있다. 물론 많은 것들이 우선『안티-오이디푸스』에서 시작했다. 이 두 책은 생명, 언어, 예술, 신체, 소수자, 국가, 정치, 전쟁 등등에 관해 생각하려 할 때 앞으로도 다양한 국면에서 본질적인 것을 계속 시사해 줄 것이다. 사상의 새로운 방법과 스타일이라는 점에서도 뭔가 결정적이고 잊기 어려운 것이 달성되었다고 말할 수 있을 것이다.

노트: 카프카에 대한 분열(schizo)분석

들뢰즈·가타리의『카프카: 소수 문학을 위하여』(1975년)는 두 대저작 사이에 간행되었다. 이 책이 부여한 카프카 상은 나를 정말로 놀라게 만들었다. 웃는 카프카, 공격적인 카프카, 욕망하는 카프카, 무리 속의 카프카는 비장하고 고독하며 멜랑콜릭한 종래의 카프카 상과 너무나도 달랐다. 이 책은 분열증을 현대사회를 독해하기 위한 본질적인 과정으로서 파악하고 그 과정으로 다양한 사상을 읽어 내려고 하는 '분열분석'을 카프카에 대해(카프카와 함께) 시도했다는 점에서는『안티-오이디푸스』의 속편이자 응용편이다. 한편 이미 소수자의 언어와 정치성에 대한 집중적인 분석이라는 점에서는『천 개의 고원』을 압축하는 서곡이었다. 들뢰즈·가타리는 특히 체코의 프라하에 사는 유대인으로서 독일어로 썼고 이디시어 연극에도 친숙했던 카프카 언어의 정황에 주목했다. 소수자의 실상을 민족과 언어를 뛰어넘어 존재하는 본질적인 양상으로서 파악하는 그들의 시각은『천 개의 고원』에서는 '소수자-되기'로서 이 책의 전체를 관통하는 테마로서 확장된다.

　　물론 이것은 카프카론으로서도 연구자들에게 많은 반발과 자극과 공감을 불러일으켰던 저작이다. 문예비평, 문학이론이라는 관점에서 되돌아보면 1960년대부터는 구조주의, 텍스트 이론, 기호학, 정신분석과 결부해서 현대문학의 전위적 작품과도 손을 잡아 온 혁신적인 비평이론이 왕성하게 제창되었고 프랑스는 그러한 소용돌이의 중심이기도 했다. 들뢰즈·가타리는 두 대저작과 함께 특히 이 카프카론으로 문학연구에 대해서도 강렬한 이의제기를 했고, '기계론적 분석'이라고 해도 좋을 선명한 입장을 새롭게 내세웠다고 말할 수 있을 것이다. 물론 들뢰즈 자신이 문학을 읽은 방법을 추적해 보자면 1960년대의 마조흐론이나 프루스트론에서부터 만년의 베케트론『소진된 인간』(1992년)에 이르기까지, 그의 철학적 전개에 대응하는 다양한 위상을 상기할 필요가 있다. 예컨대『의미의 논리』(1969년)에 덧붙여진「미셸 투르니에와 타자 없는 세계」나『비평과 진단』(1993년) 속의 멜빌론「바틀비 혹은 상투어」등 이런 의미에서도 잊어버리기 어려운 텍스트가 다수 있다. 들뢰즈의 이 독해들은 종종 그 뒤의 작가연구 동향에 날카롭게 개입하게 되었다.

제5장 영화로서의 세계: 이미지의 기호론

『천 개의 고원』을 완성하고 나서도(1980년), 들뢰즈는 다시 한번 『철학이란 무엇인가?』라는 책을 가타리와 공저로서 발표하지만(1991년), 거의 10여 년 동안 계속된 '자본주의와 분열증'에 대한 농밀한 공동작업은 일단락하고 만년의 약 15년간은 단독 저작을 중심으로 집필했다. 1987년에는 20년 가까이 가르쳤던 파리 제8대학을 퇴임했다. 자살하기 전의 수년 동안은 20년 동안 계속된 폐병이 악화되어 수술을 받아 인공호흡기로 지냈다.

이 15년간의 저작활동도 극히 충실했고 다양했다. 『프랜시스 베이컨: 감각의 논리』(1981년), 『시네마 1: 운동-이미지』(1983년), 『시네마 2: 시간-이미지』(1985년), 『소진된 인간』(1992년)은 각자 시각예술에 바쳐진 저작이다. 『소진된 인간』은 사뮈엘 베케트의 비디오 작품에 관한 에세이로 베케트 자신의 텍스트와 아울러 간행되었다. 『시네마 1』을 간행했을 때의 인터뷰에서 들뢰즈는 이렇게 이야기했다.

철학이 회화든 영화든 뭔가 다른 것에 관한 사색이라고는 생각하지 않습니다. 철학은 개념을 다루는 것입니다. 개념을 낳고 창조하는 것입니다. 회화란 어떤 타입의 이미지, 선, 색채를 창조하는 것입니다. 영화는 또 다른 타입의 이미지를, 운동-이미지 그리고 시간-이미지를 창조합니다. 하지만 개념 또한 그 자체가 이미지입니다. 즉 사고의 이미지입니다. 개념을 이해하는 것은 이미지를 보는 것보다 어려운 것도 쉬운 것도 아닙니다.

즉 문제는 영화에 관해 사색하는 것이 아닙니다. 철학이 만들어 내는 개념들이 현대회화의 이미지나 영화의 이미지 등등과 공명할 것임은 거의 두말할 나위도 없습니다. (「관객으로서의 철학자의 초상」, DRF, p.197 / (下), pp.23~24.)

들뢰즈는 이전의 저작에서도 종종 영화나 회화를 언급했었지만, 이 저작들에서 처음으로 이미지(이마주)를 정면에서 마주 보면서 동시에 언어에 관해 몇몇 관점에서 심화해 온 사색을 다시금 이미지에 대조시켜, 말하자면 새로운 '기호론'으로서 전개했다. 그리고 이 발언에서도 확실히 보여 주듯이 이미지를 둘러싼 사유는 '개념 그 자체가 이미지다'라는 관점과 분리할 수 없다.

그리고 한편으로 『푸코』(1986년), 『주름: 라이프니츠와 바로크』(1988년), 『철학이란 무엇인가?』(1991년)는 『차이와 반복』의 연장선상에 있으며, 다시 한번 철학은 무엇을 할 수 있는가, '개념'이란 무엇이어야만 하는가, '개념'의 생이란 무엇인가를 끝까지 생각하려고 한 저작이라고 해도 좋다.

철학이나 형이상학의 종언을 소리 높여 외치는 지식인에게 대항하여 "철학의 죽음 같은 것은 믿지 않습니다"라고 말하는 것이 입버릇이었던 들뢰즈는 철학의 영원한 생을 다시 한번 최종적으로 확인하기 위한 유서를 쓰려고 한 듯하다. 그러나 어떤 철학이라도 살아남는 것은 아니며 어떤 철학이라도 좋은 것도 아니다.『안티-오이디푸스』이후 마치 철학에서 멀리 여행을 떠나는 듯 사색했던 들뢰즈는 이리하여 새로운 원근법을 얻은 후에 다시 한번 철학이란 무엇인가를 질문한 것이다.

사후에 TV에서 방영할 예정으로 행해졌던 총 8시간에 이르는 인터뷰「질 들뢰즈의 아베세데」(1988~89년 수록), 주된 대화나 인터뷰를 수록한『대담 1972~1990』(1990년), 주요한 에세이와 서문을 모은『비평과 진단』(1993년)은 들뢰즈가 마치 착착 죽을 준비를 하고 있었던 듯하다.

두 권으로 이루어진『시네마』는 두 권 합치면 들뢰즈 자신의 저작으로서는 가장 방대하다. '영화사'를 이토록 본질적으로, 철학적인 틀로 써낸 책은 달리 예가 별로 없다. 이것은 물론 한 숙성된 철학을 배경으로 갖는 영화론으로서 영화 비평이나 이론에 매우 풍부한 개념을 제공할 수 있는 저작이다. 한 철학자가 영화에 대한 은밀한 사랑을 고백했다고 할 만한 책은 명백하게 아닌 것이다. 확실히 그가 그때까지 해왔던 모든 사색이 영화에 적용되어 있다고 해도 좋지만, "문제는 영화에 관해 사색하는 것이 아니다"라고 들뢰즈가 확실히 썼던 것의 의미에는 다소 정의하기 어려운 면이 있다.

아마 들뢰즈가 계속해 온 철학적 사고 그 자체에 뭔가 영화적인 것, 영화의 이미지에 본질적으로 대응하는 뭔가가 포함되어 있었을 것이다. 언어를 통해, 언어로서, 개념과 앎을 구성하는 철학의 사유가 항상 비언어(신체, 사물, 물질, 이미지, 힘)와 교착하고 끊임없이 인식 바깥의 움직임(감정, 욕망, 무의식, 지각)과 직면하고 있음에 들뢰즈의 철학은 항상 민감했다. 그리고 또 『안티-오이디푸스』에서 표현되었듯이 다양한 기계의 연결(machinism)과 들뢰즈의 사유는 깊이 연관되어 있다. 필시 들뢰즈 특유의 그러한 사유가 영화라는 새로운 '기계'와 특이한 관계를 맺게 되었을 것이다.

영화에 관한 선구적인 사상가들(발터 벤야민, 지크프리트 크라카우어, 나카이 마사카쓰(中井正一) 등)은 종종 대중의 등장과 불가분한 집단적 예술이라는 영화의 새로운 사회적 측면에 주목했었다. 들뢰즈 역시도 영화와 불가분한 집단 혹은 민중의 문제에 관해서도 이야기했지만, 무엇보다도 우선 영화를 사고의 문제와 인접시켜 영화적 사고라 해도 좋을 무언가를 확실히 시야에 두고 이 책을 썼다. 영화가 사고에 야기한 눈부신 전환은 현실적임과 동시에 잠재적이다. 즉 영화가 야기한 전환은 아직 충분히 파악되지 않았고 또 실현되어 있지도 않은 면을 갖고 있다. 당연하게도 영화는 생각되기 전에 우선 보인 것이다.

들뢰즈에게 영화의 집단성은 철저하게 영화가 야기한 잠재적인 전환과 관련되고 아직 현실화되지 않은 민중과 관련된다. 그리고 영화가 야기한 전환은 영화 자체를 만들어 낸 보다 깊은 전환과 관련된다. 영화는 자본주의의 변질과 함께 생겨난 새로운 집단성, 욕망, 지각, 기호, 속도와 깊이 관련되어 있었음에 틀림없는 것이다.

영화는 온갖 종류의 기묘한 기호를 증식시키고 있다

영화에 관한 논의를 시작하고 1년이 지나 그는 그때까지 이야기한 것을 전부 백지화하여 제로부터 재구성할 것이라고 말한 적이 있다. 영화에 관한 사색이 두 권의 책으로 결정화하기까지 필시 상당한 장애를 극복해야만 했으리라. 그것은 영화 속에 접혀 있는 사유의 잠재성과 외부성에 철학이 어떻게 접할 수 있는가 하는 근본적 질문과 관련되어 있던 것은 아닐까.

"영화에 관해 쓰는 데 이르렀던 것은 꽤 이전부터 기호의 문제를 끌어왔기 때문입니다. 그것을 다루는 데 언어학은 부적합한 듯 보였습니다. 거기서 영화에 맞딱뜨리게 되었는데, 그것은 영화가 운동-이미지로 이루어져 있고, 온갖 종류의 기묘한 기호를 증식시키고 있기 때문입니다"(「관객으로서의 철학자의 초상」, DRF, p.202 / (下), pp.30~31)라는 발언은 확실히 영화론의 중심적 모티브를 지시한다. 그러나 들뢰즈는 결코 영화의 '기호학'(sémiologie)을 시도한 것은 아니다. 구조주의 언어학을 모델로 삼고 언어를 모델로 삼아 온갖 기호를 파악하려고 하는 **기호학**은 들뢰즈가 철학으로서 구상하는 **기호론**(sémiotique)과는 아무래도 양립할 수 없다.

예컨대 들뢰즈는 일찍이 『프루스트와 기호들』(1964년)에서 기호를 무엇보다도 우선 '징후'나 '증후'로 간주하고 말뿐만 아니라 몸짓과 눈빛과 말투라는 다양한 표현의 복합으로서 파악하는 프루스트의 시도에 주목했다. 그러한 관점에서는 온갖 기호의 모델이 되는 '언어'라는 자명한 대상은 있을 수 없으며 그것을 전제로 해서 작품을 독해하는 것도 불가능했다.

나아가 『의미의 논리』(1969년)에서는 신체와 물질의 차원(심층)에서 결정적으로 분리된 표층으로서 '의미'를 정의했다. 비신체로서의 언어는 인간에게 고유한, 사물의 차원으로 환원되지 않는 차원이며 그것이 정신과 창조를 떠받치고 있다. 그렇지만 표층으로서 분리된 언어는 한편으로는 끊임없이 심층과 인접하며 심층에게 위협받고 있기도 하다. 그 뒤의 『안티-오이디푸스』(1972년)와 『천 개의 고원』(1980년)에서 언어의 차원은 훨씬 다수화, 다양화되어 항상 다양한 타입의 욕망기계에, 집단적 배치에 연결되었다.

언어는 음성으로서 이야기되고 들리며 문자로서 쓰이고 보인다. 그러나 언어라는 자명한 대상이 미리 존재하는 것은 아니며 목소리를 내는 구강, 선을 새기는 손이 있고 그 선을 보는 눈이 있다. 『안티-오이디푸스』는 「원시토지기계」에서 신체에 어떤 각인을 새기는 의식이 어떠한 기호체제를 구성하는가에 주목했다. 이러한 의식은 "이야기 혹은 영창하는 목소리", "맨몸에 깊이 각인되는 기호", "고통으로부터 향수를 끌어내는 눈"이라는 각자 독립적인 세 요소('야생의 삼각형')로 구성된다. 니체는 『도덕의 계보』에서 채권자가 채무자의 신체에 낙인을 찍는 장면에서 도덕의 발생을 보았다. 이 잔혹한 장면에서 음성과 각인이 부채를 진 자의 고통과 그것을 바라보는 시선을 통해 결부된다. 아르토의 '잔혹극'이 표기를 통해 고정된 언어에 대한 규탄과 함께했음은 이러한 기호의 **과정**과 결코 무관하지 않다.

한 언어가 이야기되고 쓰인다는 사태에 우리들은 보통 아무런 의문도 갖지 않고, 언어가 표기되고 발음될 때 표기와 발음과 언어가 일체인 양 간주한다. 그러나 언어가 미리 그렇게 유기적인 일체로서 받아들여지기 이전에는 적어도 이렇게 음성과 각인(문자)이 이질적인 요소로서 독립적으로 존재한다고 느껴지는 상황이 있을 수 있다. 따라서 어떠한 조작과 의식을 통해 이것이 긴밀하게 결합되는 과정이 있어야만 한다. 실은 음성(말하기)과 도상(보기)이 분리되는 상황은 언제든지 나타난다. 예컨대 영화에서는 매우 간단하게 음성과 영상을 따로따로 만들어 영상을 완전히 무관한 음악, 대사, 내레이션과 함께 볼 수도 있다. 이때 사고는 시각과 청각 **사이**로 향하게 된다.

언어가 순수하게 음성으로서 이미지화되고, 더욱이 그 이미지가 긴밀하게 문자와 대응하는 상황은 『안티-오이디푸스』에서는 '전제군주기계'에 고유한 단계로서 채택되었다. 현대의 국어 및 외국어 교사, 언어학자들은 일찍이 '전제군주기계'가 만들어 낸, 언어의 고정적인 존재방식에 고집스럽고 미련하게 매달려 언어를 분석하거나 조작하거나 하고 있는 데 지나지 않을지도 모른다(올바른 철자, 발음, 용법, 시니피앙…). 우리들은 언어의 실재성(reality)과는 상당히 벗어나 있는 강박적인 언어의 이미지에 사로잡힌 채로 있는지도 모르는 것이다. 언어가 아닌 기호를 문제로 삼아 역사를 구성하는 힘의 관계와 집단성이나 다양한 '기계' 속에서 기호를 파악한다는 발상에 있어 필시 영화는 한없이 풍부한 소재를 부여해 줄 것이다.

영화와 베르그송

그리고 또한 들뢰즈의 영화론은 일찍부터 들뢰즈를 매혹시켰던, 운동과 시간을 둘러싼 베르그송의 획기적인 사상을 다시금 현대에 대조시키는 실험이기도 했다.

1907년 『창조적 진화』에서 베르그송은 부적절한 정식(定式)을 생각해 냈다. "그것은 영화적 착각이다"라는 정식이다. 영화는 바로 상보적인 두 여건을 통해 기능한다. 한편에는 이미지라 불리는 순간적 절편이 있고 또 한편에는 비인칭적, 획일적, 추상적이고 불가시한, 또는 지각 불가능한 한 운동 혹은 시간이 있으며 이것은 장치 '속에' 있고 이것과 함께 이미지가 풀려나오는 것이다. 영화는 그 때문에 가짜 운동을 초래한다. 영화는 가짜 운동의 전형적인 예다. (IM, p.10 / p.4.)

그러나 들뢰즈는 베르그송의 '영화적 착각'이라는 정식을 바로 뒤집어 버린다.

〔지각〕 모델은 오히려 멈추지 않고 변화하는 사물의 상태, 흐름으로서의 물질이며, 거기에서는 어떤 정착점도 참조의 중심도 지정 불가능하다. 이러한 사물의 상태로부터 출발하여 어떻게 임의의 점에 중심이 형성되고, 그것이 순간의 고정된 시각을 강요하게 되는지 보여 줘야만 한다. 그러므로 의식적 혹은 자연적 **혹은** 영화적인 지각을 연역하는 것이 문제다. 그러나 영화는 필시 큰 장점을 갖고 있을 것이다. 바로 그것은 정착의 중심도 지평의 중심도 갖지 않으며 그것이 조작하는 절편은 자연적 지각이 하강해 온 길을 거슬러 올라가는 것을 방해하지 않기 때문이다. (IM, p.85 / p.104.)

현상학에서 의미하는 '자연적 지각'은 이미 게슈탈트와 지향성을 통해 중심화된 지각을 가리킨다. 모리스 메를로-퐁티(1908~61년)는 영화는 이러한 '자연적 지각'을 파악할 수 없다고 비판했지만, 베르그송에게 지각 이전에는 무엇보다도 우선 도식도 중심도 갖지 않고 온갖 방향을 향해 작용하고 작용받는 운동, 변화, 흐름이 있을 뿐이다. 운동과 운동체의 구별은 없고 사물의 출현과 사물 자체 사이에도 구별이 없다. 운동이자 운동체이기도 한 것은 '이미지'라 불린다. 베르그송은 관념론과 유물론의 모순을 뛰어넘으려 하며 관념도 사물도 동등하게 이미지로서 파악하는 것이다.

인간의 '자연적 지각'은 '비중추적인 지각'을 이미 의식과 행동의 다양한 요구에 따라 중추화하고 고정한다. 베르그송은 영화적 지각을 하나의 '착각'으로서, 순간적인 점의 계기(繼起)로서 가짜 운동을 구성하는 나쁜 지각의 전형이라고 생각했지만 들뢰즈는 오히려 영화야말로 중심도 지향성도 갖지 않는 지각을 부여해 주는 절호의 장치라고 생각했다. 바로 영화 속에서 운동은 운동체와 나뉠 수 없는 것이 되고 중심을 갖지 않는 지각이 직접 이미지와 만날 수 있다. 영화는 '비중추적'인 지각을 부여해 주는 것이다. 베르그송은 영화를 비판했지만 영화의 본성은 베르그송적이다.

그러나 들뢰즈는 영화에 언제든지, 필연적으로, 무조건적으로, 이러한 것이 가능하다고 생각했던 것일까? 실은 영화는 다양한 형태로 중추성을 재구성하거나 새롭게 획득한다. 『시네마 1: 운동-이미지』는 영화기계의 비중추성을 전제로 하면서, 그것이 중추성을 '감각운동적' 질서로서 구성해 가는 과정을 분석한다. 이리하여 새롭게 중추성을 만들어 내는 것 또한 영화의 위대한 창조에 속하는 것이다. 이 중추성은 다름 아닌 영화 관객의 지각에 초점을 맞추고 관객은 비중추적으로 나타난 이미지를 그래도 자기의 관심에 따라 중추적으로, 선택적으로 바라보는 것이다.

그러나『시네마 2: 시간-이미지』의 영화들에서는 역으로 청각도 시각도 '감각운동적' 질서의 중추성을 점차 벗어나 새로운 비중추성으로 미끄러져 들어간다. '운동-이미지'로부터 '시간-이미지'로 이행하는 것은 지각과 정동과 행동 혹은 심리를 둘러싸고 일단 중추화된 영화(=운동)가 그러한 중추성에서 일탈한 영화(=시간)로 변모해 가는 과정이다.

들뢰즈는『시네마 1: 운동-이미지』말미에서 존 카사베츠, 로버트 올트먼, 빔 벤더스, 마틴 스콜세지, 미국 영화감독 시절의 프리츠 랑에 관해 이야기하고 또 소설가 더스 패서스까지 인용하며 새로운 비중추적 이미지의 특징을 다섯 가지로 든다. **"산일적 상황, 고의로 약해진 맥락, 방황의 형태, 클리셰의 자각, 음모의 고발"**(IM, p.283 / p.364)이다.

우선 영화는 행동으로부터도, 명확하게 구성된 이야기로부터도 이탈하여 방황하고 산일하며 맥락을 잃어버리게 된다. 인물들 또한 사건을 주체적으로 담당하지 않고, 닥쳐오는 사건에 마치 무관심한 듯 대하며 그저 사건에 휘둘리고 그것을 바라볼 뿐이다. 혹은 사막과 황야와 닮은 도시의 빈 터를 정처 없이 떠돌며 망연해할 뿐이다. 행동이라는 원리를 이탈한 시간이, 그리고 그 시간의 지각이 영화의 중심을 점하게 된다.

들뢰즈는 맥락이 없는 산일된 상황을 결합하고 맥락을 결여한 것에 맥락을 부여하는 것은 '클리셰'라고 하며 여기서 소설에 '카메라-눈'을 도입했다고 하는 작가 존 더스 패서스(1896~1970년)를 인용해서 말한다. '클리셰'의 생성은 거대한 미디어의 성립과 분리할 수 없다.

시시각각 생겨나고 유통되며 저장되고 전염되며 재생산되는 대량의 정보는 사람들이 사고하기 전에 사람들을 대신해 사고하며, 끊임없이 산일하는 상황의 공백을 금세 채운다. 그리고 이러한 사태 그 자체가 어디에서 오는지도, 누구의 권력이나 명령에 따른 것인지도 모르는 '음모'처럼 기능한다. 거대 미디어와 자본과 국제적인 조직과 분리할 수 없는 영화 그 자체가 '음모'에 휘말려 들어 그 자신이 '음모'로서 기능할 수 있다.

그러므로 영화가 행동적 중추성에서 이탈할 때 단순히 영화는 이야기나 행동이나 의미로부터, 혹은 '이데올로기'로부터 자유로워지지는 않는다. 영화는 보다 두렵고 비인칭적인, 보이지 않는, 어디에서 다가오는지도 모를 힘에 직면하고 그것에 농락당하며 그것에 대항해야만 하는 것이다.

영화에서 지각의 중추성과 비중추성은 그 자체가 다양한 수준과 위상에서 다양하게 교착하면서 나타난다. 영화의 역사는 그러한 교착 속에 있고 교착이 야기하는 변화로서 나타난다. 그리고 역사는 항상 사건을 형성하고 혹은 사건을 거부하는 유형무형, 가시불가시의 힘들이 대립하며 싸우는 와중에 있다.

『시네마 1: 운동-이미지』는 베르그송의 운동 이론에 꽤 충실하게 지각, 정동, 행동에 대응하는 세 이미지를 분류하고 주로 제2차 세계대전 이전의 영화를 분석하면서 이 세 이미지 개념에 살을 붙였다. 뭔가 특별한 이미지가 다른 이미지에 비해 우위에 놓이거나 하는 일은 결코 없다. 그렇지만 이러한 이미지의 총체로서의 '운동-이미지'가 이윽고 위기와 조우하여 영화가 본래 갖고 있는 비중추성을 노출시킨다. 운동-

이미지에서는 '운동'(중추성)이 '시간'(비중추성)을 따르게 만들며 종종 '시간' 그 자체를 은폐했던 듯하다. 대체로 시간은 운동의 수치이자 척도인 데 불과했다. 시간은 아직 간접적으로 표상될 뿐으로 결코 직접적으로 영화의 대상이 되지 않았다.

이리하여 들뢰즈는『시네마 2: 시간-이미지』에서 더 이상 운동에 따르는 일이 없는 시간 그 자체의 표현으로서의 영화에 관해 이야기한다. 시간은 사고와 신체를 새로운 비중추성 속으로 이끈다는 것이다.

자유간접화법이라는 영화의 또 하나의 본질

들뢰즈는『시네마 1: 운동-이미지』의 제5장「지각 이미지」에서 지각의 주관성과 객관성이라는 문제를 제안한다. 물론 지각이 객관적일 때 지각은 중심을 갖지 않고 비중추적이다. 베르그송을 따라 지각의 양극은 이렇게 정의된다.

> **어떤 지각에서 갖가지 이미지가 한 중심적, 특권적 이미지를 따라서 변화할 때 이 지각은 주관적이다. 지각이 사물 속에 있고 그 지각에서 온갖 이미지가 다른 이미지와 관련되면서 온갖 측면, 온갖 부분이 변화할 때 이 지각은 객관적이다.** (IM, p.111 / p.137.)

눈에 상처를 입은 한 남자를 카메라가 포착한다. 이 남자가 자신의 파이프를 볼 때 눈의 상처 때문에 파이프가 흐릿하게 보인다. 카메라는 흐릿한 파이프의 상을 부여해 준다. 단적으로 말해 카메라가 최초로 포착하는 상은 객관적이고 흐릿한 파이프의 상은 주관적이다.

카메라가 한 여자를 포착한다. 다음으로 그 여자를 바라보는 남자를 포착한다. 여자를 포착하는 카메라는 남자의 주관적인 지각을 보여 주고, 남자를 포착하는 카메라는 객관적인 지각을 보여 준다(물론 그 역도 있을 수 있다). 그러나 객관적이라고 하는 카메라의 지각은 카메라맨과 감독의 의도에 따라 물론 주관화되어 있다. 설령 전면적으로 주관적이지는 않다고 해도 카메라의 지각은 항상 절반만 객관적이고 절반은 주관적이다.

들뢰즈는 여기서 피에르 파올로 파졸리니(1922~75년)가 영화의 자유간접화법에 관해 이야기한 것에 주목한다. 자유간접화법은 이른바 간접화법 문장에서 주절("그녀는 생각한다")을 생략하고 종속절("정조를 잃어버리기보다는 고문에 견디겠다")만을 남긴 형태다. 따라서 이 화법은 화자로부터 분리한 주절의 인물(그녀)의 주관적 상황을 보여 주고, 동시에 화자의 언표에 녹아들어 버린 객관적 기술이라는 성격을 갖는다.

자유간접화법은 영화 속에서 결국 어떤 문제로서 나타날까?

한 인물이 스크린 위에서 행동하고 어떤 방식으로 세계를 보고 있다고 간주된다. 그러나 동시에 카메라가 다른 시점(vision)에서 그를 보고, 그의 세계를 보고 사고하며 반성하고 인물의 시점을 변형한다. (…) 카메라는 단순히 인물과 그 세계의 비전을 부여할 뿐만 아니라 다른 비전을 강요하고, 그 속에서 첫 번째 비전은 변형되고 반성된다. 이 이중화를 파졸리니는 '자유간접적 주관'이라 부른다. (IM, p.108 / p.133.)

이러한 '이중화'는 영화의 관객에게 '카메라를 느끼게 한다'. 영화의 지각은 주관성과 객관성 사이에서 흔들리고, 자유간접적인 지각으로서 양쪽을 혼합하는 경우가 있다. 환상이나 꿈과 닮아 극도로 주관적으로 보이는 경우와 유동하는 불안정한 사물의 객관적 상태가 거의 유사해지는 경우가 있다. 중추성의 극(極)에서 비중추적인 환각이 나타나고, 비중추성의 끝에서 중추적인 운동이 반복되기도 한다. 무릇 중추성을 한 지각 주체에게 환원할 수는 없다. 지각 과정에는 무수한 중심(자아)이 관련되어 있기 때문이다.

'지각 이미지'에 따라 영화의 분류를 개시했을 때 들뢰즈는 곧 영화에서 비중추적인 것은 영화적 지각의 본질과 관련되기는 하지만 어디까지나 잠재적인 극으로서 존재함을 보여 주고, 오히려 비중추성과 중추성의 양의성이 빚어내는 끊임없는 드라마로서 영화적 창조를 파악하려 하는 듯 보인다.

그리고 『시네마 1: 운동-이미지』에서 자유간접화법으로서 제안된 모티브는 『시네마 2: 시간-이미지』에서도 영화가 야기하는 다른 언어행위, 다른 집단성과 복수성의 문제로서 훨씬 큰 범위 내에서 논의된다.

흡사 영화의 출발점에 있었던 비중추적인 지각의 진정한 잠재성이 운동과 행동을 통해 인도되는 전개로부터 일탈한 시간 속으로 들어가고, 자유간접화법이라 불리는 배치로서 개방되며 보다 광대한 차원에서 혹은 보다 은근하고 지각하기 어려운 차원에서 현실화되도록 미리 예정되어 있었던 것처럼.

언어행위와 민중

들뢰즈는 『시네마 2: 시간-이미지』 후반에서는 음성과 영상이 분리되고 화면 밖에서 화면에 대응하지 않는 음성이 들려오는 이른바 '브와 오프'(voix-off, 오프 보이스) 수법이 영화기록에 새로운 상황을 만들어 냈음을 되풀이해서 강조한다.

예를 들어 장-뤽 고다르의 비디오 작품 「영화사」(1998년)에서 브와 오프는 항상적이며 무수한 영화의 단편, 실사 영상, 고다르 자신의 내레이션, 인용된 텍스트의 낭독, 대화, 화면에 겹쳐지는 문자, 음악, 노래 등 실로 어지러울 정도로 빠르게 기호 요소가 교체된다. 영화를 구성하는 기호의 이러한 분열과 다양한 형태의 재결합은 온갖 기호를 같은 평면에서 유동적으로 조작할 수 있는 시청각 테크놀로지의 발달과 그것이 야기한 지각의 변용과 밀접하게 관계하고 있음에 틀림없다.

20세기 초 문학, 예술에서 행해졌던 다양한 전위적 실험은 이미 이러한 기호의 분열과 함께했다. 음성과 문자, 말과 이미지, 청각과 시각이 갈라질 때 기호가 가리고 있던 다양한 균열과 진동이 지각된다. 기호의 분열로부터 혹은 기호의 틈으로부터 새로운 언어행위를 끄집어내는 것, 새로운 자유간접화법을 만들어 내는 것, 이것이 들뢰즈의 두 『시네마』가 마지막으로 미래를 향해 보여 주는 지침이라고 해도 좋다.

글라우베르 호샤(브라질), 피에르 페로(캐나다 퀘벡주), 미셸 클레이피(팔레스타인), 우스만 셈벤(세네갈), 유세프 샤힌(이집트)과 같은 제3세계 혹은 소수자 출신의 영화작가들은 결코 자기 집단의 아이덴티티를 강화하고 기원의 신화로 거슬러 올라가는 방식으로 영화를 만들지 않았다. 들뢰즈는 그들이 식민지(적) 수탈과 지배의 비극적인 상황에서 어떤 '언어행위'를 만들어 냈는가에 특히 주목했다(IT, pp.282~291 / pp.300~310).

그리고 언어행위란 개인의 것도 집단의 것도 아닌, 개인과 집단의 장벽을 뚫고 지나가는 행위 그 자체다. 민중은 미리 존재하는 집단(대중, 노동자, 군중 등등)이 아니라 각 개인이 다양한 장면에서 다양한 언어행위, 혹은 우화 만들기[fabulation, 우화 짓기]를 통해 민중이 되고 민중-생성하는 것이다. 민중은 결여되어 있지만 끊임없이 생성되는 것, 생성되어야 할 것이기도 하다.

들뢰즈가 문제 삼고 있는 제3세계 영화의 정치성은 종래 서양 정치영화의 정치성과는 다르다. 서양 정치영화는 종종 의식, 주장, 사상 속에서 정치를 발견해 왔다. 그러나 제3세계 영화에서 정치성은 오히려 개인과 집단을 관통하는 언어행위를 발견하거나 혹은 창출하면서 그때마다 만들어져야만 하는 무언가다.

그러한 발견과 창출 과정은 실신, 발작, 폭력과 연관되고 살아가기 힘든, 견디기 힘든 상황에 직면하는 경우가 있을지도 모른다. 영화는 그러한 상황에서 픽션을 만들 여유 따위는 없이 직접 현실의 에피소드를 들 수밖에 없다. 그것은 미리 존재하는 신화, 미리 존재하는 민중영화가 아니다. 신화와 민중은 각자의 에피소드에서 사적인 장면과 집단적인 차원을 관통해 가는 언어의 과정에서부터 새롭게 출현할 뿐이다. 정치영화라는 장르가 있는 것이 아니라 정치를 만들어 내고 또 정치에 개입하는 언어행위를 발견하고 창조하는 영화가 있을 뿐이다.

'소수 문학을 위하여'라는 부제를 달고 있는 『카프카』, 그리고 『천개의 고원』에서도 들뢰즈·가타리는 소수자에 대해 그 아이덴티티를 옹호하는 관점에서 사유하기를 일관되게 부정했다. 그들은 예를 들어 소수민족이 다수자의 언어에 대항하여 자신의 언어를 지키려고 하는 것보다도 오히려 다수자의 언어를 이용하면서 변형시켜 버리는 것에 주목한다. 소수자란 아이덴티티의 외부에서 비평형적 상태를 사는 존재이기 때문에 본원적이다. 그것은 질로도 양으로도 형태로도 기능으로도 환원할 수 없는, 바로 강도의 집단적 상태를 보여 준다. 민중은 결코 '대중'이 아니며 특정 계급, 신분, 집단이 아니다. 민중은 어떤 언어행위의 집합이며 어떤 이동, 강도, 생성의 집단적 상태 그 자체인 것이다.

언어를 모델로 삼는 '기호학'이 아니라 언어를 이탈하는 '기호론'을 구상하고 처음에는 그것을 베르그송 철학의 모티브에 따라 전개했던 들뢰즈는 이윽고 영화의 기호가 한없이 분열되는 과정에 주목하면서, 더 이상 어떤 통일도 종합도 있을 수 없는 세계의 이미지 그 자체로서 영화를 파악하는 듯 보인다. 그러나 세계 속에서 산란하는 듯 보이는 영화가 어떤 사고, 신체, 정치, 민중의 징조를 포함하고 있는가 —— 들뢰즈의 사유는 서서히 그러한 질문을 향해 나아가는 것이다.

들뢰즈는 『시네마 1: 운동-이미지』 서두에서 베르그송을 인용하면서 '열린 전체'에 관해 이야기한다. 베르그송에게 전체란 "끊임없이 변화하며 어떤 새로운 것을 생겨나게 만들고 지속하는" 무엇이다. "운동이란 지속과 전체에서 일어나는 변화를 나타낸다"(IM, p.18 / p.16). 이러한 전체-지속은 분할 불가능하고 분할된다면 질을 바꿔 버리는 무엇이다.

여기서 『창조적 진화』에 나오는, 컵 안의 물에 설탕을 녹이는 유명한 에피소드가 인용된다. 눈앞에는 컵과 물과 설탕과 그것을 뒤섞는 스푼이라는 부분으로 이루어진 집합이 있고 공간적 배치가 있을 뿐이다.

그러나 물과 설탕이 섞여 설탕물이 되어 가는 변화를 달성하는 것은 결코 부분으로 분할되지 않는 하나의 전체다. 그리고 이 변화는 이 부분들 사이의 관계의 변화임과 동시에 그 변화를 인지하는 정신 측의 변화이기도 하다.

이러한 '전체'는 그 자체로 의식의 움직임의 전체성을 보여 준다. 들뢰즈는 비중추적인 지각만이 아니라 분할 불가능하며 끊임없이 변화와 생성을 향해 '열려 있는' 이러한 '전체' 개념을 영화론의 출발점에 둔 것이다. 운동-이미지가 다양한 실험과 창조를 거쳐 세련되고 감각운동적인 지각을 완성시켜 가는 과정에서도 들뢰즈의 사유의 지평선에는 항상 이 '열린 전체'가 있었고, 바로 그렇기 때문에 영화예술의 엄청난 '변화'에 관해 일관되고 예민한 사유를 지속할 수 있었다.

그러나 『시네마 2: 시간-이미지』 제7장 「사유와 영화」에서 들뢰즈는 이 '열린 전체' 개념을 재차 문제 삼으며 마치 이것으로는 이제 불충분하다는 듯이 이번에는 '외부'로서의 전체라는 개념을 제시한다. 동시에 또 자극과 그것에 대한 반응 사이의 '간격'으로서 '뇌'를 파악하는 베르그송에 대해서도 다소 부정적인 견해를 보여 주기도 한다.

우리가 지금 **전체란 외부이다**라고 하는 것과 고전적 영화에 관해 **전체란 열린 것이다**라는 것, 이 둘 사이에 큰 차이가 있다고는 생각할 수 없을지도 모른다. 그러나 열린 것은 시간의 비직접적 표상과 일체였다. (…) 그런 까닭에 영화에서 전체는 이중의 인력에 따르고 이미지를 내부화하며 또 이미지에 있어서 자신을 외부화하면서 끊임없이 자신을 생성했다. 그것은 항상 열린 전체로, 이것이 몽타쥬 또는 사고의 역능을 정의했던 것이다. 우리가 '전체란 외부이다'라 할 때 사정은 달라진다. 왜냐하면 문제는 이제 이미지 사이의 연합과 인력이 아니다. 중요한 것은 반대로 이미지 사이의, 두 이미지 사이의 **틈**이다. 즉 각각의 이미지가 공허로부터 자신을 떼어 놓고, 또 거기에 빠져 버리는 그러한 공극이다. (IT, pp.233~234 / pp.250~251.)

필시 베르그송은 (…) 근본적인 변화의 요소를 도입했던 것이다. 뇌는 이미 한 자극과 한 반응 사이의 어떤 간극, 어떤 공허일 뿐이며 공허 이외의 어떤 것도 아니다. 그러나 이 발견이 아무리 중요하다고 해도 이 간극은 여전히 그곳에서 체현되는 종합적 전체에 따르며 또 간극을 넘어서는 연합작용에 따르고 있다. (IT, p.274 / p.293.)

이 인용을 읽고 있자면 운동-이미지와 시간-이미지 사이의 깊은 단절 저편에 더욱 깊은 균열이 보이는 듯한 느낌이 든다. 그리고『시네마 2: 시간-이미지』의 들뢰즈는 이미 몽타쥬의 원리가 아니라 컷과 컷의 이상한 접속에서, 그 갈라진 틈에서, 또 음성과 영상 사이의 결정적인 분리에서 현대적 시간의 새로운 표현을 발견했고 거기서 또 영화에 밀려드는 무서운 힘의 그림자와 그에 대한 영화의 동요와 투쟁의 궤적을 봤다. 처음에는 일견 자명한 듯 보였던 영화=비중추적 지각이라는 도식은 이렇게 먼 지각하기 힘든 장소까지, 균열과 위협과 난류로 가득 찬 장소까지 이끌리는 것이다.『시네마』를 태평하게 베르그송의 운동, 지속, 기억의 철학의 연장선상에서 읽을 뿐이라면 영화가 현대성으로서 조우한 수많은 새로운 문제를 깨닫기는 매우 어려울 것이다.

영화처럼 되어 버린 세계

이리하여 들뢰즈의 사유는 제1권에서는 보이지 않았던 복잡한 진폭을 보여 준다. 그는 영화를 통해 역사의 심층으로 잠수해 들어가 그대로 미래의 징후를 탐색하기 시작하는 듯하다. 영화의 미래뿐만 아니라 실은 인간의 사고, 뇌, 신체, 집단의 미래를 질문하고 있다.

이 이행은 어쩌면『안티-오이디푸스』에서『천 개의 고원』으로 가는 전개, 그 비약과 심화와 닮아 있을지도 모른다.『시네마 2: 시간-이미지』는 베르그송의 시간론을 영화와 대조하며 풍부한 베리에이션을 갖는 또 하나의 시간론을 구성하는데, 이 시간론은 동시에 압도적인 폭과 심도를 갖는 세계론이 되었다.

시간에 관해 이야기하는 것은 자본에 관해, 생명에 관해, 신체에 관해, 중심도 진리도 없는 세계에 관해, 권력과 정보에 관해, 사유의 외부에 관해 이야기하는 것과 동시에 진행된다. 확실히 이 제2권도 항상 영화작품에 관한 상세한 분석과 함께 진행되지만 영화로서 나타난 세계를 통해 제1권보다도 훨씬 종횡무진 세계 그 자체에 관해 이야기하는 저작이 된 것이다.

이 영화론은『천 개의 고원』이 유전자에서 우주까지, 작은 새의 노래에서 전쟁의 소란까지, 고대부터 현대까지 어지럽게 옮겨 다니는 사색을 전개한 것과 유사하게 광대한 스케일로 펼쳐진다. 결코 하나의 원리나 도식을 영화에서 우주까지 관철시킨 것은 아니다. 어디까지나 영화라는 현세의 예술을 통해 시간의 질문에 다가서서 시간이 포함하고 있는 다양한 잠재성을 주의 깊게 끄집어냄으로써 이 사색은 아뜩해질 정도로 풍부한 세계의 단면을 잇달아 발견한다.

한 시간론을 방대한 스케일로 확대해 나가면서 역시 그 중심에 우리들이 현대로서 살고 있는 것은 어떤 시간인가라는 질문을 두고, 이 질문을 위해서 시간에 관해 묻고 있다. 분할할 수 없는 전체로서의 운동, 과거와 현재의 엄밀한 동시성이라는 베르그송의 논리를 재파악하고, 거기서부터 역사에 관해서까지 질문하고 있다.

들뢰즈가 베르그송과 영화에서 공통적으로 봤던 중심이 없는 지각의 세계는 오히려 다양한 형태로 중심화되고 구조화되며, 바로 그러한 과정으로서 영화는 위대한 작품과 작가의 역사를 만들어 냈다. 그러나 들뢰즈의 영화론은 두 저작을 통해 두 번 반복되고, 게다가 다른 위상으로 반복된다. 그는 영화사 그 자체를 구성하는 중심화의 역사(무릇 역사란 중심화하는 움직임과 불가분하다)를 묻고, 출발점에 있었던 비중추적 지각의 차원을 몇 배, 몇 겹이나 분기시키면서 중심이 없는 현대세계의 철학을 다시 한번 시도했다. 그것은 역사를 **비중추화하는 시도**라고도 환언할 수 있을 것이다.

결국 그것은 영화에 관한 사색인 이상으로 영화에 개입되어 어딘가 영화 같은 것이 되어 버린 세계에 관한 사색이다. 그리고 정밀한 철학적 기술이면서 영화작품 하나하나의 단면을 컷글라스의 절단면처럼 집적시키고 있어, 거의 현대세계에 관한 흔치 않으며 독특한 이론적 '소설'로서 읽을 수도 있다. "영화를 만드는 것은 우리들이 아니며 세계가 악질적인 영화처럼 우리 앞에 출현하는 것이다"(IT, p.223 / p.240). 만약 세계가 나쁜 영화 같은 것으로 화해 있다면 영화 속에서야말로 우리들은 세계에 대한 신뢰를 재발견할지도 모른다. 그렇게 쓴 것은 들뢰즈의 드문 아이러니지만, '신뢰'라는 말 자체에 아이러니는 포함되어 있지 않다. 단지 '신뢰'는 이미 영화의 한정된 일부, 세계의 한정된 일부, 그리고 철학의 은밀한 장소에서만 발견할 수 있는 것이 아닌가 싶기도 하다.

세계가 나쁜 영화처럼 된 것은 물론 영화 탓만은 아니다. 세계가 영화를 잘못 사용했기 때문이다. 그 뒤 세계는 TV에서부터 크고 작은 컴퓨터 모니터로 영상을 범람시켰고 점점 영상이 세계로 치환되는 양 진행해 왔다. "우리는 종종 영화적 환각의 성질에 관해 질문해 왔다. 세계에 대한 신뢰를 회복하는 것이야말로 현대영화의 힘이다(단 악질적인 영화를 말하는 것은 아니다). 크리스트교도든 무신론자든 우리의 보편화된 분열증에 있어서 **우리는 이 세계를 믿을 이유를 필요로 한다**. 이것은 바로 신앙의 전환인 것이다"(IT, p.223 / p.240). 물론 **신뢰**는 **신앙**과는 다른 것이다. 이 **세계**를 믿는 것이 이 세계의 바깥에서 신을 구하는 것은 아니다.

실은 이것은 영화만이 아니라 예술에 관해서도, 철학에 관해서도 말할 수 있다. 그리고 문제는 영화, 예술, 철학을 믿는 것이 아니라 이들을 통해 세계를 믿는 것이다. 그러나 이들을 대신해 나쁜 영상, 미학, 관념이 차례로 세계를 뒤덮고 세계의 지각은 방해받는다. 세계가 세계를 배신하고 있는 듯하다. 그러나 세계가 특히 나쁜 영화처럼 되었다고 한다면, 영화야말로 이 사태에 개입해야만 하며 영화는 실제로 그러한 역할을 맡아 오기도 했다.

'시간-이미지'의 영화가 가진 강한 비판적 성질은 '세계를 믿을 이유'와 불가분했다. 이윽고 다음 세기로 이행하여 영화는 디지털 영상의 항상적인 홍수에 삼켜졌고, 오히려 '운동-이미지' 쪽이 석권하여 너무나도 조심스럽고 은근한 '시간-이미지'는 분쇄되고 망각되고 있는지도 모른다. 이것은 오히려 이미지의 사막인 것일까. 그러나 "각자의 사막을 만들어 내는 것"이라고 가타리와 함께 쓴 적도 있는 들뢰즈에게는 '사막'조차도 한 고원일 수 있다.

제6장 **철학의 완성**

들뢰즈의 최후의 관심은 '철학'이었다. 엄밀하게 말하자면, '철학이란 무엇인가'였다. 초기에는 몇몇 철학자를 정밀하게 읽으면서 점차 독자적인 계보와 문제계를 만들어 내며 그는 이윽고 『차이와 반복』(1968년), 『의미의 논리』(1969년)에서 전면적으로 그 자신의 철학을 구축하고 전개했다. 가타리와의 공동작업으로 그 철학은 어지러울 정도로 다양한 소재와 지평에 적용되고 확장되며 철학의 습관적인 형식과 구성과 문제의식을 훨씬 뛰어넘는 것이 되었다. 흡사 철학이라는 명칭도 고유 영역도 더 이상 의미를 잃어버리는 듯한 지점까지 철학은 세계를 향해 열린 것이다. 이윽고 들뢰즈와 가타리의 이름은 널리 알려졌고 그 영향도 확대되었다고는 해도, 그들의 사상과 저작이 어떤 파격적인 '사건'이었는지가 꼭 '영향'과 함께 감지되지는 않았다. 어떤 의미에서는 그들이 야기한 것의 의미가 점점 이해되지 않는 시대에 들어섰다고까지 말할 수 있다.

"우리들은 이 시대와 부끄러운 타협을 계속하고 있다"(QPh, p.103 / p.186)라는 격한 표현은 이미 그들이 극히 실험적인 두 저작을 쓴 시대와는 꽤 다른 시대에 들어섰음을 노골적으로 보여 준다. 철학이 '반시대적'임은 당연하지만(니체의 『반시대적 고찰』), 그렇다 해도 이 두 권의 책은 시대의 '유동'을 깊은 곳에서 모티브로 삼고 있었을 터다. '시 대'와의 그런 농후한 관련성은 어느덧 잃어버리게 된 듯하다.

가타리와의 공동작업 사이에도, 또 그 뒤 공동작업을 일단락하고 다시 단독으로 회화와 영화에 집중하여 사유했을 때도 들뢰즈는 철학 의 경계에 서서 철학 그 자체를 묻고 검토하며 재구축하려는 시도로 철학 바깥의 영역들을 향해 있었다. 그는 그렇게 해서 끊임없이 철학의 바깥에 직면하여 철학을 외부로 열어젖히면서 역시 철학적 사고의 생명을 묻고 있었던 듯하다. 철학은 아직 살아 있는가, 철학을 죽이고 있는 것이 있다면 그것은 무엇인가, 철학에 고유한 생명이란 대체 무엇인가 하는 식으로.

재개된 가타리와의 공저, 그것도 최후의 공저가 된 책은 과거의 철학과 갖는 접점을 발견하고 결코 철학의 과거와 단절되지 않는 형태로 철학을 혁신하며 그것을 다양한 소재나 사상을 향해 확대하고 풍부한 뉘앙스로 채웠다. '철학의 종언'을 부르짖는 일은 결코 없었으며 그럴 필요도 없었다. 철학의 창조성에 대해 그는 계속 깊이 신뢰했음에 틀림없다.

그러나 그는 과거의 모든 철학을 관대하게 받아들이려 했던 것은 아니며 어떤 독자적인 선택과 방향에 기초하여 철학의 어떤 경향만을 특히 집중적으로 계승했다. 당연히 이러한 선택과 실천은 '철학이란 무엇인가'를 그 나름의 방식으로 규정했음을 전제했을 것이다.

예를 들어 『차이와 반복』이라는 저작은 차이와 반복을 둘러싸고 사유하면서 동시에 철학이 차이와 반복을 둘러싼 사유여야 함을 동시에 주장했었을 것이며,『천 개의 고원』은 서론「리좀」에 정의된 것 같은 리좀상, 고원상의 사유로서 철학 그 자체를 재정의하면서 실천했다. 그때마다 들뢰즈는 '철학이란 무엇인가'를 다시 생각하고, 이 질문에 답하는 형태로 철학해 왔다고 말할 수 있다.

　『철학이란 무엇인가?』는『천 개의 고원』이후에도 계속되었던 가타리와의 공동작업 성과로서 역시 공저의 형태를 취했지만 가타리 자신은 오히려 들뢰즈에게 속하는 저작이라고 언명했다. 확실히『천 개의 고원』에 이르는 농밀한 공동 저술에 비해 가타리의 개입은 그다지 현저하게 보이지 않는다. 그래서 나는 이후 이 저작을 들뢰즈 자신의 철학적 총결산으로 간주하고 감히 들뢰즈를 주어로 해서 독해를 진행하기로 할 것이다. 물론 그것은 오랜 기간에 걸친 가타리와의 완전히 예외적이고 아름다운 연대의 자취를 되돌아보는 저작이기도 했다. 그렇기 때문에 들뢰즈는 이것을 두 사람의 공저로서 간행하기로 했다.

　들뢰즈는『철학이란 무엇인가?』를 한 유서로 자리매김하고 있다. 노년에 이르러 '어쨌든 내가 평생 행해 온 것은 대체 무엇이었는가'라고 물으며, 철학적 총괄이라고도 표명했다. 한 철학을 역사나 자연의 다양한 국면을 향해 확장하는 작업을 면면히 되풀이해 온 후 여기서는 철학 자체가 무엇이며 무엇이 아닌가를 정의하려고 한다. 이것은 철학을 자유자재로 확장하기보다 오히려 엄격하게 순화하려는 시도로 보인다.

　들뢰즈 철학의 큰 매력 중 하나는 과학과 문학과 예술, 그리고 정치와 끊임없이 인접하며 이들을 실로 횡단하는 사유의 운동을 만들어 냈다는 것이다. 그러나 이 책의 들뢰즈는(특히 전반부에서는) 철학사를 집중적으로 점검하고 흡사 철학에만 독자적으로 속하는 활동과 사유는 무엇인가를 확정하려고 하는 듯하다.

방법론적인 성찰이자 총결산이며 유언으로도 보이는 이 저작은 많은 우려와 분노를 배경에 포함하고 있다. 철학은 너무나 많은 것과 혼동되고 있다. 철학의 이름을 너무나 많은 사람들이 사칭하고 있다. 무자각적이고 진부한 지성이 마케팅과 커뮤니케이션과 오피니언과 철학을 혼동할 뿐만 아니라 상당히 강력하고 독창적인 지성조차 철학의 생명을 거의 말살하는 듯한 사유를 실천하고 있다. 동시대의 이러한 상황에 대한 저항과 비판(그리고 치욕의 감정)이 이 책의 강한 모티브가 되었다.

들뢰즈는 단순히 현대의 철학의 망각이나 통속화나 횡령을 우려하고 비판하고 있는 것은 아니다. 그 비판은 헤겔과 현상학과 비트겐슈타인에게까지 향하고 있다. 철학을 해치는 것은 결코 철학의 외부에 있지 않으며 철학의 내부에도 있다. 『철학이란 무엇인가?』는 들뢰즈가 혼자서 또 어떤 때는 가타리와 함께 실천해 온 철학을 극히 충실하고 엄밀하게 재정의한다. 이것은 철학의 일반적, 교양적인 정의와는 거리가 멀다.

차분하고 편안한 유서처럼 시작한다고는 해도 철학의 생을 해치는 외부와 내부의 적에 대한 격렬한 비판과 함께 정의 작업은 진행된다. 그러므로 결코 들뢰즈 철학의 입문서로서 읽을 수 있는 책은 아니다. 들뢰즈(와 가타리)의 책을 어떤 순서로 읽어도 별로 상관없지만, 이 책은 어느 쪽이냐 하면 나중에 읽는 쪽이 좋은 책 중 하나일 것이다.

이 책은 (『천 개의 고원』처럼) 개념을 확장하고 다양한 사상(事象)과 결합하여 다양한 차원을 횡단해 가는 이미지로 풍부한 논술로 쓰여 있지는 않다. 오히려 개념을 한정하고 세정하며 점검하는 방법론적 사유를 관철하고 있다. 그렇지만 결코 혼돈과 무질서를 배제한 정적 방법론에 머무르지도 않았다. 철학이란 뇌와 카오스(난류)가 대면하는 곳에서 형성되는 사유의 한 부문이다. 들뢰즈에게 철학이란 결코 보편성과 일반성을 발견하거나 근거 짓거나 하는 학문은 아니다. 철학에 관한 그러한 통념에 근본적인 이의가 제기되고 있는 것이다.

철학의 본질을 결정한 고대 그리스

들뢰즈는 이 책에서 철학의 본질을 고대 그리스의 지리와 역사에 밀접하게 연관시킨다. 폴리스(도시국가)는 노예제 위에서 전례 없는 평등한 인간, 친구들이 구성하는 사회를 만들어 냈다. 친구들이란 또한 연애, 유희, 문예, 대화, 재판, 정치에서 평등하게 경합하는 라이벌 사이다. 그들의 자유, 평등은 끊임없는 경합관계(아곤)와 일체다. "벗이라는 것은 그리스인에게서 결정적인 일격을 받아, 이미 타자와 관계하는 벗이 아니라 '존재태'[Entité], '대상성'[Objectité], '본질'[Essence]과 관계하는 벗이 된다"(QPh, p.9 / p.10).

타자에게 친구이자 라이벌이기도 하다는 양의적인 상황은 철학을 벗으로 삼는 사유를 통해 비로소 극복된다. 철저한 민주제는 철저한 경합과 투쟁도 만들어 낸다. 철학은 그러한 경합과 투쟁에 다른 차원을 부가하여 경합과 투쟁을 조정하는 것이다.

지금도 많은 사람들이 철학을 인생관과 세계관을 부여하는 지적 활동 같은 것으로 막연하게 생각한다. 그리고 철학이 종교와도 과학과도 결코 판명하게 구별되지는 않는 시대가 확실히 존재했다. 철학만이 세계관과 인생관을 부여해 온 것은 아니며 종교적인 지적 활동은 종종 철학 이상으로 강력한 설득력을 갖는 세계관, 인생관을 부여해 왔다. 그렇지만 고대 그리스에서 철학은 종교와는 완전히 다른 타입의 지적 활동으로서 탄생되었다. 철학은 폴리스의 민주제와 뭔가 근본적인 관계를 갖고 있음에 틀림없다.

이것은 단순히 철학이 그리스에서 기원했다는 역사적 명제보다 훨씬 떠올리기 어려운 질문을 던진다("니체는 이렇게 말했다 — 철학이 그리스인에게서 발견하는 것은 기원이 아니라 어떤 환경이자 기운이며 에워싼 분위기다"(QPh, p.92 / p.165)).

'필로소피'라는 말은 언어에서부터 문명에 이르는 유럽의 계보적 연속성과 분리할 수 없다. 들뢰즈는 각 지역에 독자적인 철학이 있다는 식으로 철학을 파악하려고 하지는 않았다. 철학과 고대 그리스라는 '환경' 사이에는 결정적인 결합이 있다고 생각했다. 그러나 결코 거기에서 서구 철학의 기원과 정체성(identity) 같은 것을 구하지는 않았다. 다만 고대 그리스가 독자적인 '환경'과 정치체제를 가졌고 그것과 밀접하게 관련되는 지적 활동으로서 철학을 만들어 냈음을 철학에 있어 결정적인 사건으로 간주했다.

그리고 고대 그리스는 오리엔트의 제국에 기생하여 제국이 만들어 낸 부의 유통과 교역에 종사하는 데 충분히 가까운 곳에 위치한 데다, 복잡한 해안선을 따라 바다와 접하면서 제국적인 조직과는 완전히 선을 긋는 고도의 이동성을 가질 수 있었다. 고대 제국으로부터 상대적으로 자립할 수 있었고, 지중해로 확장된 이동, 교역, 이민 조직망은 제국과 완전히 다른 타입의 공동체와 공공성을 낳은 것이다.

철학의 탄생은 이러한 역사적, 지리적 환경과 분리할 수 없다. 그러므로 철학은 '지리철학'(geophilosophy)이라고도 환언할 수 있다. 단 지리-환경은 우연이라 간주되고 '필연성'과 '기원'에 대한 신앙에서부터 철학을 갈라놓는 것이다. 이러한 환경의 중심으로서의 그리스와 거기에 존재했던 많은 외국인들(탈레스, 헤라클레이토스, 파르메니데스…)이 만들어 낸 공간과 철학은 분리할 수 없다. 들뢰즈는 "철학자는 그리스인에게 당도한 이주자라고 상상하라"라는 니체의 말을 인용한다(QPh, p.84 / p.374, 원주 3). 철학은 그러한 환경 속에서 형성된 정치체제와 사상적 갈등, 경합과도 불가분하다. 또한 그러한 체제 속에서 친구로서, 라이벌로서 공존한 사람들이라는 인물상과도 불가분하다.

이 책은 그리스인은 우애와 내재, 그리고 오피니언을 낳았다고 요약한다. 평등, 경합과 일체인 우애의 원리는 동양적인 제국의 초월성과 계층성의 원리가 아니라 내재성을 원리로 하는 사회성과 일체다. 내재란 초월자 없이 존재하며 사고하는 것이다.

들뢰즈는 동양에는 고유한 '지혜'와 '현인'의 계보가 틀림없이 존재하지만 그것은 종교적 초월성에 깊이 빠져 있다고 썼다. 동양철학 그자체가 가진 다양성을 그는 굳이 시야에 넣지 않았다. 여기에는 동양 측에서도 이론(異論)이 있을 수 있을 것이다. 예컨대 일본의 불교사에 나타난 다양한 종파는 불교의 내재성과 초월성의 갈등을 강한 모티브로 삼아 오지 않았는가. 그러나 그의 주제는 어디까지나 그리스의 철학과 철학자가 그리스의 정치적 평등과 내재성과 일체라는 점이다.

내재성 원리는 필연적으로 끊임없는 의견 교환과 대화를 동반할 것이다. 우애와 내재는 오피니언을 형성함으로써 강화되고 보증될 것이다. 물론 그리스란 철학에서 최초의 결정적인 '환경'이긴 했지만, 결코 철학 그 자체는 아니다. 들뢰즈에게 오피니언(의견, 여론)이나 그것을 싸우게 만드는 논의는 결코 철학 그 자체는 아니며 오히려 철학의 부정이다("철학은 논의를 좋아하지 않는다"라는 말이 그의 입버릇이었다). 철학은 오피니언이 아니라 개념을 창조하는 것이다.

중국의 괘(『역경』)와 인도의 만다라는 '형상'(figure)으로 사유한다는 점에서 그리스라는 환경에서 발생한 철학과 결정적으로 다르다. "만다라란 한 표면에 대한 어떤 투영이다. 즉 어느 것이든 동일한 초월의 가치들로서 신적, 우주적, 정치적, 건축적, 유기적인 수준들을 서로 조응시키는 투영이다"(QPh, p.86 / p.155).

그러나 철학은 '초월'이 아니라 철저하게 '내재'를 원리로 하는 사유다. 또한 '형상'이 아닌 '개념'에 의한 사유다. 그리고 개념이란 들뢰즈에게 있어 오피니언과도, 논리학적 명제와도, 자연과학의 함수와도, 또 예술적 지각과 감각과도 완전히 다른 독자적인 무언가다. 철학은 종교에 대한 강한 이지적 비판을 포함하지만 결코 논리학은 아니다. 과학과 예술의 인식과도 다른 것이다.

개념이란 무엇인가

개념은 어디까지나 내재적인 차원 속에서 창조된다는 것, 그 개념은 우애나 경합을 원리로 하는 그리스적 인물에게서 만들어진다는 것, 혹은 그리스적 인물을 대신하는 다른 '개념적 인물'과 함께 개념은 창조되어야만 한다는 것 ─ 이것이 '철학이란 무엇인가'라는 질문에 대한 들뢰즈의 일관된 대답이다.

『천 개의 고원』에서 다양한 학문과 예술과 역사, 동양과 미국 선주민과 방랑민족을 언급하고 '리좀'이나 '고원'이나 '기관 없는 신체'나 '전쟁기계'라는 '개념'을 종횡무진 전개한 들뢰즈·가타리. 독자는 여기서는 그것과 달리 꽤 한정된 좁은 일관성이 논의되고 있다는 인상을 받을지도 모르겠다.

들뢰즈는 가타리와 함께 너무 개방(탈영토화)된 것을 폐쇄(재영토화)하려고 한 것일까? 그렇지 않으면 개방의 운동을 최종적으로 더 강화하고 기초 지으려 했던 것일까? 여기서 문제가 되는 '개념'이란 무엇인가에 대해 조금 더 파고들어 봐야 한다.

왜 철학을 낳은 역사와 지리 속을 역행하면서 그리스 이후에도 한없이 확대되고 증식하며 다양한 흐름, 운동과 혼교한 철학 개념의 생성 그 자체로 눈을 돌릴 필요가 있었던 것일까? 들뢰즈는 철학의 종언 따위를 결코 믿었던 적은 없었다 해도 철학의 생이 보이지 않게 되는 것에 확실히 깊이 염려하고 두려워했음에 틀림없다. "점점 오만해지고 성가시게 된" 대항자들, 철학을 사칭하고 횡령하는 지식인에 대해 "치욕은 그 최악의 상태까지 이르렀다"고 격노하기도 했던 것이다(QPh, p.15 / p.22).

들뢰즈가 개념을 어떻게 정의했는지 자세히 살펴보자. 이것은 들뢰즈 자신의 사고법에 대한 면밀한 정의이기도 하다.

개념의 첫 번째 특징은 개념이 그 자체로 다른 복수의 개념과 관련된다는 것, 개념의 복수성, 다양체라는 점이다. "어떤 개념도 그 역사에서만이 아니라 그 생성에서도, 혹은 현전하고 있는 그 연결들에서도 다른 복수의 개념들을 나타낸다. 어떤 개념도 복수의 합성요소를 갖고 있고 이 합성요소들은 그것대로 또 개념이라 간주할 수 있는 것이다"(QPh, p.24 / pp.36~37).

두 번째로 이 합성요소들은 불가분하다는 것, 공립적인 요소(arrangement)라는 점이다. 합성요소 사이에는 부분적으로 서로 겹치는 부분, 근방역, 식별 불가능한 경계가 있고 한 요소로부터 다른 요소로 이행하기(생성)나 결정 불가능한 중간이 있다. 굳이 말하자면 개념 그 자체에 리좀적인 분기가 포함되어 있다는 것이다.

세 번째로 개념은 이렇게 다양하며 또한 불가분한 합성요소의 "합치점, 응축점, 혹은 집적점"이다(QPh, p.25 / p.38). 개념은 이 합성요소들 사이를 '달려서 빠져나간다'. 혹은 이 요소들을 단번에 부감한다. 각각의 합성요소는 강도적(내포적) 특성이며, 결코 개념의 외연적인 부분이 아니다. 합성요소는 각자 특이하며 결코 등질적인 단위로 환원할 수 없다.

어떤 새의 개념은 동물을 분류하는 종이나 유로 환원되는 것이 아니라 그 자세나 색, 지저귐이라는 합성요소 사이를 달려서 빠져나가고 이것들을 부감한다. 개념은 거리 없이 무매개적으로 이 요소들에 현전한다. 개념을 이런 식으로 정의할 때 들뢰즈는 "어떤 대상의 일반적이면서 추상적인 심적 표상"(『프티 로베르 사전』)이라는 '개념'의 일반적 정의와는 완전히 동떨어진 관점에 서 있다. 개념은 우리가 그것에 정상적인 기능을 부여할 때만 일반적일 수 있는 것으로, 결코 일반성 그 자체가 아니라는 것이다.

네 번째로 개념은 비물체적, 비신체적으로 결코 물체나 신체의 상태와 일치하지 않는다. 또한 그것은 강도(내포)를 갖는다 해도 사물의 외연적 질서로 전개되지는 않는다는 의미에서 '에너지'와 관련되는 것은 아니다. 그것은 순수한 사건, 일어난 일이며 무한한 속도로 유한하며 분할 불가능한 합성요소 사이를 가로지르거나 혹은 부감한다.

개념은 각각의 합성요소에 대해 상대적이면서 그것들을 무한한 속도로 달려서 빠져나간다는 점에서는 절대적이다. 일반성이기 때문에 절대적인 것이 아니라 오히려 각각의 요소(특이성)에 관해 상대적인 단편이며, 더욱이 그것들의 강도적 특성을 관통하는 사건이기 때문에 절대이며 무한인 것이다.

다섯 번째로 이것은 개념이 무엇인가보다도 개념이 무엇이 아닌가를 말한 것인데, 개념은 '명제'가 아니며 이것에 대응하는 것이 아니다. 명제는 그것이 '지시'하는 내용을 통해 표시되고, 지시(참조)는 사물과 신체의 상태와 관련된다. 명제는 모두 외연적인 질서에 관련되는 것이다. 그런 까닭에 외연적이지 않은 강도적인 질서의 사건과 다름이 없는 개념과는 완전히 다른 본성을 갖는다. 명제는 지시대상을 갖고 따라서 진리라는 가치를 구성할 수 있지만 개념은 특이성을 부감하고 특이성의 공진의 중심으로서 성립하는 것으로, 그런 한에서는 무언가를 지시(참조)하는 것이 아니라 자기지시(참조)적이다.

단편적 전체로서의 개념들은 그것들의 불규칙적인 윤곽이 서로 대응하지 않으므로 직소 퍼즐의 부분조차도 아니다. 개념들이 마찬가지로 하나의 벽을 구성한다 해도 그것은 시멘트로 굳히지 않은 돌담 벽이며 분기하는 다양한 길을 더듬어 가서 겨우 전체로서 파악되는 것이다.

하나의 개념에서부터 다른 개념으로 걸쳐진 다리조차도 역시 교차점이며 어떠한 논증적 총체도 획정하는 일 없는 우회로다. 그것은 움직이는 다리다. 이 점에서 철학이 끊임없이 탈선 혹은 이탈성의 상태에 있다고 생각해도 결코 오류가 아니다. (QPh, p.28 / pp.43~44.)

루트비히 비트겐슈타인(1889~1951년)의 논리철학이나 쿠르트 괴델(1906~78년)의 수학공리에 관한 탐구가 새로운 철학적 질문으로서 혹은 철학 자체에 대한 질문으로서 한창 인용되었고, 일본에서도 그러한 움직임이 눈에 띄게 나타난 적이 있었다. 그러나 명제와 개념을 준별하고 논리학(그리고 과학)과 철학은 다르다는 관점을 근본적인 입장으로서 관철한 들뢰즈는 인터뷰(『질 들뢰즈의 아베세데』)에서 비트겐슈타인을 '철학의 암살자'라고까지 형용했던 적이 있다. "철학은 끊임없는 탈선 상태에 있다"(QPh, p.28 / p.44)라고까지 썼던 들뢰즈는 논리철학의 엄밀함과는 완전히 다른 타입의 엄밀한 '탈선'으로서 철학을 파악하고, 다시 그 원리로서 개념에 거의 이상하게 보이는 정의를 부여했다. 철학 개념을 엄밀한 논리적 개념과는 엄밀히 구별하는 것이다.

개념을 일반성이나 일반적 표상의 바깥에서 파악하려고 하는 사유는 '개념적 차이'가 아니라 철저하게 '차이 그 자체의 개념'을 실현함을 목표로 한 『차이와 반복』 사유의 연장선상에 있다. 또한 다양한 베리에이션을 거쳐 온 '강도적 질서'에 속하는 들뢰즈의 독자적인 사유가 여기에도 주입되어 있다.

'의미'에 관해 생각하면서 물체나 신체의 상태와 엄밀하게 구별되는 비물체(비신체)적 차원, 즉 '사건'의 차원으로서 언어의 독자적인 차원을 정의한『의미의 논리』의 사유가 여기서는 철학 개념의 정의에 반영되어 있기도 하다. 차이, 강도, 사건을 둘러싸고 실천해 온 들뢰즈의 철학이 이리하여 차이, 강도, 사건으로서 '개념'의 본질을 정의하는 형태로 철학의 본체 그 자체로 환류해 큰 순환을 완성한다.

"현동적이지 않고 실재적이며, 추상적이지 않고 이념적이다…." 프루스트가『잃어버린 시간을 찾아서』제7편『다시 찾은 시간』에서 도달한 이 정식은 그대로 들뢰즈의 개념의 정의로서 사용된다. 개념은 외연도 지시도 명제도 아니므로 결코 '현동적'(현실적)이라고 할 수는 없다. 그러나 합성요소 사이의 사건이며 무한한 속도로 요소 사이를 관통하는 운동인 이상 완전히 '실재적'이라고 말할 수 있다. 또 일반성도 보편성도 아니므로 '추상적'이지 않다. 그러나 물체와 신체의 상태와는 완전히 다른 '이념적'인 차원을 구성하는 것이다.

예컨대 데카르트의 자아(코기토)라는 개념은 세 '합성요소'를 갖고 있다. 의심하기, 생각하기, 존재하기라는 세 요소다. 코기토라는 개념은 이 세 요소들이 일치하고 공진하는 점에서 성립한다. '의심하다'와 '생각하다', '생각하다'와 '존재하다' 사이에는 각자 식별 불가능한 중간 영역이 존재한다. 그래도 '의심하다'와 '생각하다' 사이에서는 '나는 의심하지만, 내가 생각하고 있다는 것을 의심하는 것은 불가능하다'라는 관련이, 또한 '생각하다'와 '존재하다' 사이에는 '생각하기 위해서는 존재해야만 한다'라는 관련을 발견할 수 있다.

세 합성요소는 제각기 베리에이션을 가질 것이다. '의심하다'에는 감각적, 학문적, 편집적이라는 베리에이션이 있을 것이고 '생각하다'에도 느끼다, 상상하다, 관념을 품다라는 다양성이 있을 것이다. '존재하다'에도 무한한 존재, 생각하는 유한한 존재, 외연적인 존재라는 타입에 따라 변화가 있을 것이다. 데카르트는 이 존재의 타입들 중 '생각하는 유한한 존재'만을 골라내어 코기토라는 개념을 '어떤 단편적인 전체'로서 확립한 것이다.

코기토는 결코 한 진리를 언표하는 명제가 아니며 이러한 합성요소의 다양한 베리에이션이 선택되고 결합되는 곳에서 생기하는 하나의 '사건'이다. 만약 코기토에, 즉 자아와 존재 사이에 다른 요소가 도입된다면, 예컨대 시간이라는 요소가 주입된다면 그것은 이미 데카르트와는 완전히 다른 타입의 개념이 되고 다른 사고의 사건이 거기서 발생하게 될 것이다.

『순수이성비판』의 칸트는 '나는 생각한다'와 '나는 존재한다' 사이에 '시간'을 도입해 코기토를 금이 가게 만들어 주체의 주체성, 능동성을 찢어 버렸다(『차이와 반복』에서 들뢰즈는 칸트의 '찢어진 자아'에 관해 이야기했다). 결코 칸트가 데카르트보다 옳다는 것이 아니라, 칸트의 사유는 단지 새로운 합성요소 사이에서 새로운 사건을 만들어 냈다는 것이다.

개념이 생식하는 '내재면'

그러나 철학은 개념을 창조한다라고 하는 것만으로는 아직 '철학이란 무엇인가'라는 질문에 대한 충분한 대답이 되지 않을 것이다. 들뢰즈는 개념은 전(前)-철학적인 수준에 있는 하나의 '면' 위에 구축되어야만 한다고, 또는 하나의 '면'과 함께 창조되어야만 한다고 기술했다. 예를 들어 데카르트의 경우 코기토 개념은 '사고하다', '존재하다', '나'라는 세

가지가 무엇을 의미하는지 모든 사람들이 알고 있다는 '암묵적, 주관적 전제' 위에 구축된다(QPh, p.31 / p.50).

이 '전제'는 데카르트 이전에는 없었던 하나의 전-철학적 면을 보여 준다. 들뢰즈는 이 면이야말로 개념이 생식해야 할 대지 혹은 사막과 같은 것이라고 말한다. 이 면을 그는 '내재면'이라고 불렀다. '내재'라는 말은 이미 살펴보았듯이 그리스적인 우애, 대항 관계, 평등과 근본적인 관계가 있다. 종교적 권위, 우상, 초월과 대립하고 동양적인 '현자의 지혜'와도 대립하는 철학은 그리스 사회가 수립한 내재성과 깊은 관계가 있기 때문이다.

내재면은 '사고의 이미지'(QPh, p.39 / p.68)라고도 환언할 수 있다(『차이와 반복』에 「사유의 이미지」라는 장이 포함되어 있지만 여기서 말하는 이미지는 오히려 '동일성'이나 '표상'과 겹치는 부정적인 의미를 띤다). 내재면은 또한 카오스의 단면으로 종종 "꿈, 병적인 과정(process), 비교적(秘敎的) 경험, 만취 혹은 과잉"이라는 수단으로 발견된다. 내재면은 한편으로는 그리스적 사회의 내재성과 깊은 관계에 있음과 동시에 사유되지 않는 것, 사고 불가능한 카오스, 무한한 운동과 접하는 것이다. 그것이 '사고의 이미지'라 불리는 것은 그것은 상상 같은 것과는 무관하며 '존재의 질료'와 직접 접하고 있기 때문이다. 이미지란 존재의 단면인 것이다.

들뢰즈는 이러한 '내재면'을 구축하는 데 가장 철저했던 철학자로서 스피노자를 든다. 데카르트, 칸트, 헤겔은 모두 새로운 내재면을 추구함과 함께 주관성과 이성과 절대자로서 새로운 형태의 근대적 초월성을 거기에 주입했다. 철학에 숨어드는 초월성을 비판하는 데 가장 철저했던 자는 범신론적인 외관을 취했던 스피노자의 『에티카』라는 것이다.

내재는 초월을 거부하지만 내재와 초월은 끊임없이 대항적인 관계를 갖고, 형태를 바꿔 서로 대항하고 또 상호침투하며 서로 반전한다. 새롭게 구축된 내재성 속에 형태를 바꾼 초월성이 숨어드는 일이 있을 수 있다. 들뢰즈는 현상학에서조차도 지향성, 상호주관 같은 개념을 통해 "내재적인 것의 내부에서의 초월"(QPh, p.48 / p.84)을 도입하려고 한다고 기술했다. 들뢰즈는 푸코와 함께 현상학에는 끊임없이 비판적으로 대응했다. 그들에게 현상학은 '주관성'이라는 형태로 초월성을 철저하게 보존하는 철학이었던 것이다.

그리고 철학이 내재면의 구축에 실패하는 또 하나의 이유는 '오피니언'의 지배다. 평등, 대항, 우애를 원리로 하는 그리스의 도시국가는 정치와 철학을 횡단하는 내재성을 수립함과 동시에 의견, 여론으로서의 오피니언을 만들어 냈고 오피니언을 평가하고 판단하며 조정하는 인식으로서의 변증법을 만들어 냈다.

그렇지만 개념이란 강도의 질서에서 합성요소의 공립성을 확립하고 사건으로서 합성요소를 부감하는 운동으로, 명제 사이의 투쟁과 조정이라는 형태를 취하는 오피니언은 이것과는 비슷한 듯하나 전혀 다른 것일 수밖에 없다. 헤겔 또한 독자적인 개념과 내재면을 구축했다 해도, 그것을 오피니언의 조작으로서의 변증법으로 수습하고 세계의 온갖 사상을 망라하는 것으로서의 철학적인 인식을 절대화하게 되었다. 들뢰즈는 여기서도 헤겔에 대해 신랄한 평가를 내렸다.

철학이 개념을 구축하지 못하는 이유, 내재면을 만들어 내는 것을 저해하는 원인은 이렇게 철학의 내부와 외부 모두에 가득하다. 끊임없이 부활하는 종교적인 초월성, 엄밀성을 방패로 삼아 철학과 과학을 동질적인 논리(명제)로 환원하려고 하는 혼동, 오피니언의 발호, 오피니언의 변형과 다름이 없는 커뮤니케이션, 변증법, 그리고 더 눈에 띄지 않는 형태로 실천되는 초월성의 야망, 재건 등이다.

개념적 인물의 창조

『철학이란 무엇인가?』에 따르면 개념과 내재면에 더해 철학에는 또 한 가지 중요한 조건이 있다. 코기토는 '생각하다', '존재하다', '나'라는 세 합성요소를 공립시켜 그 사이를 공진시키는 사건이며 만인이 사고, 존재, 나에 관해 알고 있다는 전제와 다름이 없는 내재면을 갖고 있다. 그리고 코기토는 다시 그 개념과 내재면 사이에 한 '인물'을 잠재시킨다.

이 인물은 단지 자연의 빛을 통해 생각하며, 다른 모두와 마찬가지로 무지하다. 공적인 지식인과도 성직자와도 다르며 미리 어떤 특권적 지식도 갖지 않는다. 그러므로 모든 것을 의심하고 간신히 "나는 생각한다, 고로 나는 존재한다"라는 것만을 이해할 정도의 지성밖에 갖지 않는다. 여기에는 '백치'(idiot)라 불러도 좋을 한 인물이 있다.

들뢰즈는 데카르트의 철학이 고유의 개념과 내재면을 창조함과 동시에 이러한 '백치'라는 새로운 '개념적 인물'(personnage conceptuel)을 창조했다고 말한다. 니체는 더욱 노골적으로 차라투스트라를, 키르케고르는 돈 후안을 '개념적 인물'로서 만들어 냈고 바로 이 개념적 인물을 통해 사유했으며, 예컨대 『안티-오이디푸스』의 들뢰즈·가타리는 '분열증자'라는 개념적 인물을 만들어 냈다고 해도 좋을 것이다. 그리고 철학의 최초의 창조자가 그리스 도시국가에 고유한 공공성을 구성한 '친구'들이었다고 한다면, 철학의 '개념적 인물'이란 항상 '친구'의 베리에

이션임에 틀림없는 것이다 ― 천치이자 초인이고, 유혹자이자 광인이며 이방인인 친구들.

　물론 '개념적 인물'이라는 설정은 들뢰즈가 처음부터 철학을 하나의 연극, 드라마, 비극으로 보는 관점을 갖고 있었다는 것과 관계가 있을 것이다. 그러나 그러한 관점이 대체 무엇을 의미하는지 다시 생각해 볼 필요가 있다.

　역사의 다양한 '사회심리학적 유형'과 '개념적 인물'은 무관하지는 않지만, 들뢰즈는 그것으로 '개념적 인물'을 환원할 수 없다고 단언한다(QPh, p.65 / p.118). 오히려 '개념적 인물'은 그리스의 철학자가 친구이자 외국인이었던 것과 깊은 관련이 있다.

　개념적 인물은 본질적으로 영토(territory)를 벗어나 사유를 탈영토화하는 인물이다. 데카르트의 '백치' 역시도 무지한 역을 하면서 스콜라적 사유의 체제를 급진적으로 전도시키는 인물을 보여 주고 있지 않는가. 철학의 '개념적 인물'이란 종종 병자, 광인, 편집광, 분열증자, 실어증자인 것이다. 개념이 일탈의 운동과 불가분하듯이 개념적 인물은 방랑민과 망명자와 유배자의 이미지와 분리할 수 없다.

　'개념적 인물'은 종종 문학작품에서 사유의 원천을 발견해 온 들뢰즈의 '취향'과도 물론 관계가 있다. 들뢰즈는 철학과 과학을 혼동하고 비물체적 차원의 '사건'과 물체적 차원에 대해 확립되는 '함수'라는 두 다른 인식대상을 혼동하는 것을 강하게 비판했다. 그러나 예술, 문학의 미적 형상(figure)과 개념적 인물이 "그들을 공히 옮겨 가는 생성에서"(QPh, p.64 / p.116) 서로 다른 쪽으로 이행하는 경우가 있음은 오히려 적극적으로 인정했다.

어쨌든 예술이 만들어 내는 '지각태'(percept)와 '정동'(affect)은 역시 철학이 창조하는 '개념'과는 다른 차원에 있다고 한다. 마찬가지로 예술의 '미적 형상'과 철학의 '개념적 인물'은 철저하게 구별되어야만 한다. 과학이 창조하는 함수(그리고 논리학의 명제)가 철학적 개념과 엄밀하게 구별되고 과학의 '관찰자'와 철학의 '개념적 인물'이 엄격하게 구별되어야만 하듯이.

푸코라는 친구

들뢰즈는 『철학이란 무엇인가?』를 쓰기 이전에도 두 철학자에게 연구논문을 바쳤다. 가타리와 작업한 장대한 공저와 영화론을 써낸 뒤에는 흡사 철학 그 자체로 회귀하는 듯한 사색을 심화시켰다. 어쨌든 두 저서 『푸코』(1986년)와 『주름: 라이프니츠와 바로크』(1988년)는 1960년 이전의 철학자 연구논문보다 훨씬 현대를 조명한 사유를 보여 주며, 문제의 지평도 철학사의 틀을 벗어나 확장된다. 또 노년의 작품으로서 어떤 활달하고 경쾌한 표정을 보여 주는 일도 있었다. 그러나 철학에 대한 깊은 신뢰는 흔들리지 않았음과 동시에 철학에 고유한 생명과 운동을 위협하는 다양한 징후에 대한 분노와 절망도 분명하게 볼 수 있다.

미셸 푸코의 죽음(1984년)은 들뢰즈를 뒤흔들었다. 『푸코』라는 저작은 "나에게 필요한 것이었다"(「예술작품과 같은 삶」, PP, p.129 / p.190)라고 한 들뢰즈는 푸코의 탐구 궤적을 면밀하게 추적하여 요약하면서 상당히 대담한 독해를 시도한다. 그 자신의 사상과 푸코 사상의 정확히 중간에서 하나의 지도를 그리듯이 이 저작을 썼다.

푸코의 사상은 몇 차례 근본적인 단절을 통과했다. 원래 푸코는 먼저 동시대의 현상학, 실존주의, 혹은 마르크스주의와도 명확하게 단절되는 입장을 보여 주면서『광기의 역사』(1961년),『임상의학의 탄생』(1963년)을 썼다. 이윽고『말과 사물』(1966년)에서 서구 인문과학, 자연과학을 관통하는 인식의 체계(에피스테메)를 해명한 뒤 이것과도 단절하며『감시와 처벌: 감옥의 탄생』(1975년)을 썼고, 권력 생성의 어둠에 빛을 비추고자 했다.

그 뒤 권력의 철학, 역사학으로서 전개된 푸코의 독자적 탐구(『성의 역사』)는 도중에 프로그램을 크게 변경하여 긴 중단을 거치고서 그리스, 로마의 성도덕과 '자기와의 관계'를 해명하기를 지향했다.

푸코는 '담론'과 '권력'이라는 두 큰 주제를 기성의 사상적 문맥 바깥에서 완전히 새롭게 문제화하고, 의식과 주체의 틀을 여전히 보존하고 있는 철학과 사상에 결정적인 비판을 가했다고 말할 수 있다.

그렇지만 푸코가 '담론'과 '권력'이라는 대상에 주목함으로써 내놓은 질문의 대상이 반드시 잘 이해되고 있다고 말할 수는 없다. 푸코의 저작은 광기나 질병, 감옥, 그리고 성의 역사에 대한 새로운 시점을 만들어 냄으로써 역사학을 비롯한 인문과학의 틀과 주제를 크게 변혁할 정도의 넓은 영향력을 가졌다.

그러나『지식의 고고학』(1969년)과 같은 책을 쓰고 '담론'과 '언표'를 정밀하게 새로운 문맥에서 정의하려고 한 푸코는 단순히 철학을 역사학 쪽으로 이동시킨 것이 아니라 역사의 담론 그 자체를, 나아가서는 언어 그 자체를 새로운 관점에서 바라봤다. 푸코는 언어라는 대상을 재정의하면서 역사를 구성하는 주체와 객체의 관계와 배치 그 자체를 파헤치는 탐구를 계속했던 것이다. 그것은 이윽고 권력(힘)이라는 니체적인 질문을 새로운 형태로 전개하는 탐구로 옮겨 갔다. 거기서도 질문하고 있는 것은 서구적인 주체를 결정하는 권력의 장치이자 그 테크놀로지였다.

그리고 만년에는 고대 그리스의, 특히 성(동성애)를 둘러싸고 대체 어떤 도덕이 어떤 주체(자기)와 함께 형성되었는가를 상세하게 고찰하면서 서구적인 권력 외부에 있는 '주체화' 과정을 거기서 발견했다. 푸코의 연구대상이 변화하고 어떤 종류의 단절이 일어날 때마다 거기에서는 눈부신 철학적 사건이 발생했다. 확실히 푸코는 그다지 전례가 없는 형태로 역사인식을 비판적으로 고찰하면서 역사철학을 해체하고 사상의 과제를 근본적으로 다시 묻는 문제제기를 계속했다. 들뢰즈는 그러한 푸코의 족적을 다시 한번 철학적 질문으로서 해독하면서 『천 개의 고원』에서 열린 크고 깊은 역사적 지평에 자리 매긴 것이다.

푸코 최후의 저작 『쾌락의 선용』과 『자기 배려』(둘 다 1984년)는 많은 독자에게 어떤 종류의 정체와 전향으로서 받아들여지기까지 했다. 그러나 들뢰즈는 이 두 권을 '담론'과 '권력'에 대한 탐구 후에 다시금 새로운 질문을 던지는 것으로서 읽어 냈다. 그 새로운 질문이란 '주체화'다.

'담론'과 '권력'은 무형의 힘의 카오스와 직면하면서 각자 강고한 지층과 같은 형식을 획득하여 역사를 형성하고 역사로서, 역사에서, 다양한 사회질서와 그것에 대응하는 인간의 의식, 세계관, 그리고 주체의 이미지를 만들어 왔다. 담론과 권력은 저마다 어떤 등질적인 공간을 만들어 냈고 또 서로 조정하고 서로 호응하며 어떤 종류의 내부성과 영토성을 만들어 냈다. 그 주변과 외부에는 끊임없이 무형의 힘이 펼쳐져 있어 영토와 내부를 위협하고 있다.

푸코의 만년의 사색은 그러한 외부의 힘에 직면하여 특히 인간이 어떠한 자기(주체)를 만들어 왔는가 하는 질문으로 향했다. 저마다의 역사가 저마다의 독특한 주체화의 양식을 갖는다. 그리스인의 주체화는 크리스트교적인 주체화와도, 서구 근대의 주체화와도, 아시아적 주체화와도 다르다. 물론 각각의 주체화는 그러한 유형으로 환원하기 어려운 차원을 갖는다.

주체화란 각 인간이 각 사회의 힘의 관계의 카오스에 직면하면서 어떤 종류의 '주름'을 구성하는 것, 무형의 힘을 접어 어떤 내부성을 만들어 내는 것이다. "그들은 현실적인 실천에 있어서 바깥을 접는다. 그리스인이란 최초의 안감인 것이다. 바깥에 속하는 것이란 힘이다. 왜냐하면 힘은 본질적으로 다른 힘과의 관계이기 때문이다", "그들은 힘을 힘으로서 보존하면서 접었던 것이다"(F, pp.107~108 / pp.186~188).

『광기의 역사』에서 『말과 사물』에 이르는 주제는 무수한 고문서에서 떠올라 온 담론의 질서를 통해 서구 근대사상을 결정하는 주체와 객체의 배치를 해체하고 고찰하는 것이었다. 푸코에게 서구의 '인간'이란 그러한 배치의 효과(에피스테메)와 다름없었다. 그렇게 근본적으로 서구적 주체, 서구적 인간을 비판적으로 파악한 푸코가 최후의 저작에서는 마치 '그리스적 주체'로 회귀하는 듯 보였다.

들뢰즈는 푸코의 탐구에서 볼 수 있는 이 단절이 대체 어떤 전환을 보여 주며 보다 깊은 차원에서 어떤 깊은 연속성을 구축했는가를 스스로 재구축하여 이 푸코론을 썼다. 그리고 이 책에서 이상하게 강한 의미를 부여받은 '주름'이라는 용어가 이 뒤에 쓰인 또 한 저서의 주제가 되었다.

철학의 주름

고트프리트 빌헬름 라이프니츠(1646~1716년)의 『모나드론』(1714년)에는
이런 대목이 있다. "혼은 자신의 주름을 일거에 열어 볼 수는 없다. 그 주
름은 제한이 없기 때문이다." 그리고 하이데거는 파르메니데스(기원전
515년경~기원전 450년경)를 주해하면서, "존재와 존재자의 주름"에 관해
이야기한 적이 있으며(『모이라』), 들뢰즈는 『차이와 반복』 속에서도 이것
에 주목했었다.

　무릇 '설명하다'(expliquer)라는 말은 '주름(pli)을 열다'를 어원
으로 한다. '주름'이라는 말이 다양한 개념어에 내재해 온 것이다.
compliquer(복잡하게 만들다), impliquer(함의하다)…. 사고란 적지 않은
'주름'을 조작하는 것, plier(접다), déplier(접은 것을 펼치다)다. 그리고 들
뢰즈는 푸코의 만년의 텍스트에서도 바깥의 힘을 접어 '주름'을 만드는
과정으로서 '주체화'를 발견했다.

　들뢰즈는 "유연한 탄성적 물체는 응집하는 갖가지 부분을 갖고
있고 이 부분들은 주름을 형성하며 따라서 부분은 서로 부분의 부분으
로서 분할되는 것이 아니라 오히려 점점 작은 주름으로서 무한히 분할
되고, 주름은 항상 어떤 종류의 응집력을 보존한다"(PL, p.9 / p.14)라고
『주름』 서두에서 썼다.

　한없이 포개지는 마트료시카 같은 모양이 된 곡선의 세계, 이른바
프랙탈상의 세계가 라이프니츠뿐만 아니라 바로크의 사고, 건축, 미학
조차도 규정한다. 거기에서는 고체와 직선을 원리로 하는 데카르트의

철학과는 완전히 다른 철학이 구축된다.

> '나는 생각한다'를 '나는 생각하는 자다'로 환원할 수는 없다. 사고란 항상적인 속성이 아니라 하나의 사고로부터 다른 사고로 끊임없이 이행하는 것으로서의 술어이기 때문이다. (PL, p.71 / p.92.)

데카르트는 사고를 '나'의 속성이라고 생각했다. 그러나 라이프니츠에게 사고는 '나' 이전의 술어, 사건, 이행, 변화, 관계다.『철학이란 무엇인가?』에서 사고의 이러한 정의는 그대로 개념의 정의와 겹치고, 개념이란 다양한 합성요소(주름)를 부감하는 주름이자 사건이라고 말할 수 있을 것이다.

들뢰즈는 푸코가 그리스에서 발견한 '주체화'를 바깥의 힘을 접어 안으로 삼아 주름을 만드는 과정으로서 정의하고 주체란 철저하게 바깥 힘의 무형의 확장과 위상학적인 연속성을 갖는 것이라고 생각했다. 주체는 어떤 비틀림을 통해 뫼비우스의 띠처럼 바깥과 직접 접해 있다는 것이다. 들뢰즈는 라이프니츠를 다시 읽으면서 주름과 곡선에 그러한 뉘앙스를 주입했다.

라이프니츠는 확실히 '예정조화'를 이야기하며 한없이 증식하는 주름의 카오스를 다소 궤변 같은 추론으로 통제하려고 한 듯 보인다. 『차이와 반복』의 들뢰즈는 그것을 비판했다. 라이프니츠는 획기적인 차이의 사상을 만들어 냈지만, 그것을 철저하게 밀어붙이지 않고 신학적 조화로 회수시키려 했다. 그러나 미분법의 발명에서도 엿볼 수 있듯이

라이프니츠의 차이, 변화, 곡선, 다수다양성에 대한 거의 과할 정도의 지각과 사유를 들뢰즈는 이 책에서 한결같이 칭찬한다. "세계의 비참함에 원리의 과잉으로 답하는 것"(PL, p.92 / p.119)이 라이프니츠의 과제였다.

바로크의 교회에 대응하는 이층 건물의 '모나드' 구조는 세계의 카오스에 직면한 인간의 독자적인 '주체화'의 결과였다고 말해도 좋다. 위층에는 혼(통일성)이 있고 아래층에는 모나드의 어두운 바닥으로서 신체가 있으며 세계의 무수하게 북적대는 주름이 거기에서 퍼져 나가고 있다. 말하자면 실로 기묘한 '주체'의 건축이 거기에 구성되어 있다. 그것은 신학과 근대적인 사고의 키메라로 보이기도 한다. 가장 간결한 합리성과 한없는 차이의 카오스가 함께 접혀 있다.

이리하여 '주름'은 푸코와 라이프니츠의 사고를 관통하는 근본적인 개념이 되었다. 주름이란 안으로 접힌 바깥이다. 위상학적인 개념으로서의 주름은 항상 양의성과 관련되고 무한한 분할 가능성과 동시에 한없는 연속성을 보여 준다. 주름은 안과 바깥, 혼과 신체의 삶과 죽음, 질서와 카오스, 형상과 질료, 자기와 타자의 절대적인 연속성과 상대적인 분리를 보여 준다. 어디까지나 가소적인 환경에서 다양한 사고의 사건과 주체가 다양하게 접힌 결과 나(인칭)라는 주름을 생기시킨다.

서구 철학자들은 종종 보편적, 절대적인 이성의 존재와 패권을 증명하는 데 구제불능의 정력을 기울여 왔다. 그러나 주름의 철학에서는 "영역과 시대와 집단과 개인에 따라 대단히 다르고 비등질적인 이성화 과정(process)"(PV, p.15 / p.96)¹이 있을 뿐이리라.

철학자의 사명이란 또한 많은 경우 이성과 자유를 불가분한 것으로서 논증하고 도덕을 정초하는 것이었다. 그러나 도덕이 아닌 '에티카'(윤리) 측에 서는 들뢰즈는 선과 악 사이에서조차 어떤 종류의 위상학, 연속성을 발견했다. 그리고 라이프니츠가 신을 배반하고 지옥에 떨어진 유다에게서조차도 최소한의 자유를 봤음에 주의를 기울였다. 혼은 많은 술어, 사건, 진폭, "미래를 품고 과거로 채워진 현재"로 이루어지지만, 유다의 혼에는 '신을 증오한다'라는 단 하나의 술어밖에 포함되어 있지 않다.

그러나 라이프니츠는 거기에도 아주 약간의 빛, 혹은 이성의 집착이 있다고 말한다. 스피노자에게서 이성과 자유가 기쁨과 슬픔의 정도로 대담하게 환원되었던 것처럼, 들뢰즈는 여기서 라이프니츠와 함께 혼의 술어의 양에서 혹은 그 진폭에서, 다양한 정도로 다형적인 이성과 자유를 완전히 긍정적으로 발견했다고 해도 좋을 것이다. 차이와 곡선의 미궁이 최소한의 광명, 그리고 자유와 공존한다.

그토록 들뢰즈는 절대와 이성과 진리로 이 세계를 결정하고 지배하려고 한 철학자들의 초월적 사고에 철저하게 저항했다. 그 결과 도처에서 이원론과 이항대립을 거부하고, 오히려 두 항이 서로 침투하고 서로 반전하며 연속되는 위상학적인 장면과 운동에 주목했다. 그렇지만 그것은 결코 하나의 상대주의나 견유주의를 제기하기 위한 것이 아니

---

1 이 텍스트는 들뢰즈가 파리 제8대학 동료이기도 했던 철학자 프랑수와 샤틀레(1925~85년)를 추모한 것이다.

었다. 그는 상대적인 것, 다양한 것, 단편적인 것에서 어떤 '절대'를 발견했고 그것에 대응하는 이성과 자유도 발견했다. 이 '절대'는 변화, 다양체, 진동, 사건, 차이, 일탈(탈선)의 운동과 어디까지나 공존하고 그것들에 '내재'했던 것이다.

에필로그 기쁨의 철학

1992년 1월에 강연회를 위해 도쿄로 온 가타리로부터 "질이 입원해 있으며 대단히 용태가 나쁘다"라고 들었다. 같은 해 4월부터 나는 대학의 연구휴직을 얻을 수 있어서 파리에 1년 동안 체류했다. 들뢰즈는 한때 스스로 호흡기를 잡아 뜯어내 버릴 정도로 고통스러워했지만 간신히 회복하여 퇴원했다고 가타리가 가르쳐 줬다. 그 가타리가 9월에 급사해 버렸다. 누구도 예상치 못한 돌연사였다. 들뢰즈는 장례식에 참석하는 것도 마음대로 되지 않았다.

1993년 봄, 파리의 아파트로 그를 방문한 것이 마지막 만남이 되었다. 들뢰즈는 1994년 9월에 나에게 보낸 편지에서 이렇게 썼다. "올가을부터 건강상의 문제가 아니라 메카닉한 문제로 시달리고 있다네. 내 인공호흡기가 나에게 맞서서 어쩔 수 없네." 이미 2년 가까이 그는 인공폐로 연명하고 있었다.

가장 만년의 들뢰즈가 쓴 저작은 베케트론인 『소진된 인간』(1992년), 몇몇 새로 쓴 글들을 포함하는 에세이집 『비평과 진단』(1993)이었다. 두 책의 중심에 병과 죽음이라는 주제가 짙게 그림자를 드리우고 있다.

1995년 11월 4일, 그의 생은 자택인 아파트에서 투신자살함으로
써 완결되었다. 들뢰즈 사후 이미 20년 이상 경과했지만 아직도 나는
들뢰즈의 죽음에 관해 이야기할 수 있을 만큼의 거리를 둘 수 없다. 나
는 여기서 그가 죽음과 자살을 언급한 네 개의 텍스트를 인용하여 극히
짧은 상장(喪章)으로 삼고자 한다.

흄은 어느 에세이(「자살론」)에서 예외에 관한 그 이론의 일례를 다음과
같이 분석했다. 자살은 '신'에 대한 우리들의 의무 위반도 아니고 사회
에 대한 우리들의 의무 위반도 아니다. 자살은 인간의 한 능력이며 그
것은 "집을 세우는 능력과 마찬가지로 불경하지 않은", 예외적인 상황
에서 이용해야 할 능력이다. 예외는 '자연'의 한 목적이 된다. "자살하
는 자는 자연을 거역하는 것이 아니다. 혹은 표현을 바꾸자면 자신의
창조자에게 거역하는 것이 아니다. 그는 고통에서 벗어나기 위해 자
연이 그에게 남겨 준 유일한 길을 선택함으로써 이 자연의 충동에 따
른다. …죽음으로써 우리는 자연의 명령 중 하나를 완수하는 것이다."
(ES, pp.75~76 / p.108.)

클라이스트와 정사(情死), 횔덜린과 광기, 피츠제럴드와 자멸, 버지니
아 울프와 실종. 이 죽음들 중 몇 가지는 조용하고 행복하기까지 했다
고 상상할 수 있다. 그것은 이미 한 인간의 죽음이 아니라 한 죽음의
'그 자체성'[haecceity]이며 그 시간, 그 평면상에서의 어떤 순수한 사건
의 드러남이다. 하지만 내재성의 면, 공립성의 면[혼효면]은 비교적 의

연하고 비참하지 않은 죽음을 야기하는 것밖에 할 수 없는 것일까? 이 평면은 그를 위한 것은 아니었다. 온갖 창조가 처음부터 그것에 작용하고 있는 폐절[abolition] 속에서 끝나든, 온갖 음악이 침묵의 추구이든, 이것들은 종국이나 가정된 목표에 따라 심판받아서는 안 된다. 왜냐하면 그것들은 종국도 목표도 전면적으로 능가하기 때문이다. 창조와 음악이 죽음에 이르는 것은 그것들에 고유한 위험 때문이지 죽음이 그것들의 목적지이기 때문이 아니다. (D, p.169 / pp.234~235.)

바깥의 힘으로서의 생에 도달해야만 한다면 무엇이 우리에게 이 바깥이 가공할 만한 공허가 아니라고, 저항하는 듯 보이는 이 생이 단순히 '느리고 부분적이며 점진적인' 죽음의 공허 속에 분포된 것이 아니라고 말해 주는가? 우리들은 심지어 더 이상 죽음이 생을 운명으로, '불가분하고 결정적인' 사건으로 바꾼다고 말할 수 없으며 오히려 죽음은 생에 특수한 특징들을 부여하기 위해 다양화하고 차이화하며 결과적으로 삶이 믿는 진리들이 죽음에 저항함으로써 생겨나는 것이다. 그러면 죽음 그 자체의 거대한 한계에 앞서는 이 모든 죽음들, 그 후에도 계속될 죽음을 통과하지 않는다면, 무엇이 남을 것인가? (F, p.102 / pp.174~175.)

어떤 불량배, 모두가 경멸하는 악한이 지금 죽어 가고 있다. 이 인물을 돌보는 자들은 바지런하게, 정성스럽게, 애정을 담아 그를 대한다. 모두가 그를 구하려고 열심이어서, 혼수상태에서 그는 뭔가 감미로운 것이 마음에 스며들어 오는 것을 느낀다. 그러나 그가 소생함에 따라서

구해 준 사람들은 냉담해진다. 그는 자신의 난폭함, 자신의 악한 근성을 재발견하는 것이다. 그의 삶과 죽음의 틈새에 어떤 인생이 죽음과 유희하고 있음에 지나지 않는 순간이 찾아온다. 개인의 인생은 비인칭의 인생에 자리를 양보한 것이다. 그것은 비인칭이지만 달리 없는 특이한 인생이며, 내면적, 외면적 인생의 여러 우발적인 일로부터 해방된 순수한 사건을 드러내는 것이다.[1] (「내재: 하나의 삶…」, DRF, p.361 / (下), pp.297~298.)

들뢰즈를 추도한 신문기사 중 하나에서 조르조 아감벤은 "고뇌에서 시작한 어두운 금세기의 위대한 철학이 기쁨으로 끝났다"(일역 アガンベン 1996『인간과 개는 제외하고』, p.59)라고 매듭을 지었다. "하이데거의 근본적인 음색은 긴박하고 거의 금속으로 이루어져 있기라도 한 것 같은 고민의 음색"이라고 말했던 아감벤은 명백하게 어두운 '고뇌의 철학'으로서 하이데거를 20세기의 시작에 자리매김하고, 그 세기의 끝을 들뢰즈의 '기쁨'의 철학이 대표하게 했다. 그리고 두 철학 사이에서 어떤 지속, 연속을 발견했던 것이다.

서구가 구축해 온 주체의 철학을 근본적으로 비판하고 주체 바깥의 (그러나 세계 안에 있는) '존재'에 관해 생각한다는 과제를 제시했다는 점에서 하이데거의 사상적 전환은 오래 기억될 것이다. 그 전환이 이 세기 최대의 재앙 중 하나인 나치즘과 교점을 가졌다는 사실과 함께. 그러나 완전히 상반되는 표정을 지녔다고는 해도, 들뢰즈 또한 주체의 외

---

1 들뢰즈가 공표한 마지막 글이라 알려져 있다.

부에 사고의 초점을 맞췄다는 점에서 이 세기의 '위대한 철학'을 공유했다. 그것이 '기쁨'으로 끝났다면 참으로 '기쁜' 소식임에 틀림없다.

고뇌의 철학과 기쁨의 철학이라는 간결하기 짝이 없는 대담한 대비는 다소 보류해 두고 싶다. 게다가 아감벤이 이렇게 쓴 것은 들뢰즈가 오랜 기간에 걸친 병고 끝에 투신자살로 사망한 직후였다.

20세기 말을 '기쁨'으로 정의하기는커녕 '비참'과 '혼란'으로 형용하는 사람들이 많을 것이다. '기쁨의 철학'은 당연하지만 니체 저작의 타이틀이기도 한 '즐거운 지식'을 생각나게 한다. 그리고 니체는 중세 프로방스의 "저 가인과 기사와 자유정신의 통일"로부터 이것을 떠올렸다고 한다(『이 사람을 보라』, 1888년).

'기쁨의 철학이라고?' 이 말을 냉소하는 젊은이들의 얼굴이 떠오른다. 20세기는 전쟁과 수용소, 대량학살의 세기였다. 20세기가 지났어도 그것에는 아직 종지부가 찍히지 않았고, 증오와 차별과 폭력이 도처에서 분출하며 폭발하려고 벼르고 있지 않은가. '기쁨의 철학'이라고? 그 시대의 경제성장과 소비사회를 배경으로 해서 들떠 있었던 사상에 지나지 않는 것은 아닌가? 오히려 히피, 비트 세대, 아나키즘과 일체인, 주체와 동일성을 비판하고 가족과 국가를 해체하면 된다고 생각하는 무책임하고 허무(nihil)한 사상이다…. 이 기쁨의 사상에는 종종 '포스트모던'이라는, 자신의 사고정지를 보여 줄 뿐인 조잡한 라벨이 붙었고, 다양한 비판과 냉소가 퍼부어졌다. 들뢰즈는 한 번도 자신의 철학을 포스트모던 따위로 부른 적이 없으며 근대와 근대 후를 단순한 역사적 표상으로 분할한 적도 없었다.

'들뢰즈 이후'의 대표적인 사상가 중 한 명이라고 할 만한 이 이탈리아 철학자는 물론 다소 도발을 담아 "금세기의 위대한 철학이 기쁨으로 끝났다"라고 말했을 것이다. 확실히 '기쁨'은 들뢰즈에게 단순한 취향이나 기분의 문제는 아니었다. 또한 니체주의의 지속이라는 틀로 다 정리되는 것이 아니며 낙천주의를 원칙으로 하는 사유도 아니다. 그것은 사고의 생명과 관련되며 우리의 현재와 미래, 그리고 영원히 회귀하는 것과 관련되는 것이다.

처음부터 들뢰즈의 철학은 결코 낙천적이지 않았다. 그는 만년에는 동시대에 대해, 철학의 생명을 손상시킬 뿐만 아니라 온갖 창조와 생기를 위협하는 징후와 파렴치에 대해 적지 않게 우려를 품었다. 새로운 '관리사회'가 형성되고 있었으며 결코 자유와 개방의 방향으로 세계가 나아가고 있다고는 보지 않았다. 자기 세대는 많은 좋은 것들이 주어져 있었다가 이윽고 사막으로 접어들었던 까닭에 아직은 좋았다. 처음부터 사막 안에서 태어나는 세대는 큰일이다…. 사후에 TV로 공개할 예정이었던 긴 인터뷰(『질 들뢰즈의 아베세데』)에서 그런 식으로 말했던 적도 있었다.

그럼에도 불구하고 확실히 그것은 '기쁨'의 철학이었다. 그것은 고뇌를 담보로 하거나, 고뇌로 무장하고 자기를 높이거나 혹은 깊게 만들어 지식과 이성과 힘과 지배에 이르고자 하는 철학이 아니었다. '기쁨'의 철학은 몇몇 관념과 체제에 철저한 비판을 가했다. 미리 존재한다고 간주되고 생성과 유동을 배제하며 고정하려 하는 경향을 가진 주체와 이성과 지식과 표상에 관해서도 저항하며 그것들과 일체인 도덕, 정치, 권력의 '신성동맹'에 대항하려고 했다.

물론 그것이 '슬픔'이 만연하게 만드는 지배의 체제를 비판하는 '에티카'(스피노자)와 수동적, 반동적 타입의 힘에 철저하게 저항하는 생성의 철학(니체)과 깊은 관계를 갖고 있음은 이미 살펴본 바와 같다. 인생의 교사, 멘토이고자 하는 성직자 같은 마음은 언제라도 슬픔과 반동적 정념(르상티망)에 굽실거리고 그것에 바짝 다가서려 하며 지배와 관리의 그물을 넓혀 기쁨에 기초한 행동과 사고를 가두어 왔다. 변증법의 철학, 그리고 하이데거와 그 영향을 받은 실존주의조차 그러한 슬픔과 반동성과 무연하기는커녕 변함없이 그러한 경향으로 양성되고 있었다.

예컨대 영화 속에서 구제할 수 없을 정도로 불행한 무일푼의 학대받는 여자가 노래하기 시작하고 춤추기 시작할 때 그것은 몽상과 음악 속에서 불행의 대가를 구한 것은 아니다. 온갖 슬픔과 비참함이 음악 속에서 노래로 표현되어 승화되는 것도 아니다. 슬픔이 노래의 소재인 듯 보여도 노래하기, 그 운동, 진동, 비약이 직접 '기쁨'을 원리로 하고 있지 않다면 애초에 노래하는 것이 불가능하다.

그것은 실로 기묘한 비약이지만 세계의 웅성거림, 소음, 사람들과 기계와 열차의 작은 움직임, 빛과 어둠의 교체가 돌연 온갖 장벽을 뛰어넘어 서로 공진하고, 자연과 인간의 문턱이 떨리기 시작하며 모든 것이 소용돌이를 이루어 한 여자의 심신을 스쳐 지나가 그 주위의 시공을 휩쓸어 간다. 슬픔이 기쁨으로 변화한 것도, 슬픔이 기쁨의 계기가 된 것도 아니며 세계, 풍경, 소리, 빛, 물질과 정신, 감정과 사고, 내부와 외부가 온갖 부정성과 고착과 문턱을 뛰어넘어 서로 통하고 교감하고 공진한다.

그때 거기에는 기쁨밖에 없는 것이다. 기쁨은 슬픔보다도 비인간적으로 보이는 진동으로 가득 차 있다. 기쁨은 슬픔보다도 비주체적이다. 그리고 어떤 종류의 음악적 상태는 주체도 신체도 거부하고 '기관 없는 신체'와 같은 것이 되지 않으면 성립할 수 없다(이것은 라스 폰 트리에 감독의 영화「어둠 속의 댄서」(2000년)를 보았을 때 생각한 것이다).

아감벤의 "금세기의 위대한 철학이 기쁨으로 끝났다"라는 말은 생각하기에 따라서는 실로 기묘하며 또한 진실이기도 하다. 20세기 말부터 현재에 이르는, 그다지 기쁘고 행복하게 보이지는 않는 시대에 왠지 철저하게 '기쁨'을 원리로 하는 하나의 철학이 남겨졌다. 그것은 확실히 20세기의 산물이기도 하고 20세기의 다양한 현실적 변화나 잠재적 변화와 분리할 수 없으며 20세기에 고유한 불행과 재앙에 어떻게든 저항하려고도 했다.

그 이전에도 고정된 이성보다도 '정동'과 '촉발'에 주목하고 국가, 도덕, 주체와 일체인 권력의 그물코 틈에서만 북적거리는 야생의 사고를 모티브로 한 사상과 창조가 다양한 시대와 장소에 존재했고, 그러한 사상과 창조로부터 '기쁨'을 받아들여 온 흐름도 있었다.

그러한 의미에서 기쁨은 생명, 자유, 운동이라는 목표와 깊이 연관되고 이것들과 거의 동의어라고 해도 좋다. 이 말들이 아무리 때 묻어 있어도 그 때를 다시 씻어 내는, 말을 웃도는 힘이 '기쁨'이라고 해도 좋다. '기쁨'의 사상에는 많은 비판, 저항, 책략과 도착마저 포함되어 있을 것이다. 이것들은 들뢰즈의 철학에 결정적인 표정과 음조와 경향을 부여했다.

이 책을 쓰기 시작했을 때부터 "민중은 결여되어 있다", "민중은 장차 도래할 것이다"라고 들뢰즈가 되풀이한 말이 계속 내 뇌리를 떠나지 않았다.

'대중'도 이해할 수 있는 철학, 일반 대중을 위한 문학, 예술이라는 말이 있고 그것을 입 밖에 꺼낼 때 사람들은 '대중'이 마치 자명한 존재, 집단인 듯 이야기한다. '대중'을 지배하는 엘리트들은 어떤 의미에서는 가장 예속을 내면화하고 그것을 사명으로 삼으며 그것을 타자들에게도 강요하는 사람들이다. '대중'은 그들 정신의 반동성(르상티망)에 깊이 결부되어 있다. 그리고 '대중'이라는 말은 어느새인가 쓰이지 않게 되었다.

오히려 '대중'임을 인정하고 싶지 않은 사람들이 무리를 지어 서로 연결되어 자발적 예속 체제를 향해 확장되어 간다. 실은 연결되고 싶지 않은 고립된 나르시스트들의 무리가 큰 집단이 되어 획일주의의 사막을 형성하고 있다.

들뢰즈의 책, 그리고 들뢰즈를 다루는 이 책은 대체 누구를 향해 있는 것일까? 결코 그의 철학은 기쁨, 원한, 예속으로 연대하는 집단으로서의 '무리', '집단'에게 바쳐진 것은 아니다. 들뢰즈가 문제로 삼고 있는 것은 기쁨을 원리로 하고 결코 지배를 내면화하지 않는 '민중'이다. 그것은 '결여되어 있다'고 해도 실은 도처에 실재하고 계속 생성하고 있다. 설령 '결여되어 있다'고 해도 '민중'은 환상이 아닌 실재인 것이다. 이 집단은 들뢰즈가 시종 문제로 삼은 '내재성'과 깊이 관련되어 있다. 그렇지만 아직도 '초월'(신, 국가, 도덕, 권력, 지배⋯)을 구하며 스스로를 속이는 사람들의 무리가 끊이지 않는다. 그러한 '초월'은 사람들의 생명 따위는 사실 안중에 없고 그러한 '초월'로 인도되는 체제가 붕괴할 때는 단지 사람들을 죽음으로 몰아넣으며 마침내는 자신도 죽어서 다시금 초월을 받드는 것밖에 하지 않았다.

　나는 들뢰즈 이후의 철학이나 그 영향, 계보, 그 미래상 등에 관해서까지 전망하고 말해야 하는 것일까. 우리들은 종종, 그리고 점점 더 미래에 관해 이야기하고 미래를 예상하려고 하지만 그때 대체 무엇에 관해 이야기하고 있는 것일까. 하이테크(정보, 유전자 조작, AI…)나 '세계화'(globalization)에 따른 사회 변화, 편리함, 쾌락, 어지러울 정도의 빠른 변화, 온갖 것들의 가속, 관계의 변조, 인간소외, 다가올지도 모를 공황, 혼란, 전쟁, 재해, 종말 등등.

　'미래'에 관해 이야기할 때 우리들은 거의 기지의 사항에 기대서 가장 현저하게 보이는 지표에 따라 이야기하는 데 지나지 않으며, 그렇게 하는 것 외에 예지 능력을 가질 수 없다. 항상 구제할 도리가 없을 정도로 과거의 이미지에 기대서 그 이미지를 반복하면서 실은 과거조차도 잘못 읽으며, 우리들은 미래를 떠올리면서도 그것이 반복이라는 것 자체를 잘 생각해 보는 일은 드물기만 하다. 미래는 본질적으로 사고할 수 없는 것인데도 우리들은 상당히 어중간하게 과거(현재란 과거의 첨단이다)의 이미지를 투영하여 미리 과거도 미래도 국한하면서 미래에 관해 생각할 수밖에 없는 것이다. 그리고 미래는 시시각각 다가와서 실현되고 우리들은 미래에 지루해하며 구토하고 있다.

　신화적 문맥을 벗어나 '영원회귀'에 관해 이상할 정도로 진지하게 생각하고자 했던 니체와 들뢰즈 등은 필시 미래를 생각함에 있어서도 꽤 다른 방식의 사고를 갖고 있었음에 틀림없다. 우리들의 미래에 대한 사고가 근본적으로 빈곤하고 종종 점이나 예언에 맡겨질 수밖에 없는 것은 우리들이 그저 과거의 극히 국한된 이미지를 반복하고 있다는 사태 그 자체를 잘 생각하지 못한 채로 심신만은 끊임없이 미래에 떠밀려가기 때문이다. 그런 까닭에 죽음이라는 확실한 미래에 관해서도 우리들은 잘 생각할 수가 없다.

내가 말하고 싶은 것은 '기쁨의 철학'은 죽음과 미래에 대한 가능한 한 정확한 계측과 앎과 함께할 것이며 그러한 계측과 앎은 이미 과거 민중의 사고 속에 면면히 실재해 온 것 아닌가 하는 것이다. 강력한 두뇌를 가진 사상가들도 결코 이 문제를 깊이 생각하지는 않았다.

사고 속에 바람이 분다. 사고가 물결친다. 사고가 얼어붙는다.

이것은 단순히 사고에 관한 비유가 아니다. 사고에 있어 자연이 존재한다는 사실은 대체 무엇을 의미할까. 우리들이 자연에 관해 사고할 수 있다고 해도 그때 사고는 결코 자연의 바깥에 있는 것은 아니다.

'자연주의'라는 말은 다양한 의미로 사용되어 왔다. 사고는 확실히 자연 속에 있고 그 자체로 자연의 일부이며 자연의 주름인 신체 속에서, 다양한 힘의 그물코 사이에서 실천될 수밖에 없다. 사고는 자연 앞에 있음과 동시에 자연 속에 있다.

그러나 **자연을 앞에 두고** 사고할 때 흡사 우리들은 동시에 **자연 속에서** 사고할 수는 없는 듯하다. 확실히 우리들은 자연 속에 있고 신체로서, 생명으로서 사고하고 있음에도 불구하고.

'동물-되기'에 관하여 들뢰즈는 거듭해서 기술했다. 철학이 항상 동물 이외의 것이라는 것, 동물이라는 것을 초월하여 인간이라는 것을 원리적인 자세로 삼았다고 한다면 '동물-되기'를 항상 본질적인 주제로서 계속 생각한 들뢰즈의 철학은 너무나도 기묘한 반철학적 자세를 관철한 셈이다. 그러나 그는 자연으로 돌아가라고 말한 것은 아니며 자연에 대한 사랑이나 자연과의 융화를 주장한 것도 아니다. 자연에게서 독립하여 자연을 등한시하는 현대도시, 인공, 정보 속의 사고를 새삼스레 비판했던 것도 아니다. 들뢰즈는 가타리와 함께 "자연과 인간은 유일하게 같은 본질적인 실재다"(AO, p.10 / (上), p.20)라고 썼다. 분열증자는 그 '같은 실재'를 실천하고 계시하며 실제로 살고 있다. 그럼에도 불구하고 그의 그러한 실재는 폐쇄되고 분리되어 '임상 실체'로서 고정된다. 그 '실재'에 부정적인 것은 있을 수 없었다. 부정적인 것은 욕망에 구속의처럼 입혀진 이미지에 지나지 않았다. 『안티-오이디푸스』는 욕망 그 자체를 자연과 인간을 관통하는 완전히 긍정적인 흐름, 혹은 운동이라고 봤다. 이것은 한 자연주의, 혹은 유토피아주의일까. 그런 식으로 들뢰즈·가타리의 사상을 읽은 사람은 많지만 과연 그러할까.

철학하기 위해 동물이 되는 것. 결코 들뢰즈는 역설이나 우화를 말한 것이 아니었다. 인간이라는 영역과 인간의 바깥(동물, 식물, 물질…) 영역의 관계 그 자체를 끊임없이 재고하는 것은 그의 철학의 큰 모티브였다. 인간과 인간, 인간과 생명, 인간과 사물, 그 사이의 연속과 불연속을, 미세한 진동(차이)에서부터 거대한 구성에 이르기까지 동적으로, 횡단적으로 파악하고 사고의 정지와 죽음에 저항하는 것이 항상 기본적인 자세였다. 그러한 시각으로 시공을 관통하는 어떠한 법칙을 수립하기보다도 끊임없이 반복하다가 변화하는 '사건'을 감지하려고 했다. '사건'은 뭔가 헤아릴 수 없는 것이다. 게다가 저편에서가 아니라 바로 가까이에서, 우리들의 심신에서 어느새, 언제든 일어날 수 있는 일이다.

자연은 노스텔지어도, 유토피아도 아니고 끊임없이 움직임을 멈추지 않는 실재(reality)이며, 인간의 영역에 어디까지고 침투하면서, 더욱이 외부성을 유지하고 있다. 자연을 둘러싼 정동, 혹은 파토스가 들뢰즈의 철학을 항상 깊은 곳에서부터 생기를 띠게 했다. 그것이 한 '기쁨의 철학'으로서 표출되었다.

들뢰즈의 철학은 그러한 의미에서 그 고유의 자연주의적 모티브에 깊이 뿌리를 내리고 있고, 그런 까닭에 그 고유명에서부터 아득히 먼 장소로 파동을 펼쳐 나가고 있음에 틀림없다. 그렇지만 그 잠재성의 선이 지금, 혹은 지금부터 어디에, 어떻게 그어질지 확인하는 것은 한 사람 한 사람, 나 자신이며 당신 자신일 수밖에 없다. 설령 그것이 수많은 미소한 자아의 집합이 씌운 가면이라 할지라도.

후기

이 책의 대부분은 2000년 봄부터 여름에 걸쳐 썼다. 들뢰즈에 관해 정리한 책을 한 권 쓰는 것은 오랫동안 계속 생각해 온 일이긴 했지만, 그를 위해서는 넘어야 할 산이 여러 개 있다고 생각해 왔었다. 들뢰즈를 읽고 해석하고 촉발될 때마다, 나중에는 들뢰즈의 논리 그 자체에 구애되지 않고 오히려 발상을 다른 방향으로 생각하는 대로 뻗어 가는 것이 내 성미에 맞았다. 들뢰즈 자신도 그의 저작의 번역과 독해에 시간을 낭비하기보다도 다른 것을 하라고 종종 나에게 권해 주기도 했다. 고단샤의 와타나베 요시노부(渡部佳延) 씨의 제안과 조력이 없었다면, 나는 넘어야만 할 산을 언제까지고 넘을 수 없는 채로 있었을지도 모른다.

넘어야 할 산이란 대략 다음과 같은 것이었다.

첫 번째로 들뢰즈가 초기에 경도되었던 몇몇 철학자에게서 대체 무엇을 읽어 냈고, 어떤 식으로 그것을 바꿔 읽었는가를 파악하는 것, 그것을 단순히 철학사의 문맥에 자리매김하는 것이 아니라 들뢰즈 사상의 근원적 모티브와 결부시키는 것.

두 번째로 『차이와 반복』이라는 괴물적인 책을 결코 단순화하지 않고, 나아가 그 복잡함에 휘말리지 않고 들뢰즈 사상의 원리를 제시하는 것으로서 간명하게 해독할 것.

세 번째로 『안티-오이디푸스』를 단순히 1970년 전후 시대 분위기를 압축적으로 표현하는 책으로서가 아니라 금세기의 자본주의도 비춰내는 '욕망의 『자본』'으로서 읽을 수 있는 시각을 적절하게 제시할 것.

마지막으로 들뢰즈가 만년에 라이프니츠론을 쓰며 '철학이란 무엇인가'라 물었고, 특히 철학이 그리스와 갖는 관계를 질문한 것은 대체 어떤 의미를 가지는가를 생각하는 것.

이 산들을 잘 넘을 수 있었을까. 나로서는 대학의 연구휴가를 얻어 기한을 정하고 상당히 무작정 단번에 산을 넘으려 했다. 넘지 않으면 이 책을 완성할 수 없을 터였다. 물론 그것만으로 끝나지 않았다. 누구보다도 생기 넘쳤던 사유를 전해 준 들뢰즈라는 사상가의 족적을 따라가면서, 나의 언어가 엄밀함을 요구하는 그 작업에 구속되어 생기를 잃어버리는 일이 있었다. 실제로는 그것이 가장 어려운 장해물이었다.

책을 쓰며 들뢰즈에 관해 새로 발견한 것이 많다. 그렇지만 내가 한 일은 잊기 어려운 한 철학적 생애의 초상화를 그리는 것이었던 것 같은 느낌이 든다. 그리고 그를 위해 들뢰즈에게서 나에게로 흘러들어 온 흐름 전부를 어떻게 조형할 것인가라는 난제에 직면했다. 그러나 지금은 아직 막 집필을 끝냈을 뿐, 무엇을 달성할 수 있었는지 잘 알 수 없다. 이런 부족한 글쓴이와 흔쾌히 함께해 준 와타나베 씨에게 감사한다.

2001년 2월 20일
우노 구니이치

학술문고판 후기

고단샤 선서 메치에의 한 권으로서 간행된 『들뢰즈, 유동의 철학』은 당시 내가 근무했던 대학의 학생들의 얼굴을 떠올리면서 말을 거는 것처럼 쓴 곳이 많다. 결코 입문서를 목표로 한 것은 아니었지만 자신에게 과했던 질문에 대답하려고 하여 어디까지 대답할 수 있는지 자문하며, 그래서 무턱대고 나아가는 식으로 쓰는 것이 습관이 되었던 글쓰기를 조금 변경하게 되었다. 편집부의 배려로 독자의 지침이 될 수 있도록 세세하게 소제목이 붙어 있었기 때문에 본문이 그 제목을 하나하나 해설하는 전개로 보였을지도 모른다.

고단샤 학술문고 시리즈로서 부활시키기 위해 이번에는 여러 가지로 손질을 가했고, 전체적으로 1할 정도 가필하여 소제목 대부분을 삭제한 것은 들뢰즈의 사유를 독해하는 이 책의 사고 흐름 속으로 독자를 끌어들이고 싶었기 때문이다. 들뢰즈를 읽고 소개하며 번역하고 비평하면서 대체 나는 들뢰즈로부터 무엇을 받아들여 왔는가. 물론 짧은 말로 그것을 요약하는 것은 불가능하므로 이러한 책을 쓰게 되었다. 다른 관점에서 다시 변주하도록 쓰는 일은 있을 수 있다고 해도, 지금 원고를 수정하고 가필하면서 나에게 있어서 들뢰즈 사상의 요점은 여기에 거의 적었다는 감촉을 느끼고 있다.

들뢰즈의 사상과 맺는 관계는 내 속에서 변화해 왔고, 앞으로 더 변화할지도 모른다. 처음에는 들뢰즈를 읽으면서 동시에 병행적으로 아르토를 읽었고, 아르토가 체험한 사고의 위기나 영화, 연극의 실험, 이세계로 떠나는 여행, 그리고 정신병원에서 쓴 방대한 노트에 들뢰즈의 철학을 대조시켰었다. 얼마간 장 주네나 사뮈엘 베케트 작품의 우주를 방황하는 시간도 보냈지만 거기서 발견한 것도 들뢰즈의 문제와 결코 멀지 않았다. 들뢰즈가 종종 문학자들에게서 발견한 사유의 특이성의 초상, 이것도 나에게는 잊기 힘든 것이다.

오랫동안 계속 읽히는 사상은 물론 다면체이며, 반시대적이다. 그들은 시대의 징후를 민감하게 읽어 냈고, 오히려 그것을 첨예하게 가속하도록 썼으며, 또 시대의 추세를 격렬하게 비판했고 철저하게 그것에 역행하도록 생각하기도 했기 때문이다. '새롭다', '오래다'라는 시간의 관념을 적확하게 형성하는 것은 사상에 있어서 항상 시련이다. 게다가 새롭게 있고, 오래돼 있다 해도, 그것은 결코 의식으로 결정할 수 있는 것이 아니다. 바로 역사가 그것을 결정하지만 역사 자체가 끊임없이 새롭게 되고 낡아 간다.

한 사상의 영향이 퍼짐에 따라 그 개념 대부분이 '용어집'으로서 소화되고, 실은 이해되지 않은 채 유통된다. 들뢰즈 사상의 체질이라고도 해야 할 '특이성'이 참으로 이해하기 어려운 것이 되었다. 마르크스가 마르크스주의가 되어 가는 것과 같은 사태가 반복된다. 한탄스럽지만 새로운 독자에게는 불가피한 시련이기도 하다. 기억, 정보의 양과 운용의 속도만이 특히 가치 있는 '사고'의 체제에 대해 들뢰즈는 한결같이 저항하며 계속 생각했다. 물론 '사고'는 철학에만 속하는 것은 아니다. '사고'(pensée)는 개념보다도, 이성보다도, 혹은 언어보다도 민감하고 근본적이다. 이 책을 다시 보면서 그것을 새롭게 확인했다.

　『반역사론』에 이어 이 책을 고단샤 학술문고에 넣기로 기획하고, 편집을 담당한 다가이 모리오(互盛央) 씨에게는『파국과 소용돌이의 고찰』(이와나미 쇼텐)을 간행할 때도 신세를 졌다. 이 세 책의 제목도 주제도 이제 새삼 반향하고 있다. 언어사상에 관한 다가이 씨의 저작에서도 많은 촉발을 받았다. 깊이 감사한다.

2019년 12월 12일
우노 구니이치

문헌일람

원어 문헌

Althusser, Louis 1992(1994), *L'avenir dure longtemps, suivi de Les faits*(Stock/IMEC, 1992), nouvelle édition augmentée, présentée par Olivier Corpet et Yann Moulier Boutang, Stock/IMEC(Le livre de poche), 1994(ルイ・アルチュセール,『未来は長く続く — アルチュセール自伝』, 宮林寛 訳, 河出書房新社, 2002).

Beaubatie, Yannick (éd.) 2000, *Tombeau de Gilles Deleuze*, Mille sources.

Bergson, Henri 1903(1959), "Introduction à la métaphysique"(*Revue de métaphysique et de morale*, janvier 1903), *Œuvres*, textes annotés par André Robinet, PUF, 1959(ベルクソン,「形而上学入門」, 坂田徳男 訳,『哲学的直観ほか』, 坂田徳男・三輪正・池辺義教・飯田照明・池長澄 訳, 中央公論新社(中公クラシックス), 2002).

Foucault, Michel 1970(1994), "Theatrum philosophicum"(*Critique*, no 282, novembre 1970), *Dits et écrits, 1954-1988*, édition établie sous la direction de Daniel Defert et François Ewald avec la collaboration de Jacques Lagrange, tome 2, Gallimard, 1994(ミシェル・フーコー,「劇場としての哲学」, 蓮實重彦 訳,『フーコー・コレクション 3 言説・表象』, 筑摩書房(ちくま学芸文庫), 2006).

Tournier, Michel 1977, *Le vent Paraclet*, Gallimard(ミシェル・トゥルニエ,『聖霊の風』, 諸田和治 訳, 国文社(ポリロゴス叢書), 1986).

_____ 1999, *Célébrations*, Mercure de France.

일역 문헌

アガンベン, ジョルジョ 1996,「人間と犬は除いて」, 石田靖夫 訳,『現代思想』, 1996. 1.

ウリ, ジャン 2000,「ラボルドで考えてきたこと」, フェリックス・ガタリ・ジャン・ウリ・フランソワ・トスケル・高江洲義英・菅原道哉・ダニエル・ルロ,『精神の管理社会をどう超えるか?―制度論的精神療法の現場から』, 杉村昌昭・三脇康生・村澤真保呂 編訳, 松籟社.

ガタリ, フェリックス 2000,「「制度論」革命に向けて」, フェリックス・ガタリ・ジャン・ウリ・フランソワ・トスケル・高江洲義英・菅原道哉・ダニエル・ルロ,『精神の管理社会をどう超えるか?―制度論的精神療法の現場から』, 杉村昌昭・三脇康生・村澤真保呂 編訳, 松籟社.

カフカ, フランツ 1981,『ミレナへの手紙』, 辻瑆 訳,『カフカ全集』, 第八巻, 新潮社.

カルプ, アンドリュー 2016,『ダーク・ドゥルーズ』, 大山載吉 訳, 河出書房新社.

キューピット, ドン 2000,『最後の哲学』, 山口榮生子 訳, 青土社.

キルケゴール, セーレン 1983,『反復』(改訳), 桝田啓三郎 訳, 岩波書店(岩波文庫).

クロソウスキー, ピエール 2000,『生きた貨幣』, 兼子正勝 訳, 青土社.

クンデラ, ミラン 1998,『存在の耐えられない軽さ』, 千野栄一 訳, 集英社(集英社文庫).

スピノザ, バールーフ・デ 2007,『エティカ』, 工藤喜作・斎藤博 訳, 中央公論新社(中公クラシックス).

トスケル, フランソワ 2000,「制度の概念に戻ろう」, フェリックス・ガタリ・ジャン・ウリ・フランソワ・トスケル・高江洲義英・菅原道哉・ダニエル・ルロ,『精神の管理社会をどう超えるか?―制度論的精神療法の現場から』, 杉村昌昭・三脇康生・村澤真保呂 編訳, 松籟社.

ニーチェ, フリードリッヒ 1993a,『反時代的考察』, 小倉志祥 訳,『ニーチェ全集』, 第四巻, 筑摩書房(ちくま学芸文庫).

_____1993b,『権力への意志』上, 原佑 訳,『ニーチェ全集』, 第一二巻, 筑摩書房(ちくま学芸 文庫).

ハイデガー, マルティン 2003,『存在と時間』(全三冊), 原佑・渡邊二郎 訳, 中央公論新社

(中公クラシックス).

ハート, マイケル 1996, 『ドゥルーズの哲学』, 田代真・井上摂・浅野俊哉・暮沢剛巳 訳, 法
　　政大学出版局(叢書・ウニベルシタス).

ベケット, サミュエル 2019, 『マロウン死す』, 宇野邦一 訳, 河出書房新社.

ムージル, ロベルト 1995, 「愛の完成」, 古井由吉 訳, 『ムージル著作集』, 第七巻 「小説集」,
　　松籟社.

メイヤスー, カンタン 2016, 『有限性の後で ― 偶然性の必然性についての試論』, 千葉雅
　　也・大橋完太郎・星野太 訳, 人文書院.

『科学の事典』(第三版), 岩波書店, 1985.

질 들뢰즈의 생애와 주요 저작

1925년 1월 18일, 파리 17구에서 태어났다. 부친은 엔지니어로 들뢰즈는
두 형제 중 동생이었다. 형은 레지스탕스 활동으로 나치에게 체포
되어 강제수용소로 가는 열차 안에서 사망했다.

1944년 리세 카르노를 졸업하고 소르본대학에서 철학을 공부했다. 교수로
는 페르디낭 알키에, 장 이폴리트, 조르주 캉길렘, 또 친구로는 프
랑수아 샤틀레, 미셸 뷔토르, 클로드 란츠만, 미셸 투르니에 등이
있었다.

1947년 교수자격시험을 위해 데이비드 흄에 관한 논문을 집필.

1948년 철학 교수자격시험에 합격. 아미앵 리세의 교사가 된다.

1953년 오를레앙 리세의 교사가 된다. 1947년에 쓴 흄론이『경험론과 주체
성』으로 출판된다.

1955년 파리 리세 루이르그랑의 교사가 된다.

1956년 파니 그랑주앙(Fanny Grandjouan)과 결혼.

1957년 소르본대학의 조교가 된다.

1960년 국립과학연구센터의 연구원이 된다.

1962년 미셸 푸코와 알게 된다. 『니체와 철학』을 간행한다.

1963년 『칸트의 비판철학』을 간행.

1964년 리옹대학의 강사가 된다. 『프루스트와 기호들』을 간행한다.

1965년 『니체』를 간행.

1966년 『베르그송주의』를 간행.

1967년 『자허-마조흐 소개』를 간행.

1968년 국가박사학위청구논문 『차이와 반복』, 부논문 『스피노자와 표현 문제』를 제출. 이 해 프랑스 전역에 퍼진 정치운동에서 학생들과 함께 연대한다.

1969년 파리 제8대학(뱅센대학) 교수가 된다. 펠릭스 가타리와 알게 된다. 푸코가 리더였던 '감옥정보집단'(GIP)에 가담한다. 이 해에 폐수술을 한다. 『의미의 논리』를 간행한다.

1970년 『스피노자』를 간행.

1972년 가타리와 공저 『안티-오이디푸스』를 간행.

1975년 가타리와 공저 『카프카』를 간행.

1977년 클레르 파르네와 공저 『디알로그』를 간행.

1980년 가타리와 공저 『천 개의 고원』을 간행.

1983년 『시네마 1: 운동-이미지』를 간행.

1984년 미셸 푸코 사망. 조사로서 푸코의 『쾌락의 선용』의 일부를 낭독한다.

1985년 『시네마 2: 시간-이미지』를 간행.

1986년 『푸코』를 간행.

1987년 파리 제8대학을 퇴임.

1988년 『주름: 라이프니츠와 바로크』를 간행.

1990년 『기호와 사건』을 간행.

1991년 가타리와 마지막 공저『철학이란 무엇인가?』를 간행.

1992년 폐병이 악화되어 수술 후에는 인공폐로 지낸다. 가타리가 급사.

1993년 『비평과 진단』을 간행.

1995년 11월 4일, 파리의 자택에서 투신자살로 생을 마친다.

색인